健康教育丛书

丛书主编：杨玉春

中学生
健康教育导论

ZHONGXUESHENG
JIANKANG JIAOYU DAOLUN

杨玉春　吴艳玲　王运贵 /主编

北京师范大学出版集团
BEIJING NORMAL UNIVERSITY PUBLISHING GROUP
北京师范大学出版社

图书在版编目(CIP)数据

中学生健康教育导论 / 杨玉春，吴艳玲，王运贵主编．—北京：北京师范大学出版社，2024.1
（健康教育丛书）
ISBN 978-7-303-29438-1

Ⅰ.①中… Ⅱ.①杨… ②吴… ③王… Ⅲ.①中小学生—健康教育 Ⅳ.①G479

中国国家版本馆 CIP 数据核字(2023)第 211562 号

图书意见反馈　gaozhifk@bnupg.com　010-58805079
营销中心电话　010-58802755　58800035
北京师范大学出版社教师教育分社微信公众号　京师教师教育

出版发行：北京师范大学出版社　www.bnup.com
　　　　　北京市西城区新街口外大街 12-3 号
　　　　　邮政编码：100088
印　　刷：北京溢漾印刷有限公司
经　　销：全国新华书店
开　　本：787 mm×1092 mm　1/16
印　　张：13
字　　数：305 千字
版　　次：2024 年 1 月第 1 版
印　　次：2024 年 1 月第 1 次印刷
定　　价：46.00 元

策划编辑：王剑虹　　　　责任编辑：孟　浩
美术编辑：焦　丽　　　　装帧设计：焦　丽
责任校对：陈　荟　　　　责任印制：陈　涛　赵　龙

丛书编委会

从书序言

PREFACE

健康是国民教育的起点，教育是保持健康的手段

——“健康教育导论”丛书序言

一个人到底拥有怎样的能力，才能在这个社会立足？这个问题有太多的答案。健康是一切的基础，保持健康的能力是一个人最基础的能力。对于个体而言，健康是人的基本权利之一，保持和维护自身健康也是每个人的责任。健康是生活质量的第一基础，是人们追求幸福生活的基本条件。个体的健康是组织健康、社会健康的元素性保障，“没有全民健康，就没有全面小康”。对于国家而言，为每位公民提供基本公共卫生服务与健康保障是国家的使命，国民的健康意识与健康水平日益成为社会发展和进步的重要标志。早在 2016 年的全国卫生与健康大会上，习近平总书记就从实现民族复兴、增进人民福祉的高度，把人民健康放在优先发展的战略地位，深刻论述推进健康中国建设的重大意义、工作方针、重点任务。

其实每一个人从出生到死亡的整个生命过程无时无刻不在面临健康问题，对健康的教育和管理也无时无刻不在影响着每一个人的生活。悠悠民生，健康最大，保障人民健康一直是各级政府的重要目标。学校健康教育政策实施是深化教育体制机制改革的重要环节，建立学校健康教育推进机制是对“健康中国”国家战略的具体落实，把健康教育纳入国民教育政策体系是将“健康融入所有政策”的实践体现，建立从幼儿园到老年的终身健康教育体系已经迫在眉睫。

1978 年，在世界卫生组织（WHO）和联合国儿童基金会（UNICEF）通过的《阿拉木图宣言》中，健康教育被列在“初级卫生保健”八项任务的首位。世界上很多国家都十分重视学校健康教育。法国教育部与卫生部共同承担学生身体与心理健康教育的职责，其目标是将学生培养成对个人与社会都具有健康责任感的国民。除了健康科学课，健康在国民教育等课程中都有所涉及。从幼儿园到高中，法国的健康教育有三大目标：确保学生受到健康教育，保护学生的身体健康，以及预防学生的成瘾行为。美国要求在小学、初中、高中进行健康教育教学的比例都在 80%以上，各州分别制定相关法律与规定，给出关于学校健康

教育的要求，明确规定了家长、学校管理人员与教师在健康教育中的共同职责。日本政府于1958年修订了《学校卫生法》，为日本学校健康教育提供了完善的组织框架。这部法律标志着日本从提高健康照顾转向开展健康教育，将健康教育纳入学校教育法。澳大利亚各州政府都十分重视健康教育，在中学把健康教育作为必修课。课程内容多涉及跨学科领域，澳大利亚中小学健康教育也是采用多部门协作的方式开展的。

2022年全国教育事业发展统计公报显示，我国各级各类学历教育在校生有2.93亿人。他们处在人生的准备阶段，其身心发育和群体学习生活特点，决定了他们是健康教育、健康促进的最佳目标人群。任何忽视青少年群体的公共健康政策都是不严谨、不负责任的。学生近视率的持续攀升，学生营养状况的不均衡，部分地区学校体育课的流于形式，学生龋齿、肥胖及对常见病、传染病的低预防能力等问题在当下教育领域出现蔓延之势。而狭隘化的分数导向培养模式更加重了上述的问题。我们认为，“健康第一”必须成为教育改革与发展的方向。面向国民健康需求，宣传普及健康教育的理念、常识，将健康教育融入国民教育政策体系是适时之举。

拥有健康是每个人的基本权利之一，但健康不可能自动拥有。尤其是对于未成年人的健康，需要通过健康教育来进行干预和促进，需要全社会的共同努力。我们最近出版的《学生健康素养评估指标体系研究》特别强调需要营造良好的政策环境，进一步改良学校健康教育的教学内容和教学形式，发展多元的教育方法来提升学生的健康素养。而健康第一的教育理念需要以教育为媒介、以教育内容为载体，针对生理常识教育、营养科学教育、常见病预防及管理教育、积极心理教育、科学体育运动、健康行为促进等内容进行体系化教学和课程资源搭建。

结合国际经验和中国国情，北京师范大学中国教育政策研究院杨玉春的研究团队尝试着从教育学的角度研判学校健康教育的主题、框架、要素。他担纲的中央财政预算单位交叉学科建设课题“健康教育交叉学科建设与政策研究”，以教育学研究者为基础，联合预防医学、体育科学、心理学、中医药学等不同学科教师协同开展研究。在2015年，杨玉春主编的“健康教育”丛书（义务教育阶段一至九年级）从生理、营养、疾病（包括常见疾病和传染病）、心理、运动五大方面，面向各个年级学生初步完成了健康教育科普的体系架构。在其前期著作基础上，研究团队经过专题调研、选题论证和专家讨论，在北京师范大学教育学部的支持下，结合复旦大学公共卫生学院、北京大学公共卫生学院等相关领域的专家指导，组织多领域、跨学科专家团队从幼儿、小学、中学、中职、大学、老年阶段，分学段、模块、年龄编写健康教育导论。这套跨越学科、纵贯生命周期的“健康教育导论”丛书，目标定位是服务于培养将来志在从事教育工作的高校学生、服务于基础教育阶段的教师职后培训，以健康教育理论与技能夯实为国家进行下一代人才培养的健康基础；也定位于服务不同年龄阶段人群的健康素养提升、健康行为促进。

这套丛书将会推动教育学科与其他健康相关学科的深度融合，推动国家健康战略落地。从教育学角度研发健康教育专业丛书对于健康教育二级学科建设至关重要。涵盖大部分学段的“健康教育导论”丛书不但是高校开展健康教育人才培养的基础素材和重要载体，还能从新的角度推动我国基础教育领域的健康教育课程标准制定。编者们从人的认知发展规律和基本教育规律出发，准确定位、掌握不同年龄段人群的生理、心理、常见病与传染病、营养水平、生活方式等特征，结合当下各教育阶段的学生面临的健康问题，准确定义各个年龄阶段健康教育的核心内容及概念。他们分别从哲学、教育学、预防医学、社会学、心理学等不同学科进行理论基础的建构，使内容呈现出递进性。常见病预防及管理、传染病预防、营养科学、心理健康等板块更是抓住年龄规律和疾病图谱特征，进行合理的知识点布局，运用教育学语言进行症状描述、病例（病理）讲解、预防要义介绍等知识呈现。

在这套丛书编写过程中，编者们注重政策理论与实践的结合，注重健康教育的评价，更注重了案例的应用。这套丛书的核心内容用符合教育教学规律的文本进行引导，使读者掌握健康知识，实现健康觉醒，形成健康素养。特别是这套丛书的编辑团队在课题研究过程中严格按照北京师范大学双一流学科建设标准，具有国际和国内视角，在丛书、教法、评价体系上体现一流大学水平，形成教育学视角下的健康教育教学体系、课程体系和评价体系。

傅　华

前　言

FOREWORD

青少年健康关系到国家的未来和民族的希望，促进青少年健康是实施健康中国战略的重要内容。中学生处于青春发育期，属于人生的黄金阶段。加强中学生健康教育，能够帮助和引导中学生认清这一阶段自身的生理、心理特点，增强健康意识，为终身健康打下基础。本书密切结合国家政策方针、学生基本需求，以哲学、教育学、医学、心理学以及传播学等学科为基础，探究健康教育的内涵、具体内容以及意义，具有知识性、科普性和专业性的特点。本书以全新的视角，将教育学的理念贯穿始终。本书共由九章组成，内容包括中学生健康教育绪论、中学生健康教育的理论基础、中学生常见疾病预防和公共卫生教育、中学生生理发育与青春期保健教育、中学生心理健康教育、中学生健康行为与生活方式教育、中学生科学运动与健康教育、中学生性教育、中学生生殖健康与自我保护。本书旨在让读者对中学生健康教育有清晰的认识，能够较好地把握青春期个体在生理、心理、行为等各方面的发展，能够正确引导中学生养成良好习惯，掌握健康知识。

本书由北京师范大学中国教育政策研究院杨玉春担任主编，负责全书的提纲确定、文稿体例和定稿统稿。参加编写的人员有吴艳玲(第一章)，杨玉春(第二章)，刘洋(第三章)，刘洋、王运贵(第四章)，温勇、温硕(第五章)，刘春迎(第六章)，谢经良(第七章)，王运贵、王保艳(第八章)，王运贵、王丽娟(第九章)；审校人员有杨玉春、刘春迎、汪钰。由于编者水平和能力有限、经验不足，书中难免有不足之处，敬请广大读者指正！

本书的出版得到了“健康教育交叉学科建设与政策研究”课题的资助，得到了来自教育学、医学、体育学、心理学、社会学和中医药学等领域的专家、教授的指导和支持，在此一并感谢！同时，感谢本书编写团队的每一位成员的辛苦付出和大力帮助。最后，还要感谢本书参考文献中的所有从事健康教育的工作者。

编者

目　录

CONTENTS

第一章　中学生健康教育绪论

本章导读▶

本章为全书的绪论部分，主要讲述了中学生健康教育的概念与发展等。我们通过了解中学生健康教育的历史背景与发展过程，能够更好地学习中学生健康教育的相关知识。本章的学习目标是了解中学生健康教育的发展历程与现状，掌握中学生健康教育的原则和意义。本章应重点学习中学生健康教育的研究方法，掌握中学生健康教育的评价与实施方法。

第一节　中学生健康教育的概念

一、健康的概念和影响因素

（一）健康的概念

健康是人类的基本需要，追求健康是人类永恒的奋斗目标。2016 年，第一次全国卫生与健康大会提出，要把人民健康放在优先发展的战略地位，将健康融入所有政策，树立“大卫生”“大健康”并重的理念，增进人民健康福祉。关于现代意义上健康的概念，世界卫生组织曾在 1978 年指出：健康不仅指一个人没有疾病或虚弱现象，而且指一个人生理上、心理上和社会适应上的完好状态。该定义被写在《世界卫生组织宪章》中。《世界卫生组织宪章》在 1946 年国际卫生大会上通过，由 60 多个国家代表签署，于 1948 年生效，沿用至今。1989 年又深化了这一健康的概念，增加了“道德健康”的内容。1987 年，《简明不列颠百科全书》（中文版）对健康的定义为：“健康，使个体能长时期地适应环境的身体、情绪、精神及社交方面的能力。”以上对健康的定义虽有些差异，但都兼顾了人的自然属性与社会属性，对生物医学模式下健康的定义做了补充和发展，一定程度上纠正了人们对健康的片面认识。在现实生活中，人们的健康状况离这些定义中所界定的健康标准还有一定差距。

上述定义的缺陷主要源于其忽视了现代意义上的健康所包含的如下四个主要特点。

一是健康与疾病对立统一。健康与疾病之间的对立统一，并非非此即彼的关系。如果不能摆脱传统生物医学模式的影响，主要以器官的功能为衡量健康的标准，人们正常的健康诉求最后往往会演变成对医疗的过度依赖。

二是健康具有层次性。健康的要素在不同年龄、性别和环境的个体以及同一个体在幼、青、中、老不同阶段的不同组合与侧重会导致健康的层次存在差异。人们的社会适应能力一般遵循由弱到强、再由强到弱的规律。理想健康状态的获得就是机体健康在不同层次上提升和完善的过程与体现。

三是健康具有发展性。健康是个时代感较强的动态的概念。随着社会的进步、经济的发展、环境的变化以及医学的进步等，健康概念的内涵也在不断演进。意志、情感、品德、性格、魂魄等有关健康更深层的主导因素应给予足够的重视。

四是健康具有综合性。健康素质有单项健康素质和综合健康素质之别。个体单项健康素质之间可以相互弥补。我们通常所说的健康一般指人的整体状态，强调的是健康的综合性特征。因此，不能单纯用统计学方法判断个体是否健康，而应该根据个体对社会的综合适应能力来考量。

由此，我们可以根据健康的自然属性和社会属性，为健康做如下定义：健康是在相应年龄、性别、环境等主客观条件下，相同或不同个体在面临生理、心理、社会等方面的挑战时，在增强健康活力、减少伤害因素时所体现的具有一定层次性、发展性和综合性特点的相对完好状态。由于健康概念中包含不断学习、发展、提高和完善的内涵，每个人的健康水平也各有不同，我们应积极倡导以健康建设为中心的生物—心理—社会健康发展模式。对健康科学分级，通过医养强生提高健康的层次性，不断增进健康，使机体各要素不断接近完美的健康状态，进而促进整体社会健康事业的进步。

(二)健康的影响因素

影响人类健康的因素包括：环境因素，如水、空气、土壤等自然环境受到病原微生物、化学物质污染时对人体健康产生影响，生产环境中可能存在的健康危险因素，以及居住条件等社会环境对人体健康产生影响；行为生活方式因素，如吸烟、饮酒、体育活动等人类在社会化过程中逐步形成的行为习惯；生物遗传因素，如血友病、镰状细胞贫血症等疾病直接与遗传因素有关；医疗卫生服务因素，如卫生工作方针的正确与否，医疗卫生机构布局是否合理等因素。

在以上各类健康的影响因素中，1991 年，根据世界卫生组织对全球主要死因进行的分类调查，环境因素占 17%，行为生活方式占 60%，生物遗传因素占 15%，医疗卫生服务因素占 8%。

二、中学生健康教育的定义和内涵

健康教育是一门包含了医学、行为学、心理学、社会学、大众传播学、运筹学、管理学、美学等多个学科的综合性交叉应用学科，其内容是十分丰富的。人们对健康教育思考的角度和层次不同，便会给出不同的定义。

20 世纪中期，世界卫生组织健康教育专业委员会在一份报告中指出，健康教育和一般教育一样，关系到人们知识、态度和行为的改变。一般说来，它致力于引导人们养成有益于健康的行为，使之达到最佳的健康状态。1981 年，世界卫生组织健康教育处前处长 A. 慕沃勒菲(A. Moarefi)认为，健康教育帮助并鼓励人们有达到健康的愿望；知道怎样做以达到这样的目的；每个人都尽力做好本身或集体所应做的努力，并知道在必要时如何寻求适当的帮助。美国教育部指出，健康教育是人们能自愿选择有益于健康行为的所有学习设计的总和。这些概念的内涵虽有差异，但共同的趋势是都没有把健康教育局限于卫生知识传播的范围，而是把着眼点放在于培养有利于健康的行为方式方面。

针对以学生为主体的健康教育，美国教育协会认为，健康教育是为了学生的发展而提供有计划的学习经验的过程；其目的在于提高学生对健康的科学认识水平，树立现代健康观念及正确的健康态度，建立个人健康与社会健康的责任意识，培养有益于个人、社会和民族健康的行为方式与习惯，形成良好的健康素养。日本学者高石昌弘的观点也颇具代表性。他认为，培养儿童在健康问题上的自主性并不仅仅是为了健康本身，它服从于和服务于培养造就人这个基本的教育目的，因此健康教育是实现教育根本目的的一种极为重要的教育活动；具有如此含义的健康教育当然不仅是学校范围的事，它还渗透于家庭教育和社会教育之中。不过，既然各类教育皆以学校教育为主要形式，健康教育活动也不例外。学校教育具有能适应儿童发展阶段进行系统教育的特点。正因为如此，健康教育应以学校健康教育的方式大力展开。

各国对健康教育概念的界定都与本国的政治、经济、文化、道德、环境等多种因素密切相关。具体到我国而言，我们可以根据我国具体国情对中学生健康教育做出如下定义：中学生健康教育是根据一定的社会要求条件和规范，以中学生为对象并针对其身心发育特点和对健康的需求，以学校为主、家庭和社会为辅而进行的有目的、有计划、有针对性和有评价的教育活动。其目的是使中学生获得必要的健康知识，树立正确的健康观念，培养良好的健康素养，养成积极的健康行为和生活方式，消除或减轻影响健康的危险因素，预防疾病，增进健康，提高生活质量，促进全面发展，为终身健康打牢基础。

由此定义可以看出，中学生健康教育的基本特征包括如下几方面。

①本质上是一种以健康为主要内容和目的的培养人的活动。

②核心就是帮助、引导中学生树立健康意识、形成积极的健康行为和生活方式。

③具有理论与实践相结合的特点，强调可操作性。

④中学生健康教育的场所十分广泛，包括学校、家庭和社会等，以学校为主。

三、中学生健康教育现状

我国中学生的年龄一般在12～18岁，处于青春发育期，属于人生的黄金阶段。此时的中学生处于身体发育的第二次高峰期，各器官系统成长迅速，性成熟过程开始，身体机能、机体形态、心理上都发生了一系列的变化。面对这些变化，我们必须采取切实有效的措施，加强中学生健康教育，帮助和引导中学生认清这一阶段自身的生理、心理特点，增强健康意识，为终身健康打下基础。

(一)中学生的身心发育特点

1. 中学生的生理发育特点

儿童从出生到小学阶段，身体成长由快到慢，逐步趋于平稳。进入中学阶段以后，又开始了一个新的快速生长的过程，身高、体重、骨骼和肌肉等生长得都较快。身高、体重平均每年分别增长6～8厘米、5～6千克，女生的身体发育比男生要提早1～2年。中学生的上下两肢骨，特别是下肢骨长得较快。胸骨的横径增大，男生肩膀变宽，女生骨盆增大。肌肉随骨骼的生长而生长，尤其是大肌肉急速生长，但较成人的肌肉柔软，韧带结构也较弱。脊柱、胸廓、骨盆和四肢未完成骨化过程，可塑性较强。体内机能迅速发育健全起来。心脏发育趋于成熟，脉搏跳动减慢，心脏的重量、形体、恒定性以及血压情况接近于成人，肺活量可达 2000～3500 毫升，也基本与成人的水平无异。脑重量、体积、脑电波接近成人，大脑机能增强。神经系统处于身体发育的领先地位，神经活动过程的灵活性高，但不稳定。因此，有些中学生经常表现出活泼好动、注意力不集中、言行过激等特点。

中学生的性器官和性机能开始成熟，发展迅速。男生的喉结突起，声音变粗，长出胡须和体毛，肌肉和骨骼坚实，体态魁梧。男生自 12 岁左右开始，睾丸增大，开始出现遗精现象。遗精的出现标志着男生性功能的发育成熟。女生的声音变尖，乳房突起，骨盆变宽，臀部变大，体态趋向丰满。女生在 13 岁左右出现月经初潮。月经初潮的出现标志着女生性功能的发育成熟。

受遗传、环境、营养、疾病、性别等的影响，中学生的生长发育会存在一定的时代差异、男女差异和个体差异。这些差异会给不同的个体带来不同的心理适应问题。

2. 中学生的心理发育特点

中学阶段是学生从儿童向成人过渡、人生成长变化的重大转折时期。生理上的快速发育特别是性机能的逐渐成熟，使中学生的心理也发生急剧变化，形成这一阶段独特的心理特征。主要表现在如下三个方面。

一是认知活动方面。中学生的感知水平和观察质量不断提高，能够抓住事物的本质，但也有观察不仔细、草率下结论等不成熟的表现。注意力相对稳定并具有目的性，注意的广度和分配达到成人的水平。记忆力发展到高峰，意义识记增加，机械记忆减少。思维品质获得较大发展，思维的广度和深度提高，抽象逻辑思维、辩证逻辑思维能力增加。

二是自我意识方面。中学生的学习任务比小学生更加繁重，学习压力增加，学习的有意性和自觉性提高，独立完成工作的能力获得发展。自我意识进一步发展，自控能力提高，反对成人的过多干涉，对家长和教师的依赖程度减少。但是，他们整体上仍处于半幼稚、半成熟的状态，尚无完全独立的能力。这种独立与依赖并存的情况常常使中学生心理发展上出现一些矛盾的现象，体现出中学生心理发育的过渡性特点。

三是个性心理方面。中学生的个性发展迅速并不断趋于稳定。在学校、家庭和社会等客观环境的影响下，在自己的主观努力下，中学生无论是在兴趣、需要、动机、信念、理想等个性倾向性方面，还是在能力、气质、性格等个性心理特征方面，都得到显著的发展，形成了差异明显并趋于稳定的独特个性。

(二)中学生健康现状分析

少年强，则国强。中学生的健康状况既关系到个人的成长，又关系到祖国的未来和民族的发展。近年来，随着我国经济的发展，中学生的发育水平和营养状况不断提高，但是有些健康问题却日益突出，中学生的疾病谱发生重大变化。有些中学生由于运动量少、饮食结构不合理、自我调节能力差等原因，无论是在生理健康、心理健康还是在社会适应性方面都存在一定的健康隐患。2021 年 10 月，教育部体育卫生与艺术教育司王登峰司长在教育部新闻发布会上指出，2020 年儿童青少年的总体近视率上升 52.7%，比 2019 年上升了 2.5 个百分点。在 2021 年 7 月 13 日国家卫生健康委员会新闻发布会上，中国疾控中心营养学首席专家赵文华指出，我国 6～17 岁儿童青少年的超重肥胖率近 20%，6 岁以下儿童的超重肥胖率超过 10%。与此同时，一些心理、精神层面的问题也极大地困扰着部分中学生。这些健康问题不仅影响中学生的正常生长发育，而且也增加了中学生成年以后患有其他慢性病和并发症的风险。

中学生的健康状况是衡量“健康中国”战略目标能否实现的重要一环。因此，我们要牢固树立“健康第一”的理念，高度重视中学生的健康问题。

（三）中学生健康教育现状分析

2016 年，我国颁布《“健康中国 2030”规划纲要》，要求各地区、各部门认真贯彻并落实；将健康教育纳入国民教育体系，把健康教育作为所有教育阶段素质教育的重要内容；强调要以中小学为重点，建立学校健康教育推进机制。中学时期是人一生中接受能力最强、可塑性最强的时期，也是各种行为模式逐渐定型的时期。因此，中学生是开展健康教育的重点及最有效的人群。近年来，国家出台了一系列促进中学生健康教育的政策，对中学生健康教育的重视程度日益加强。然而，当前我国中学生健康教育无论是在相关管理制度建设上，还是在理论研究、学科建设等方面都存在不足。这对于我们落实立德树人的根本任务，发展素质教育和培养全面发展的人不利。概括而言，我国中学生健康教育发展还存在如下问题。

1. 中学生健康教育政策的执行情况和实施效果有待提升

目前，我国中学生健康教育主要依据的相关文件有《学校卫生工作条例》《学校健康教育评价方案（试行）》《中小学生健康教育基本要求（试行）》《中小学生健康教育指导纲要》《“健康中国 2030”规划纲要》及对应的体育与健康课程标准等。这一系列政策文件的陆续出台和不断完善为中学生健康教育的开展提供了一定的政策保障。但是，这些政策的执行情况以及实施效果有待提升。

新一轮的基础教育课程改革中，对于如何在各科教学中培养学生的核心素养提出了明确要求。核心素养是可教、可学的，而且可以通过一定的标准予以测评的。在当前中学健康教育环境、政策落实、教学内容、学生健康情况量化指标等方面缺乏科学合理的考评体系情况下，如何有效落实核心素养培养成为健康教育面临的一个突出问题。

2. 中学生健康教育在学校教育体系中的地位有待提升

我国虽然早在 1990 年出台的《学校卫生工作条例》中就明确规定中小学必须设立

健康教育课，但中学生健康教育存在课程体系不完善、结构性缺失问题，其对于基础教育课程改革的作用未被充分重视。

根据2008年出台的《中小学健康教育指导纲要》，中小学健康教育的主要载体课程为“体育与健康”，如遇下雨(雪)或高温(严寒)等不适宜户外体育教学的天气时可安排健康教育课。中学生健康教育课应与生物学等学科教学有机结合，对于无法在相关课程中渗透的健康教育内容可以利用综合实践活动和地方课程的时间采用多种形式向学生传授健康知识与技能。

3. 中学生健康教育课程实施不到位

教材是课程内容实施的主要载体，是向学生传播知识的重要手段。随着基础教育课程改革的深入，基于健康教育的部分特点，并为了减轻学生的负担，我国对健康教育的教材未做统一要求，相关课程标准也是依附在体育与健康课程标准中而未有独立要求。现有中学生健康教育教材多是各校根据自身情况使用的引进版教材或者地方组织编写的。引进版教材如美国的《健康与幸福》，虽相对成熟，但主要局限于浙江、上海等地使用，且未能兼顾我国中学生的身心发展特点及健康教育实际。其他地方自主编写的教材，因团队整体实力有限，导致教材的系统性、参与性、时代性等方面较为欠缺，各学段教材内容的衔接也有欠考虑。整体而言，现行各中学自主使用的健康教育教材不能够满足当代中学生和社会对健康教育的实际需求。

4. 中学生健康教育师资力量薄弱、质量不高

教师是开展中学生健康教育的关键角色。健康教育作为一门综合性较强的交叉学科，其对应的专业人员既要具备一定的医学、教育学、行为学、心理学等相关学科的知识，又要拥有健康需求评估、项目设计与实施、配套资源拓展和健康知识传播的能力；既要有扎实的理论基础，又要有丰富的实战经验。

目前，我国中学还相对缺乏专职的健康教育教师岗位。中学生健康教育教师一般由体育教师或校医兼任，他们不具备完整的健康教育知识和技能。同时，相关的职前教育匮乏、职后培训不成体系，无论是在数量上还是在质量上都不能满足中学生健康教育的需要。师资力量水平较低、系统的健康教育师资力量培训缺乏问题成为中学生健康教育发展的一个瓶颈。

5. 中学生健康教育相关的协同机制有待完善

对于中学生来说，学校是进行健康教育的最重要也是最佳的场所。但是，家庭、社会对中学生健康教育的作用也不能忽视。学校、家庭、社会任何一方的缺席都会影响到中学生健康教育的质量。中学生健康教育的实践性和操作性较强，仅仅依靠学校提供必要的教学资源是不切实际的。另外，中学生的身心发育尚未完全成熟，需要有家长、教师乃至社会对其进行监督、引导，并及时帮助其纠正不良的健康行为。

目前，学校、家庭和社会之间的协同机制有待完善，还存在中学生健康教育过度依赖学校，家庭的健康教育意识淡薄，社会各界参与度较低的问题。

第二节　国内外中学生健康教育的发展

一、我国中学生健康教育的发展历程

我国中学生健康教育是伴随近代教育的兴起而逐步形成和发展起来的。1904年，《奏定中学堂章程》就已将体操课正式列入中学课程。20世纪二三十年代，中学生健康教育盛极一时，为现代中学生健康教育的发展奠定了基础。新中国成立以来，中学生健康教育大致经历了以下几个发展阶段。

(一)起步奠基阶段(1949—1976年)：卫生宣教与社会动员融为一体，重点关注学生的体质健康

新中国成立伊始，党和政府把人民的健康问题放在首位。1950年，第一届全国卫生会议召开，确立了“面向工农兵，预防为主，团结中西医”的卫生工作方针。一时间，各校讲卫生、疾病预防等宣传教育活动蓬勃兴起。中央人民政府还要求各学校认真学习相关卫生防疫政策与法令。

由于新中国成立前长期的战乱以及医疗水平的落后，这一时期中学生的体质差、营养不良，并不时遭受疾病和瘟疫的困扰。1950年，毛泽东同志针对学生健康状况差的问题做出了“健康第一，学习第二”的重要指示。1951年，《政务院关于改善各级学校学生健康状况的决定》发布，要求学生加强卫生教育，培养学生良好的卫生习惯，奠定了这一阶段中小学生健康教育以预防为主、培养良好的卫生习惯为主要特点的卫生宣教模式。1963年，《全日制中学暂行工作条例(草案)》明确提出要对中学生进行卫生常识教育，使其养成良好的卫生习惯。1964年，国务院批准的教育部、国家体育委员会、卫生部《关于中小学学生健康状况和改进学校体育、卫生工作的报告》要求师范院(校)课程内增添学校卫生知识的内容，中小学通过晨(午)间卫生检查和有关课程讲授生理卫生常识，为卫生教育纳入课程体系做出了有益的尝试。

从新中国成立到1966年，中学生健康教育的内容主要围绕体育和学校卫生环境问题宣传卫生常识与政策、开展卫生运动，进而提高学生的身体素质。通过这些努力，中学生不仅自身的教育能力和自我卫生习惯得以养成，而且还成为宣传新中国健康教育政策的一支重要力量，为之后中学生健康教育发展乃至国家公共卫生事业的发展起到了重要作用。“文化大革命”爆发以后，中学生健康教育随着我国教育事业的破坏而受到干扰。

(二)恢复重建阶段(1977—1989年)：课程地位独立，侧重卫生知识的宣教

“文化大革命”结束初期，我国百废待举，中学生的身心健康问题受到党和政府的高度重视，被视为基础教育领域的一项重要工作。1978年，教育部颁布的《全日

制十年制中小学教学计划试行草案》要求中学单独开设生理卫生课程，是中学生健康教育课程在经历“文化大革命”后恢复重建的开始。1979年，教育部、国家体委、卫生部、共青团中央联合在扬州召开全国学校体育、卫生工作经验交流会议，明确了增强学生体质的指导思想，确立了体育卫生在学校教育中的重要地位。此次会议的召开在我国中学生健康教育发展史上具有里程碑意义，加快了中学生健康教育的恢复与重建的步伐。1981年，教育部颁布的《全日制六年制重点中学教学计划试行草案》《全日制五年制中学教学计划试行草案的修订意见》规定，生理卫生课在初三开设，每周2课时。课时数量的具体规定对推动健康教育课程的有效实施有着重要意义。1984年，《教育部、卫生部、国家计划生育委员会关于改进和加强中学生理卫生知识教育的通知指出，初中除了在初三开设生理卫生课以外，还可以提前安排有关生殖和发育的讲座；高中可以结合人口教育讲座讲授这方面内容。1986年，《关于开展中小学卫生教育问题座谈会纪要》强调了中小学卫生教育对于提高教育质量和促进学生德、智、体全面发展的重要性，并提出了卫生教育的实施途径。

从生物性的角度看，没有疾病便是健康。在我国改革开放起步阶段，人民群众的物质生活水平还有待提高，因此人们对中学生健康教育的理解仍局限在卫生常识的宣教上，甚至是将卫生常识教育等同于健康教育，把中学生的个人卫生习惯养成和疾病预防作为对其进行健康教育的主要目标。只有大原则而无明确、具体的内容要求和实施策略，各学校主要是依据有关政策法规边实践边摸索。即便如此，在恢复重建阶段，中小学生健康教育的成绩还是十分显著的。中学生健康教育在基础教育课程体系中的重要地位得以确定，不仅有着独立的课程地位，增加了相关教育内容，还注意与其他学科交叉渗透，并灵活采用选修课、专题讲座及在校零散时间等开展教育活动，为下一阶段中学生健康教育进入快速发展轨道打下了良好的基础。

（三）快速发展阶段（1990—1998年）：规范化、制度化加强，身体、心理健康并重

随着改革开放的推进，国家经济发展水平逐步提高，人们的观念也在发生变化，中学生健康教育更加规范。1990年，国家教育委员会和卫生部联合颁布了新中国成立以来最全面也是最重要的一个中小学生健康教育行政法规——《学校卫生工作条例》。该条例借鉴世界卫生组织关于健康及健康教育的定义，首次以健康教育的名义规定学校应当把健康教育纳入教学计划，普通中小学必须开设健康教育课。这样健康教育在基础教育课程体系中的地位正式确立。1992年，卫生部、国家教育委员会、全国爱国卫生运动委员会印发的《中小学生健康教育基本要求（试行）》将“心理卫生”纳入健康教育内容。该文件第一次系统提出中小学生健康教育的目标、要求、适用范围及基本内容，标志着我国中学生健康教育开始进入规范化指导阶段。1994年，国家教育委员会印发的《实行新工时制对全日制小学、初级中学课程（教学）计划

进行调整的意见》要求“科技文体活动”中每周要有 0.5 课时开展健康教育。这是第一次在中小学课程(教学)计划安排中规定健康教育的课时，使得中小学生健康教育不但有了时间保证，还为课程得以持续、稳定开展提供了政策依据。1995 年，国家教育委员会印发的《学校健康教育评价方案(试行)》为健康教育评估提供了具体标准，使得健康教育的评价问题被提上日程。1998 年，为贯彻落实《学校卫生工作条例》，国家教育委员会印发《普通中小学和中等职业学校落实〈学校卫生工作条例〉检查评估细则》，确定了中小学和中等职业学校健康教育的具体评估指标与方法，并要求将健康教育的实施情况纳入评估检查范围。1999 年，教育部颁布我国第一个中小学生心理健康教育文件《教育部关于加强中小学心理健康教育的若干意见》。从此，心理健康教育成为健康教育的一个重要内容。

在这一阶段，中学生健康教育迎来黄金发展期，无论是从课程名称、地位、内容、课时安排，还是从课程评价来看，中学生健康教育都呈现出规范化、制度化的良好发展态势。与前两个阶段片面强调体质健康相比，这一阶段开始强调心理健康的重要性，提倡身心健康并重。但是，此时的健康观过多局限于对体育课程和心理健康教育课程的单一认识，缺乏对健康教育学科和课程体系构建的整体认识。无论是课程实态，还是研究实态都滞后于政策要求以及学生发展的实际需要。在价值取向上，以学科知识为中心，过于注重传授生理卫生知识、培养相关的健康技能、提高体育与保健的能力；与体育有关的健康教育内容呈现出成人化、竞技化倾向，健康教育学科自身所具有的一般教育价值则有欠考虑。

(四)在矛盾中转型与探索阶段(1999—2013 年)：取消独立课程的地位，注重与其他课程融合

1999 年，《中共中央、国务院关于深化教育改革，全面推进素质教育的决定》，明确要求加强课程的综合性、全面推进素质教育。2000 年，国家质量技术监督局颁布的《中、小学生健康教育规范》从国家质量技术管理的角度对中小学生健康教育的内容进行了规范，确定了中小学生健康教育的基本框架。在此期间，国外心理健康知识不断传入我国。为了落实素质教育，2001 年教育部颁布《基础教育课程改革纲要(试行)》，明确规定初中阶段设置分科与综合相结合的课程。中学生健康教育不再单独开设，与体育合并为体育与健康课程并与其他学科交叉融合，一直延续至今。在这一阶段，心理健康受重视的程度进一步加强。2002 年，教育部颁布《中小学心理健康教育指导纲要》，对中小学心理健康教育进行指导，并将心理健康教育工作纳入对学校的督导评估。2008 年，教育部颁布的《中小学健康教育指导纲要》全面、系统地介绍了中小学健康教育的指导思想、目标、基本原则、基本内容、实施途径和保障措施等，体现了新的健康教育理念，为中学健康教育提供了切实可操作的行动指南。2011 年，卫生部、国家标准化管理委员会出台《中小学健康教育规范》，对中小学健康教育的课程设置进行了补充说明，重申健康教育要与学校其他学科教育相

互结合和渗透，强调从身体和心理两个维度对其实施效果进行评定。2012 年，教育部出台《中小学心理健康教育指导纲要(2012 年修订)》，进一步强调了心理健康教育的重要性，要求将心理健康教育贯穿于中小学教育教学的始终。

在这一阶段，基础教育课程改革的一个突出特点是强调课程整合的重要性，重视综合课程的建设，倡导学科之间的交叉渗透。在此背景下，健康教育以融入体育课程及与其他相关学科课程相融合的方式推进。各地创新探索了丰富多彩的健康教育实施方式，但在应试教育的大环境和评价监督机制不完善的状态下，体育尚不能被一些学校重视，实际操作中“重体育、轻健康”的情况也还存在。

(五)迈向新的发展阶段(2014 年至今)：上升为国家战略，受重视程度日益提高

2014 年，《教育部关于全面深化课程改革落实立德树人根本任务的意见》发布，提出了发展学生核心素养、落实立德树人的任务。中学生健康教育以此为契机，进入了注重学生健康素养培养的新阶段。2015 年，党的十八届五中全会提出“健康中国”的概念，国民健康问题上升为国家战略，中学生健康教育迎来新的发展机遇。2016 年，中共中央、国务院印发的《“健康中国 2030”规划纲要》，以及国家卫生和计划生育委员会等 10 部门联合颁布的《关于加强健康促进与教育的指导意见》均提出将健康教育纳入国民教育体系，以中小学为重点建立学校健康教育推进机制，采取多种健康教育模式，加强健康教育师资培养。2018 年，教育部发布《普通高中体育与健康课程标准(2017 年版)》，强调要注重学生健康素养的养成，把健康教育作为该课程中一个独立的模块，确保了健康教育在体育与健康综合课程中的相对独立性。同年，国家卫生健康委员会发布《中国青少年健康教育核心信息及释义(2018 版)》，针对当前青少年主要面临的健康问题和影响因素提出了合理建议。2019 年，国务院印发《国务院关于实施健康中国行动的意见》《健康中国行动组织实施和考核方案》，成立健康中国行动推进委员会并印发《健康中国行动(2019—2030 年)》，从总体工作部署、具体实施路径及考核机制三方面三位一体为推进健康中国建设提出了全方位的解决方案。2020 年，教育部发布《普通高中体育与健康课程标准(2017 年版 2020 年修订)》。该系列文件明确了中小学生健康教育的意义、健康促进行动的目标，以及不同主体对应的责任；强调中小学开齐开足体育与健康课程，把学生的体质健康状况纳入对学校的绩效考核，将体育纳入高中学业水平测试或高考综合评价体系等。“健康中国”战略系列政策作为当前我国最系统、最全面也是最高级别的健康政策，为中学生健康教育的发展指明了方向。2022 年，教育部发布《义务教育体育与健康课程标准(2022 年版)》，强化了育人导向，优化了内容结构，研制了学业质量标准，增强了指导性，加强了学段衔接。

在这一阶段，一系列利好政策为健康教育纳入国民教育体系、健康素养养成作为健康教育的发展方向和主要目标提供了坚实的政策保障，使中学生健康教育开始

迈向新的发展阶段。

二、我国中学生健康教育的特征

将健康教育纳入国家教育战略已成为国际社会的共识。70 多年来，我国紧跟国际趋势对中学生健康教育的干预和推进力度不断增强，在价值取向、理念认识以及课程结构上逐渐积淀形成我国中学生健康教育自身的特征。

(一)在价值取向上，从过分强调社会价值转向社会价值与个人价值相统

新中国成立以来，党和政府对中学生健康问题一直高度重视，“健康第一”的指导思想贯穿于中小学生健康教育的始终。但是，在不同阶段，人们对中小学生健康教育的价值取向有不同的理解。

1957 年，毛泽东同志在《关于正确处理人民内部矛盾的问题》中指出：“我们的教育方针，应该使受教育者在德育、智育、体育几方面都得到发展，成为有社会主义觉悟的有文化的劳动者。”使受教育者成为“有文化的劳动者”是当时中小学生健康教育最有代表性的价值取向，并影响到后来的价值取向选择。1993 年，《中国教育改革和发展纲要》首次提出“中小学要由‘应试教育’转向全面提高国民素质的轨道”，开始对基础教育的价值取向进行反思。2001 年，新课程改革启动后，中小学生健康教育顺应形势开始关注学生的人格塑造和道德品质养成，带有从学科本位向育人本位过渡的特点。党的十七大召开时，党的政策文件中第一次从个体发展的角度明确健康的地位，提出健康是人全面发展的基础，关系千家万户幸福。《健康中国行动(2019—2030 年)》再次强调：“加强中小学健康教育促进，增强青少年体质，是促进中小学生健康成长和全面发展的需要。”全面发展成为中小学生健康促进行动的宗旨。

有学者认为，长期以来我们的教育工作中不敢谈人、不能谈人、不会谈人，所以也难以确立正确的教育本体价值观。这也正是中学生健康教育面临的突出问题。在相当长的一段时间，我国中学生健康教育深受苏联教育模式的影响，以苏联的劳卫制为蓝本，把国家和社会作为健康教育的价值主体，强调社会性、工具性，注重运动技能和技巧的传授。这种价值取向在为国家培养人才方面做出重要贡献。但是，在国家和社会的语境下，教育的个体发展价值未得到应有的关注与重视。基础教育的本质特征是要思考和回答“培养什么人、怎样培养人、为谁培养人”的问题。经过多年的探索，中学生健康教育的价值取向回归育人本位，体现出中小学生健康教育社会价值与个人价值的和谐统一。

(二)在理念认识上，从“没有疾病即健康”到以身体健康为主多元发展

在不同阶段，中学生面临的健康主题不尽相同。人们对中学生健康教育的认识大致经历了一个从“没有疾病即健康”到以身体健康为主的心理、社会适应性、道德、环境等逐渐纳入其中的过程。

我国中学生健康教育长期只关注身体健康，把没有疾病等同于健康。不过，不同阶段的侧重点各有不同。20世纪五六十年代，中学生健康教育以掌握卫生常识、培养个人良好的卫生习惯的预防教育为重点。20世纪70年代，增加了营养知识和常见病预防知识普及。20世纪80年代，青春期卫生知识受到重视。伴随着世界卫生组织对健康概念的再定义以及国外心理健康知识的引入，我国对健康教育的认识日渐深入。20世纪90年代，心理健康受到重视，中小学生健康教育呈现心理健康与身体健康并重的二元格局。21世纪以后，传染病防治、控烟、艾滋病与毒品预防、社会适应、道德健康及环境健康等逐渐受到关注，中小学生健康教育的内涵更加丰富。

70多年来，人们对中学生健康教育的理解和认识经历了一个从长期的身体健康一方独尊到以身体健康为主、多个健康要素多元发展的改变，体现出与时俱进的特点。但是，这些认识仍然较为浅显，对影响生命健康更深层的主导因素重视不够。近年来，越来越多的健康教育专项问题凸显。这恰恰说明了当前没有把握好中小学生健康教育的内涵和外延。

(三)在课程结构上，从独立课程到学科融合再到独立模块与课程融合相结合

新中国成立以来，中学生健康教育的课程结构演变规律大致为：从独立课程到与体育课程相融合，再到作为体育与健康课程中的一个独立模块并与其他学科课程交叉融合。此外，辅以一定的健康教育活动、专题讲座等，课程内容与形式越来越丰富。

从1978年生理卫生课设置到1990年健康教育课正式开设，尽管名称不同，但是从1978年到2001年新课程改革启动前，健康教育都是独立的课程结构。在这一阶段，中小学生健康教育进入黄金发展阶段。据1998年全国爱国卫生运动委员会对当时重点城市的调查，学生对健康知识的知晓率高达89.2%。进入21世纪之后，中小学生健康教育课程的结构性缺失，不仅可能会影响该学科的发展，还可能会导致我国中学生健康素养的下降。

近年来，普通高中新课程改革和高考综合改革在一定程度上对上一轮基础教育课程改革进行了纠偏。健康教育除了开始作为体育与健康课程中一个独立的模块外，与其他学科交叉融合的趋势也进一步加强。如高中历史新课程选择性必修2“经济与社会生活”新增“医疗与公共卫生”单元。中小学生健康教育的实践路径与国家发展战略间的差距逐渐缩小。

另外，我国台湾地区的中学生健康教育模式也十分具有代表性。台湾地区从1968年开始实行九年义务教育，同年修订的体育课程标准中增设健康教育。2000年颁布九年一贯课程纲要，将健康与体育课程作为中小学一个重要的学习科目。2002年，台湾地区颁布实施《学校卫生法》(2013年修订)，对学校健康教育的目标、内容和实施标准进行规范。2003年，台湾地区开始推动健康促进学校，2008年全面推

动。2010年，台湾地区推动健康促进学校认证暨国际接轨计划，建立健康促进学校认证系统，并推动台湾学童健康素养调查计划，注重对学生健康素养情况的监测。2014年颁布十二年基本教育课程纲要总纲，将健康与体育作为中小学十二年必修课程之一。台湾地区注重从小培养学生健康的生活、学习、工作方式，不同学段学生的健康教育内容各有侧重，不同地区学校健康教育的内容和教学方式各有其特色。台湾地区的健康教育从学校开始，后来逐渐扩展到社区、医疗机构等其他场所，形成了一套较为成熟的中学生健康教育体系，成效显著。台湾师范大学成立健康促进与卫生教育学系，作为培养健康教育专门人才的场所，为台湾地区健康教育发展提供了专业的人才。

三、国外中学生健康教育的发展历程与特征

(一)国外中学生健康教育的发展历程

现代健康教育发轫于19世纪后期美国及一些欧洲国家在学校开设的生理卫生课。如今，学校健康教育已成为世界许多国家学校教育体系的重要内容。

美国于20世纪30年代将健康教育发展成学校的一门独立课程，随后又将其设立为学校的必修课。20世纪70年代起，健康教育受到美国社会各界的高度重视，以“预防”为主的健康教育思想逐步确立。在此背景下，美国健康标准联合委员会于1995年发布《美国健康教育标准》，并于2005年修订，明确从幼儿园到K12年级学生的健康教育要求。各州以此为指导并结合自身实际，进行健康教育课程设置和课时安排，自行决定该课程是必修课或选修课。目前，美国有36个州将健康教育课程作为必修课；有7个州将健康教育课程作为选修课；有17个州除了开设健康教育必修课外，还开设健康教育专题课程。在课时安排上，美国中学的健康计划规定每个年级必须保证50小时的健康教育课时。与此同时，美国中学还有一套完整的健康教育教材体系、服务管理体系等与之配套。

加拿大的教育政策由各省教育部门自行制定，加拿大教育部门只对各省课程起整体协调作用。安大略省是加拿大经济、文化中心，也是加拿大教育最为发达的地区，是加拿大课程改革的典范。安大略省以健康与体育课程为载体实施健康教育，从1998年到2015年先后颁布、完善了5个1～12年级健康与体育课程标准。该省注重对健康教育实施进行整体考虑，将健康理念置于核心地位，渗透在健康与体育课程的各个环节，重视生活技能教育，注重健康素养与跨学科综合素养的培育，积极吸引家庭、社会等多个主体参与到学校健康教育中。

英国在《1988年教育改革法》中对国家课程做出规定，其中将健康教育课程规定为一门桥梁课程，将健康教育的内容融入其他学科课程及校园活动。1990年，英国课程委员会针对5～16岁的中小学生提出了健康教育课程框架。为了帮助中小学生形成健康的生活方式，提高适应社会生活的能力，1997年开设独立的个人、社会与

健康教育(Personal，Social，Health Education，PSHE)课程；2011 年，PSHE 课程被纳入英国中小学必修课。为了突出健康教育课程的重要性，英国规定 PSHE 课程占所有课时总数的 5%。PSHE 课程的开设，使得英国的健康教育课程体系更加完备。

芬兰在 20 世纪 60 年代就很重视健康教育工作，于 1962 年成立健康促进中心，促进健康教育模式的转变。芬兰是率先独立开设和实施健康教育课程的国家之一。2003 年，芬兰将健康教育纳入高中核心课程并于 2005 年正式实施。芬兰政府强调，要想提升中小学生的健康素养，需要使健康教育课程获得与其他课程相同的课程地位，尊重其应有的课时数，确保健康教育质量。因此，芬兰的中学生健康教育不仅关注学生的身体健康和心理健康，更注重学生社会适应能力的培养。如芬兰的初中健康教育课程重视“现象教学”，鼓励学生善于表达、主动探究，促进学生自我照顾、日常生活管理能力以及文化识读、沟通与表达能力的发展。

日本于 1999 年开设保健体育课，将健康教育与体育学科融合作为小学至高中的必修课开设。二者虽合为一科，但地位相对独立，有各自独立的学习领域。日本的中学生健康教育的内容较为广泛，以保健教育为基础，涉及保健教育、安全教育、心理健康教育、食育等；中学生健康教育较为系统地向中学生传递相关健康教育知识，培养中学生增进健康的态度和能力。20 世纪 90 年代末以来，日本的保健体育课程顺应时代变化，随整个日本教育方针的变化进行了适当调整，在保健领域要求初中生学习身心功能的发展与心理健康、健康与环境、防止伤害、预防疾病、健康与生活的内容；要求高中生学习现代社会与健康、环境与健康、终身健康、集体健康的内容。除了加强保健体育课程建设外，日本还强调通过班级活动和学校其他教育活动充实保健教育内容。在课时或学分安排上，日本规定每学年初中阶段保健领域学习 48 课时，高中阶段保健领域修习 2 学分。

澳大利亚的中学课程计划中健康与体育课程是和数学、科学同等重要的学习领域。该课程领域要求通过丰富多彩的课外、校外活动帮助学生获得有助于个人和群体健康成长、人际关系、安全、饮食、疾病预防等方面的知识与技能，增强维护健康和安全环境的社会责任感。每位学生都应当接受全面系统的健康教育，学校有责任确保其所在社区知晓健康教育课程情况并参与课程决策过程，家庭应当与学校积极配合。

(二)国外中学生健康教育的特征

国外中小学生健康教育在法律政策保障、课程模式、师资配备、跨部门合作等方面具有明显的特点，为我国中学生健康教育的开展提供了宝贵的经验。具体而言，体现在如下几方面。

在法律政策保障上，有相关法律政策对中小学生健康教育做出明确规定。如德国 2003 年制定的《青少年保护法》规定 4～18 岁的儿童应接受系统的健康教育。英国教育改革法对包括健康教育在内的国家课程进行相关规定，法律政策的规定增加了中小学生健康教育的严肃性。

在课程模式上，健康教育独立设课以及与体育课程合科开设的情况均存在。独立设课的有美国、英国、芬兰等，与体育课程合科开设的有日本、加拿大等。因对健康教育的目标、内容、方式等方面有系统的体系设计，两种课程模式均取得了较好的教学效果。

在师资配备上，重视健康教育教师的执业资格和日常培训。例如，美国的健康教育教师要有正规的职业培养，并需要通过相应的资格考试。日本健康教育师资分为保健体育教师和养护教师两种，均需要接受一定的培养课程，通过相关考试科目并达到一定学分数。

在跨部门合作上，注重跨领域、多部门的合作。例如，加拿大规定各省卫生行政部门应协助教育部门开展课程设计，为其提供需求评估。澳大利亚昆士兰州的健康促进学校工作人员代表有家长、教师、州政府、社区等，各主体之间的协调配合对于提高中小学生健康教育的质量和成效有积极意义。

第三节　中学生健康教育的原则和意义

一、中学生健康教育的原则

（一）整体性原则

健康教育不属于纯粹的医学或教育学范畴，而是一门多学科交叉的综合性应用学科。开展中学生健康教育应着眼于中学生长远发展的健康需求，坚持整体性、全局性，用全面、发展的观点，对中学生健康的影响因素进行综合考虑，注重教育目标、内容的系统性和关联性。中学生健康教育在儿童青少年阶段健康教育中起到承上启下的作用，上承小学，下启大学，地位十位重要。开展中学生健康教育应建立健全中学生健康教育学科体系、课程教材和管理体系，注意与小学和大学做好衔接，确保教育目标、内容的连贯性，为实现中学生健康教育目的和奠定终身健康基础提供一定的保障。

（二）理论与实践相结合原则

科学、准确的健康知识是加强中学生健康教育、提升其健康能力的基本前提，加强健康知识学习是十分必要的。开展中学生健康教育，应向学生传授科学、无争议的研究结果和结论，引导学生理性分析和看待有争议的内容。另外，健康教育最终是要促使人们养成良好的健康行为和生活方式。因此，中学生健康教育应充分调动中学生的积极性，引导中学生多参与一些有助于改变态度信念和技能的教育活动，将理论知识讲授与具体实践操作相结合，使中学生在真实的生活情境中充分利用现实中的健康教育资源，接受生活化的健康教育，将健康知识内化为健康素养，提升解决自身健康问题的能力。

（三）前瞻性原则

《国务院关于实施健康中国行动的意见》强调，健康教育要以坚持预防为主，把预防摆在更加突出的位置，积极有效地应对当前突出的健康问题，必须关口前移。中学生处于生长发育期，此时形成的生活习惯和行为方式对其以后生活学习将产生深远影响。中学生的可塑性较强，有一定的理解力和自控力，是一生中加强健康教育的最佳时期。因此，开展中学生健康教育既要着眼当前健康成长，又要关注成年以后的健康状况；既重视常见健康问题，又关注潜在风险。此外，随着经济社会的发展和疾病图谱的变化，影响中学生健康状况的因素发生相应改变，中学生健康教育应与时俱进，选择新时代中学生面临的突出健康问题，并充分运用信息技术改进健康教育方式方法。

（四）因材施教原则

“教学有法，教无定法，贵在得法。”广大中学生各自的体质状况、生活习惯、饮食结构等方面存在不同，在身体素质、认知水平、心理抗压能力等方面表现出一定差异。与此同时，中学生正值青春期，精力旺盛，兴趣广泛。投其所好和因材施教，有利于激发他们的学习兴趣，培养他们的自信心，提高教育效果。因此，加强中学生健康教育，要在考虑提高中学生群体整体健康水平的共性要求的同时，应正视不同个体之间的差异性，根据不同层次学生的实际情况设定教育目标，采用多种多样灵活的教学方式，使学生对健康教育保持浓厚兴趣，着力为每一位学生提供适切的健康教育内容。

二、中学生健康教育的意义

（一）有利于中学生形成良好的健康素养，为今后的学习生活奠基

中学生健康教育是提升中学生健康素养的有效途径。中学生接受健康教育的情况与其健康素养形成的水平有着密切的联系。帮助中学生树立“每个人是自己健康第一责任人的理念”，建立良好的健康意识和健康的生活理念，有利于促进中学生养成良好的健康习惯和行为方式，形成良好的健康素养，并有利于学生学业成绩的提高，为以后的生活和学习奠定坚实的健康基础。利用科学运动改善体质状况，可以促进多巴胺、血清素和肾上腺素的分泌。这三种物质的合理分泌可以促进大脑的二次发育，让大脑长出新的神经突触，加速大脑各神经元之间的连接，提高大脑的认知能力，增强学习效果，并对稳定情绪也有一定的帮助。

（二）有利于中学生全面发展，落实素质教育

基础教育的本质特征是要思考和回答“为谁培养人、培养什么样的人、怎样培育

人"的根本问题。健康教育作为德、智、体、美、劳全面发展教育体系的重要组成部分，是全面实施素质教育、促进学生终身可持续发展和养成健全人格的基本保障，是实现立德树人根本任务的"基础工程"。正如马克思所说："教育对所有已满一定年龄的儿童来说，就是生产劳动同智育和体育相结合，它不仅是提高社会生产的一种方法，而且是造就全面发展的人的唯一方法。"①

受应试教育的影响，我国中学教育存在过分重视智力、忽视健康教育的现象，造成中学生身心发展失衡，对落实素质教育产生了负面影响。如今，全面落实素质教育、推进教育现代化的呼声日益强烈。在此背景下，加强中学生健康教育，不仅可以帮助中学生获得健康的身心，更有助于中学生的全面发展和多样化成长，形成良好的品质，培养健全的人格。

(三)有利于推动"健康中国"建设，提升全民的健康水平

加强健康教育既是时代和社会发展的必然结果，同时也是时代和社会发展对教育提出的新的更高要求。《"健康中国 2030"规划纲要》强调，将健康教育纳入国民教育体系，以中小学为重点，建立学校健康教育推进机制。依据《"健康中国 2030"规划纲要》的精神，加强中学生健康教育，使中学生接受科学系统的健康教育，是顺应社会经济发展、教育教学改革以及医学进步的必然趋势，是满足人们日益增长的健康需求的表现，同时也是切实践行"健康中国"行动，响应"将健康融入一切政策"、推进健康教育与健康促进工作在中小学和学生群体落地的体现。

健康是社会可持续发展的前提和基础。个体健康会对群体健康有一定的引领示范作用，对整个社会能发挥积极的促进作用。中学生与家庭、社会联系密切，身心各方面更加趋于成熟稳定，他们一旦获得科学的健康知识、形成正确的健康观念和行为技能，不但可以增进自身健康，而且会对父母、邻居、亲友、社区等产生积极影响。因此，加强中学生健康教育有助于使广大中学生成为整个社会健康生活的宣传者、推动者和实践者，对整个社会起到移风易俗的作用，为提高全民的健康水平奠定基础。

第四节　中学生健康教育的研究方法

中学生健康教育的研究方法主要包括定性研究法和定量研究法两种范式。两种方法有机结合、相互补充，可以提高中学生健康教育研究的质量与水平。

一、定量研究法

定量研究法是对研究对象及其发展变化量的属性做出回答，侧重于数据分析和

① 《马克思恩格斯全集》第二十卷，348 页，北京，人民出版社，1971。

统计计算，具有客观上更让人信服的特点的方法。定量研究的严密性要求较高，力求客观反映事实。在中学生健康教育研究中，对教育教材与教学质量、健康状况的满意度、卫生知识的知晓度、行为改变率、中学生健康状况等都可以采用定量研究法来研究。定量研究法一般主要包括调查、统计、实验等方法。本书对中学生卫生保健知识、健康行为、健康服务需求和利用等采用问卷调查法来研究。下面对问卷调查法的相关内容进行介绍。

(一)问卷调查法的特点

问卷调查法是调查法中使用频率较高的一种研究方法。在中学生健康教育研究中，由调查者通过统一设计的问卷，与被调查者进行书面交流，收集有关中学生健康教育问题或现象的信息资料。问卷调查法具有调查工具标准，调查过程少受干扰，调查结果易统计，调查成本低等优点。与此同时，被调查者的配合程度、被调查者缺少深度参与等情况也会在一定程度上影响中学生健康教育问卷调查的效果。

(二)问卷的类型

中学生健康教育常用问卷一般采用访谈问卷和自填问卷两种。访谈问卷的使用者一般为调查者，由调查者按问卷上的问题向被调查者提问并填写。自填问卷的使用者是被调查者，由被调查者本人直接填写问卷。

(三)问卷的一般结构

问卷一般由标题或前言、指导语、资料登录、调查题目等组成。

1. 标题或前言

标题或前言简明扼要地介绍调查的内容、目的、意义，增强被调查者的信任，激发其兴趣，力图使被调查者能如实填写。

2. 指导语

指导语用于引导被调查者了解填写问卷的基本方法、要求、注意事项等，便于提高问卷的填写效率和质量。

3. 资料登录

资料登录主要包括填写调查日期、被调查者的相关信息等，便于区分、核查资料。

4. 调查题目

调查题目是问卷的核心内容。它要围绕中学生健康教育相关问题来设置。问题设置会影响到问卷的质量甚至整个项目研究的质量。

(四)问卷内容的设计

1. 问题的类型

问卷中的问题一般包括对中学生健康教育的看法、认识等态度性问题，以及是否开设中学生健康教育课程、如何开设等事实性问题。

2. 问题的描述

问题的描述应简洁明了、通俗易懂、准确具体、避免歧义。问题的设计者应立场中肯、客观谨慎，避免给被调查者以暗示。

3. 作答方式设计

问卷设计应遵循以客观题为主、主观题为辅，方便被调查者作答。常用的格式有单项选择题、多项选择题、判断题、排序题等。

4. 问题的数量及编排

问题的数量应与作答时间保持一致，作答时间以 30 分钟以内为宜。时间过长，被调查者容易敷衍了事；时间太短，则影响问卷调查的效果。在问题编排上，应遵循同类组合、先易后难、先次后主、先一般后个别、先客观后主观等原则。

二、定性研究法

定性研究法是侧重于用归纳的方法对事物的内在含义及特征进行描述、说明和阐释，研究结论以文字描述为主的方法。如中学生健康教育政策环境研究用的就是这种方法。在定性研究中，研究者一般对特定研究问题有较为深入的研究，信息较为真实和生动。定性研究一般分为研究设计、具体实施、资料分析整理、撰写报告四个阶段。中学生健康教育定性研究的具体方法较多，主要包括行动研究法、个案研究法、经验总结法、参与观察法、深度访谈法等。

(一)行动研究法

行动研究法是指在中学生真实的健康行动中，健康教育教师和相关研究人员针对中学生健康教育实践中出现的问题，综合运用多种研究方法和技术路线，以促进中学生健康教育目标的达成的方法。行动研究是一个螺旋式发展的过程，每一个螺旋式发展圈大致包括四个步骤：制订计划、行动实践、自我或他人观察、行动反思。行动研究具有实践性、合作性、及时反馈性、开放性等特征。

(二)个案研究法

个案研究法是开展中学生健康教育常用的一种定性研究法，是在真实情况中对某一特定中学生健康教育样例，经过长期跟踪后开展研究，以便了解研究实效的方法。它的基本步骤为：确定个案研究课题、开展个案研究、整理分析所收集的研究材料、提出个案改进建议。个案研究法具有真实性、典型性、启发性的特点。

(三)经验总结法

经验总结法是通过对中学生健康教育经验的总结、分析与概括，揭示中学生健康教育的内容联系与本质规律的方法。主要步骤有：做好确定研究内容、选定研究对象、阅读相关资料、制订研究计划等提前准备工作；收集典型经验；总结、分析经验，得出结论。

(四)参与观察法

参与观察法是通过参与对中学生日常活动、健康行为、生活环境等的观察，了解中学生的健康状况、健康影响因素等，明确中学生健康教育目标、需要、干预策略等。主要步骤有：遴选观察对象；制订观察计划；做好观察准备；进行观察并做好记录；整理分析观察资料；得出结论并撰写研究报告。

(五)深度访谈法

深度访谈法一般是对与中学生健康状况有密切关系的同学、教师、家长等进行一对一、面对面的访谈，开展有关中学生健康教育的基础性研究等。主要步骤有：设计访谈提纲；进行访谈；及时捕捉信息；适当回应；整理访谈记录；形成访谈报告。

第五节　中学生健康教育的评价与实施

一、中学生健康教育评价概述

(一)中学生健康教育评价的目的和意义

1. 中学生健康教育评价的目的

中学生健康教育评价的主要目的有以下几个方面。

①明确中学生健康教育计划的合理性和可行性。

②明确中学生健康教育计划的执行情况和资源利用情况，确定活动对中学生是否适宜，明确中学生健康教育计划与干预的价值。

③明确中学生健康教育计划是否正常进行，确定中学生健康教育活动是否达到预期目标及其影响因素。

④总结中学生健康教育工作的成功与不足，为进一步改进中学生健康教育和今后计划决策提供参考。

2. 中学生健康教育评价的意义

评价具有诊断、激励、反馈和发展的功能。中学生健康教育评价至关重要，对于中学生健康教育目标的达成、保证中学生健康教育的高质量发展具有重要意义。具体来说，有如下几方面的意义。

①可以科学判断中学生健康教育的价值，了解中学生健康知识掌握、健康意识树立、健康行为养成等情况，确保中学生健康教育目标的实现。

②可以对计划进行监控，掌握中学生健康教育内容、教学方式、师资配备、实施效果等情况，了解中学生健康教育计划的可行性，最大限度地保障计划的科学性和实施质量，提高中学生健康教育效率。

③可以帮助健康教育教师和相关工作人员丰富和充实理论知识，提升实践能力，随时调整教学策略，促进中学生健康教育的发展。

④可以了解影响中学生健康教育的主要因素，为深入开展中学生健康教育研究和探索、创新中学生健康教育模式提供依据。

（二）中学生健康教育评价的内容和方法

1. 中学生健康教育评价的内容

中学生健康教育评价分为形成评价、过程评价、效应评价和结局评价四种。评价类型不同，内容会各有侧重。

（1）形成评价的基本内容

形成评价是对中学生健康教育计划的评价，目的在于基于中学生的健康需求，审视其干预策略、措施、资源配置的科学性、适切性。主要包括：健康教育工作目标是否符合中学生的需求及身心发育特点；干预策略、方法、措施是否具有可行性；测量工具、资源配置、工作机制是否完善合理；信息反馈渠道及信息处理能力如何等。

（2）过程评价的基本内容

过程评价贯穿中学生健康教育计划执行的全过程，从计划实施开始。利用过程评价，可以有效监督和促进计划的顺利推进，及时发现计划执行过程中存在的问题并进行纠正。完善的过程评价资料可以为解释中学生健康教育结果提供重要参考。主要包括以下几个层面。

一是针对个体的评价内容。具体包括：①中学生对干预计划的接受情况；②中学生对干预活动的反应情况及了解反应的方法；③中学生对干预活动的参与情况；④干预策略及活动形式种类；⑤活动与计划匹配的情况，计划是否有调整，为何调整及如何调整；⑥资源消耗与计划是否有出入，不一致的原因何在。

二是针对组织的评价内容。具体包括：①中学生健康教育涉及的组织；②各组织之间如何沟通和协调配合；③各组织对计划的参与程度及决策能力；④是否需要对个别计划进行调整以及如何调整；⑤信息反馈机制是否完备，计划档案、资料等是否完整准确。

三是针对政策环境的评价内容。具体包括：①中学生健康教育涉及哪一级别政府及具体部门；②计划执行过程中是否遇到政策环境变化及其变化对计划产生的影响；③计划执行过程中与决策部门的沟通情况。

四是中学生健康教育的满意度。具体包括：①对干预活动内容的满意度，如内容是否符合自身需要，是否对自身和周围同学增进健康有帮助；②对干预活动形式的满意度，包括对已开展活动的形式是否满意及未来活动的建议；③对干预活动组织的满意度，如时间安排是否合适，配套设施是否完备；④对人际关注的满意度，如对相关人员的满意度，与其他同学相处的满意度，参与活动的心情舒适度等。

(3)效应评价的基本内容

效应评价是对中学生因健康教育活动所导致的相关健康行为及其影响因素的变化进行的评价，重点关注健康教育对中学生健康知识、态度、行为等方面的影响。主要包括：①倾向因素。即计划执行前后中学生的健康知识、健康信念、健康行为、健康状况等方面发生的变化。②促成因素。即与中学生健康素养形成相关的政策法规、主要人物思想认识、教育行政部门及学校干预力度等方面的变化。③强化因素。即与中学生关系密切的同学、家人和社会舆论等对中学生健康行为的支持程度以及中学生自身在计划前后的变化。④健康相关行为变化。即中学生在计划实施前后健康相关行为有无变化，发生了怎样的变化，各种变化在中学生群体中的分布和所占的比例等。

(4)结局评价的基本内容

结局评价旨在评价健康教育计划实施后中学生相关健康状况发生的一系列变化。主要有两类：①健康状况。它包括生理健康状况，如身高、体重、体质指数等的前后变化；心理健康状况，如性格、情绪、品格等的前后变化；社会适应状况，如环境适应、人际关系、问题解决能力等。②生活质量。它包括生活满意度、健康政策环境等。

2. 中学生健康教育评价的方法

(1)行为观察法

行为观察法指在不受干扰的情况下，对中学生的健康情况进行观察，利用信息技术对观察结果进行记录的方法。行为观察法主要用于观察中学生对健康知识的知晓水平、健康行为表现等，了解健康教育需求及与现有健康教育实际的差距。观察过程中，应在综合考虑各种情况后对某一行为表现进行客观判断。

(2)问卷调查法

问卷调查法是中学生健康教育评价中最常用的方法。它通常是通过问卷、表格、量表等，让学生判断是非、进行选择或者排序等。主要调查内容包括调查中学生的健康需求；中学生对健康知识的知晓情况，健康态度、技能、行为；健康教育课程模式；健康教育内容、课表课时安排；教材及对教材的满意度；教学方式、手段及满意度；对教师的满意度；健康教育内容、方式的改进建议。

(3)个别访谈法

个别访谈法主要包括两种方法。一种是对不同地区、不同层次学校领导和健康教育教师进行访谈的方法。访谈内容包括了解健康教育师资的构成；教师的健康教育观念和健康知识储备；相关学科中健康教育内容的教学安排及课时分配；对健康教育教材及内容的满意度；健康教育教学方式和教学手段；健康教育与学校和教师的考核评价关系；对中学生健康教育的改进建议。另一种是对部分中学生家长、社区工作人员进行访谈的方法。访谈内容包括了解健康教育内容、方式的适宜性、针对性和可行性；中学生健康教育对学生个人、家庭和社区的影响；对中学生健康教育的建议。访谈前应做好计划，设计好主题。

(4)知识竞赛法

知识竞赛法是以纸笔测验、现场问答抢答等方式组织中学生健康教育知识竞赛，加强健康教育的宣传推广，为开展中学生健康教育评价提供依据的方法。

(5)自我评估法

自我评估法用于中学生主动向健康教育教师、班主任等健康教育相关工作人员汇报健康认知、态度、行为等的情况；为确保自我评估的可信度，可与家长沟通核实。

(三)中学生健康教育评价的步骤

1. 设计评价方案

设计评价方案需要明确中学生健康教育评价目的和评价内容，以此为依据确定评价标准，设计好表格、问卷等收集评价信息所需要的相关文件，准备好评价工具。

2. 收集评价资料

收集评价资料包括收集利用中学生健康教育相关量表、检查表等获得的定量资料以及关于健康活动的参与度、课堂活跃度、心得体会等定性资料。为了提高评价的可信度，要善于利用现代化工具、技术，全面、客观地收集有效资料，以此为评价的依据。

3. 处理评价信息

处理评价信息就是结合评价对象的特点，借助大数据对收集到的大量评价资料进行分析筛选、统计运算和归纳总结，对评价信息进行打分或划分等级。

4. 开展评价工作

开展评价工作就是结合中学生身心发展的实际，依据评价指标，对中学生健康教育的效果进行综合判断，得到相应结论。

5. 运用评价结果

中学生健康教育评价是为了促进中学生的发展，所以评价得出的结论并不意味着中学生健康教育工作的结束。应充分运用评价结果，分析取得的成绩和存在的不足，有针对性地采取改进措施，促进中学生有效学习与健康成长，促进学校课程体系的均衡发展，提高中学生健康教育水平。

二、中学生健康教育的实施和保障机制

(一)中学生健康教育的实施方法与实施途径

1. 中学生健康教育的实施方法

(1)课堂讲授法

课堂讲授法是中学生健康教育常用的方法。教师通过体育与健康课程或者学科渗透教学、讲座、报告等，以中学生喜闻乐见的方式进行健康信息传播，寓教于乐。

(2)活动体验法

活动体验法是教师通过参观访问、角色扮演、榜样示范、行为训练等活动体验，让中学生直接参与到健康教育相关事件中，激发中学生内在的学习动力，通过真切的体会与感受，促进中学生知、信、行的转变的方法。

(3)小组讨论法

小组讨论法是中学生围绕一个或多个健康教育主题、案例等发表见解的方法。它可以在健康教育课堂讲授中穿插使用，也可以用于设置某个健康教育跨学科主题让学生进行专题讨论。鼓励学生大胆表达，通过讨论、分析和评价促进学生自我决策和综合解决问题能力的提高，同时培养学生的合作交流、团结进取精神。

(4)同伴教育法

同伴教育法是使中学生通过与年龄相近、背景相似、有共同语言和共同生理行为特征的同伴一起分享健康知识、信念、行为技能等的方法。一般由受过训练的同伴教育者通过简单易懂的方式向中学生讲述自己有关健康的亲身经历、体会等，以引起中学生的共鸣，进而让中学生采取有益于增进健康的行动。

(5)大众传播教育法

大众传播教育法是教师通过利用报刊文章、海报横幅、电视宣传片等传统媒体以及网络课堂、音视频、聊天软件等中学生常用的现代社交媒体，对中学生进行健康知识的普及和推广，加强中学生对健康教育的认识的方法。大众传播教育中，要注意引导中学生对网络信息进行甄别和筛选，确保内容的科学性、准确性和适宜性。

2. 中学生健康教育的实施途径

中学生健康教育是我国中学课程体系的重要组成部分。实施中学生健康教育，需要先发挥学校在中学生健康教育中的主阵地作用。同时，基于健康教育综合性的特点，还需要家庭和社会的广泛支持以及家、校、社协同实施，形成综合性中学生健康教育格局，提升中学生健康教育的综合育人效果。

(1)开齐、开足、开好健康教育课程

深入贯彻落实《“健康中国 2030”规划纲要》的精神，认真落实中学体育与健康课程标准，协调健康教育课程与体育课程的结构，确保中学生健康教育课程进课表、进课堂，明确健康教育的课时，严格落实国家必修健康教育课程的要求，对地方健康教育专题课程、校本健康教育特色课程有机整合，开齐、开足、开好中学生健康教育相关课程，开发高质量的中学生健康教育教材、读本，确保中学生健康教育的底线要求。同时，避免将健康教育停留在口头宣教上，适当安排一定的健康教育体验活动，将理论与实践相结合，提升中学生健康教育的实效。

(2)在相关学科课程中有机渗透健康教育

各相关学科课程各有侧重、相互配合，有机渗透中学生健康教育内容，与专门的健康教育课程互为补充，形成全面的中学生健康教育课程体系。如生物、化学、科学等学科课程重点纳入卫生保健常识，提高中学生的疾病预防能力；道德与法治（思想政治）学科课程重点纳入心理健康教育内容，帮助学生形成积极向上的心理品质；地理、历史等学科课程重点纳入健康意识、健康信念和习惯培养，帮助学生树立健康第一的思想观念。还可在相关学科课程中适当凝练健康教育的主题单元，形成跨学科主题，开展项目式教学，让学生在真实情境中经历健康知识学习和行为实践，提升健康素养，提高综合解决问题的能力。

（3）加强健康教育实践活动锻炼

将中学生健康教育与中学生课外、校外生活有机结合，让中学生走近自然，走向社会，丰富健康教育实践体验，增强健康行为反思。具体来说，可以将健康教育与劳动教育、综合实践活动进行必要统筹，结合全国爱国卫生运动月、世界睡眠日、世界卫生日、中国学生营养日、全国爱眼日等有关健康的中国和国际节日纪念日，开设健康教育专题讲座，开展主题演讲、知识竞赛、手抄报比赛等活动。引导中学生进健康教育场馆参观、体验等，将集中与分散安排相结合，灵活开展中学生健康教育实践活动，帮助中学生实现从被动接受理论知识向主动实践探究转变，将所学到的健康知识内化为良好的健康行为，促进健康素养的形成。

（4）营造良好的健康教育校园文化氛围

校园文化是一种隐性课程，对健康教育效果会有一定程度的影响。加强健康教育校园文化建设，优化校园自然环境和人文环境，将健康教育蕴含于丰富多彩的活动中，让广大中学生自主地融入其中，通过潜移默化达到健康教育效果。可以通过改善学生卫生环境，完善健康教育的硬件设施，配备健康教育资源包等，为学生创造良好的卫生条件；通过开展健康咨询、班级卫生检查评比和学校宣传栏、黑板报、横幅宣传等活动向学生普及健康教育相关知识；通过构建和谐的师生关系、同伴关系，激发学生积极向上的正能量。

（二）中学生健康教育的保障机制

中学生健康教育是个复杂的系统工程，需要全民参与、共建共享。首先，各级政府应在中央的统一领导下，把中学生健康教育提上重要议事日程，完善中学生健康教育相关法规、政策，建立健全中学生健康教育机制，加大投入，为中学生健康教育顺利开展提供良好的政策环境。其次，有条件的高校应当设立健康教育二级学科，加强中学生健康教育学科建设，加大健康教育师资培养的力度。各地教育行政部门及各所中学应加强健康教育师资培训，形成一支专职结合、结构稳定的健康教育教师队伍。最后，政府、社会、个人各责任主体应积极参与到中学生健康教育中来，积极转变中学生的健康教育理念、服务方式，加强家校社合作，形成政府积极主导、学校组织实施、社会广泛动员、人人尽责尽力的立体式中学生健康教育格局，为全方位保障中学生健康、推动“健康中国”建设奠定坚实基础。

思考与练习

1. 简述我国中学生健康教育的发展历程。
2. 简述中学生健康教育的原则和意义。
3. 如何用定量研究法研究健康教育？
4. 简述中学生健康教育评价的内容。
5. 如何对中学生健康教育进行评价？
6. 简述中学生健康教育的实施方法。

第二章 中学生健康教育的理论基础

本章导读

中学生健康教育存在一定的理论基础，健康教育的普及和实施也需在理论基础之上进行。本章的学习目标是了解中学生健康教育的哲学基础、教育学基础、医学基础、心理学基础以及传播学基础，进一步了解各学科基础与健康教育的联系。本章应重点掌握各学科基础的理论内容，为学习后面各个章节打下理论基础。

第一节　中学生健康教育的哲学基础

一、中国哲学思想与中学生健康教育

(一)道家：追求“自然”

道家学说主要指产生于春秋战国时期，以老子、庄子为代表的思想家提出的哲学思想。他们的思想中对自然、社会、人生的探索，给中华文明的发展奠定了基础。《道德经》有言：“人法地，地法天，天法道，道法自然。”道家主张“道”法自然，强调“道”是天地万物的本源，是自然遵循的规律；“道”是自然界万事万物运动变化的基本法则。根据“道”法自然的主张，道家强调人要回归自然，要自然无为，天人合一。

“致虚极，守静笃”，除强调返璞归真、顺其自然以外，道家还倡导心灵上的清净虚无。所谓“虚”，实际上强调一种精神状态，即思想上要少私寡欲，少杂念、贪念。道家对恬淡虚无的追求与我国中医中“精神内守，病安从来”的理念道理相同。此外，《道德经》指出人要学会知足：“五色令人目盲，五音令人耳聋，五味令人口爽”，过分强调色、音、味的追求，反而会使人迷失自我，损害于健康。老子十分推崇柔顺，强调生命要柔养。《道德经》指出“坚强者死之徒，柔弱者生之徒”，强调人要柔韧，随时而动，不可过用或将自己置于高压之下。

道家对“道”的追求和对自然的顺应，实际上反映了对和谐的阴阳平衡的追求。这种平衡是一种柔和的、虚静的，也体现出对于健康长寿的追求，强调人在健康发展中的能动作用。依据道家的主要思想观念，中学生健康教育要顺应中学生的身体发展规律，不应对他们施加过强的压力，而是培养他们柔韧调节的能力，以及静动和谐的生活方式。

(二)儒家：重视德育

与道家对自然的追求不同，儒家倡导德育在养生中的重要作用。儒家的伦理养生观念反映在孔子的仁爱观上，《论语·雍也》曰：“知者动，仁者静；知者乐，仁者寿”；《礼记·中庸》亦云：“大德必得其寿”，强调追求仁爱、崇尚德行的人必定会得长寿。除了仁爱以外，儒家“以德养生”的观点还包括：对人际关系和谐追求，即“和为贵”的思想；“礼之用”，强调文明礼貌对于人身心的积极影响；“自强不息”与“厚德载物”，即人要自强、自信，同时要厚道、有涵养；“浩然之气”，倡导为人要胸襟开阔，浩气长存；“谦受益”，提倡为人要谦虚谨慎。

儒家重视家庭对于个体身心发展的塑造，强调“修身、齐家、治国、平天下”，倡导人与社会的和谐统一；儒家不倡导人脱离社会，追求自然，而是指出人的社会性发展的重要性。儒家认为，人不是孤立的个体，人的价值需要在社会生活中得到体现，要放下小我，要入世、济世；只有这样，个人才能得到充分的发展和价值的实现。这一精神启示我们，和谐良好的人际关系有助于个体的健康；在帮助他人的过程中，个体也会收获乐趣，对于身心状态的提升有帮助。这就是儒家倡导的“仁者爱人”精神。

儒家也倡导人的和谐统一，但这种和谐更多地体现在人与人、人与社会之间的关系上。《周易》有言：“保合太和，乃利贞。”意思是说，个体要追求和谐统一，在面对身体的变化时要以平和的心态，积极调整，达到新的和谐。《论语·雍也》有言：“智者乐水，仁者乐山。”意思是说，个体发展既要有仁者的厚重、冷静处事的涵养，也要有智者处事通达的态度，在一动一静中获得和谐。儒家还提倡饮食养生，《论语·乡党》提出：“不时，不食。”意思是说，提倡不食用不符合四季的食物，少吃反季节食物。同时，儒家还注重饮食质量。《论语·乡党》提出：“食不厌精，脍不厌细。”意思是说，饮食要倡导粗细结合，保证食物的质量。

健康教育不应该只关注学生的身心健康，也要关注道德发展对于个体健康的重要作用，要将德育与健康教育相融合，培养学生积极向上的品格和促进学生的身心健康发展。学校和家长要注重学生的饮食质量，注重四时养生，提高学生的饮食品质。

二、国外哲学思想与中学生健康教育

本部分主要介绍斯密尔诺夫论健康的哲学思想。

斯密尔诺夫是苏联现代医学理论家、哲学家，他根据自己对于人类健康的科学实践的认识，提出了从哲学的角度对人的健康进行了更加深刻的理解。斯密尔诺夫认为，人类健康是重要的涉及社会、世界观的基本哲学问题，应包含四方面：人类生活的正常状态和病态；人的心理结构及其构成；社会与生物的辩证统一；身体与肉体的内相反应。[①] 以上这些相关的健康问题，既涉及医学方面的人类健康问题，也涉及哲学上辩证统一的关系。斯密尔诺夫在研究关于健康的哲学问题时，本着马克思主义关于人的科学论，强调人的主体地位。人是自然的产物和社会演化的结果，因此人的健康发展既要适应自然，也要符合文化。斯密尔诺夫在此基础上提出影响人类健康的两大因素：①人所生活的自然条件、社会结构、活动方式的变化。以上几方面的变化和新环境因素的产生，都会对生命活动的生理和心理方面产生影响，最终导致人的主观和客观身体状态的变化。②人类科学认识的获得。科学认知水平的提高使得人类社会关于病理状态、医疗方法的判断、评价和态度都发生了转变，也改变了人类社会对于健康的定义。例如，正是由于人类疾病谱的变化，关于健康的概念才扩展为涵盖身体、精神、社会适应和道德多方面的内容，使现代医学朝向宏观和微观两方面拓展。

---

① 吴小楠：《斯密尔诺夫论健康的哲学——人类认识自身的新方向》，载《医学与哲学》，1991(10)。

斯密尔诺夫受唯物主义的影响，重视社会文化对于人类健康的调节。他反对关于人类健康回归自然的论点，强调即使是在古希腊、罗马时期，文化模式依然影响人类健康的调节。例如，在资本主义社会，“大众文化”中暴力、色情和反人类文化的内容对人类精神产生了极坏的影响，会导致人类精神世界的混乱，危害健康。斯密尔诺夫关于人类健康的认识是对马克思主义人类健康概念的重要发展。他强调了人的社会属性和生物属性在健康发展中同样重要的地位，在人类健康的认识上既要有自然科学的研究发展，也要关注哲学上对人的解释，从而真正做到促进人类健康进步。在健康教育中，要关注社会文化环境可能会对青少年健康产生的影响。大众媒体等社会各界也要肩负起保护青少年健康的责任，整肃电影、广告等中可能会危害青少年健康的内容，引导社会传递正能量，与学校一起保障青少年的健康安全。

第二节　中学生健康教育的教育学基础

一、马克思主义的人的全面发展学说

人的全面发展观体现了马克思主义从历史唯物主义的角度看待人的发展和社会进步的关系。人的发展受到社会生产力和生产关系的制约，每代人的发展都反映了当代生产力、生产关系以及思想文化对人的塑造。人在参与社会活动中，改造自然和社会，创造物质文明和精神文明。人的发展俨然融入了社会历史的长河之中，贯通现在，迈向未来。教育是人类社会特有的实践活动，马克思主义指出人、教育和社会之间是一个相互制约、相互促进的机制：教育和社会都是为人而服务，人是社会实践的主体，人的发展是社会实践活动的主要目的。

马克思主义从劳动构成的角度看待人的全面发展。它指出人的全面发展就是在人的劳动能力全面发展的基础上，个人的社会关系、体力、智力、道德精神面貌、意志、情感、个性及审美意识和实践能力等各方面的和谐统一发展。[①] 而以上这些都是由个体所处的生产关系和生产方式所决定的。值得注意的是，马克思主义的全面发展观与人的自由发展观相通，两者是人的发展同一个过程的两方面，相互影响，相互制约。前者强调人的发展的多层次性，后者则强调人对人、物、精神奴役依赖的摆脱，两者都是人自由完整发展的重要组成部分。

马克思主义的人的全面发展学说强调了社会主义制度的优越性，体现了社会主义制度对人的全面发展的促进作用。正如该学说所强调的那样，我国健康教育作为一项重要的社会实践活动，要着眼于为我国人民谋福祉，着眼于满足人民健康的基本需求，着眼于促进公民健康素养的提高。这不仅是人的健康发展的需求，也是我

---

① 王道俊、郭文安：《教育学》第七版，90 页，北京，人民教育出版社，2016。

国发展的本质要求。健康教育在关注学生的全面健康发展的同时，要尊重学生个性的自由发展，不以刻板教条的灌输方式进行健康教育活动，要激发学生的创新精神，发展学生的自主能力，既要让他们学得好，也让他们会举一反三，实现更高层面的发展。

二、人本主义教学观

人本主义心理学是兴盛于 20 世纪 60 年代的重要心理学派，其主要代表人物是马斯洛和罗杰斯。人本主义心理学家强调人的完整性，主张发展人的能动性、主体性。人本主义对于教学有着特有的见解，强调教育目标的设立要围绕学生的发展，要发展学生的创造性，培养适应时代需求、拥有积极心理健康的人。所谓适应时代需求，就需要教育以促进人的适应能力、学习能力为目标。教师在教学过程中，除了传授学生相关的知识外，还要帮助学生掌握处理人际关系和学习新知识、顺应新变化的能力。同时，教师要充分发挥学生的主动性，培养他们的责任感，为他们灵活应对可能会遇到的变化提供保障。

人本主义主张以人为本，以学生为中心，强调学生的主体地位。在教学中，教师不是机械地传授知识，而是时刻引导学生对所学知识保持好奇，并能够依据自身的兴趣和爱好对学习内容进行探索。在这个过程中，学生学会学习，适应变化的新事物的能力得到提升。教师要作为学生学习的引导者、促进者，打破传统模式下教师的绝对权威性和主导性。学生在发现和探索中学会学习，掌握知识，提高适应能力，发掘自身潜力，得到自我实现。

人本主义教学观对于健康教育有着积极的指导意义。一方面，人本主义教学观所倡导的“以人为本”，充分尊重学生的主体性，注重发挥学生的主观能动性，以使学生的潜力得到充分的发挥，这与健康教育所倡导的发展学生个性、培养健康全面发展的人的主张相同。另一方面，人本主义教学观对于健康教育的教学方式有一定的启示。在健康教育中，教师不应只关注健康知识和技能的灌输，还要增强学生学会保持健康、学会健康发展的能力。人本主义教学观还旨在倡导一种平等、民主的新型师生关系，对提高学生对于健康教育活动的参与兴趣和热情，建立充满活力的健康教育课堂有着积极的意义。

第三节　中学生健康教育的医学基础

一、中学生健康教育的中医学基础

中医从养生的角度，对人的健康发展提供指导。中医的养生观主要体现为以下几点：①整体观。中医养生学强调人自身内部为一个整体，人与自然、社会也是一个整体，人在这一整体中要重视自身的完整统一性；同时正确认识、适应和改造自然和社会，以期达到和谐统一。除整体观外，中医养生学还强调恒动观、阴阳五行、邪正虚实、腑脏经络等，为中医养生提供了指导。②和谐适度。中医养生学认为，无论是人的生命活动，抑或是脏腑器官都有一定的承受能力，过犹不及。因此在饮食、体力、情志等方面都要把握度，不过量，不缺乏，否则将会对人体有害。《素问·经脉别论》指出“生病，起于过用”，正是此意。③治未病，以防为主。中医养生学强调“治未病”的预防思想，即在疾病发生、演变和复发之前做到未病先防。健康教育是促进学生掌握健康知识与技能，提高他们的健康素养和预防能力，体现出“未病先防”原则的重要举措。④综合调摄。健康不单单指身体健康，中医养生学对此也进行了强调。中医养生学指出，养生需要形神共养，协调阴阳，谨慎起居，和调脏腑，动静适宜，养气保精等。[①] 因此，健康促进和健康教育中，不仅要强调学生的体质健康，还要注重他们的饮食、作息、运动、心理状态等各方面的发展。同时，中医养生学强调促进健康的方法绝非一朝一夕就可见成效，而是贵在坚持。只有多方面的综合调摄，加之长时间的养生保健，才能够达到个体健康的最佳状态。

中华优秀传统文化强调的天人合一的思想在中医学中也有所体现。中医学倡导形神共养，法天顺地，要顺四时而养、顺昼夜而养、顺月之盈亏而养、顺地域而养。《灵枢·本神》曰：“故智者之养生也，必顺四时而适寒暑，和喜怒而安居处，节阴阳而调刚柔。”这实际上反映了外界环境对于人体健康的影响。中医学认为人的情志不安华、阴阳气血、脏腑经络变化与四时有关。人只有了解四时规律，依照四时变化，有针对性地调息养神，预防疾病，才能保持四时健康的状态。昼夜、月之盈亏、地域也是同样的道理。追求平衡是中医学的另外一项原则，中医学认为人与自然、社会，人的脏腑、经络、气血津液之间都要达到相对的和谐平衡。中医学认为，健康的人是“平人”。《素问·调经论》有言：“阴阳匀平，以充其形，九候若一，命曰平人。”所谓平人就是阴阳协调，形肉气血相称者。除了健康要追求阴阳平衡以外，中医学还强调动静结合、保精养气等。中医学的阴阳平衡、动静统一、精气神的保养都强调了健康的多方面发展和促进健康的多手段，这些优秀的理念对于健康教育的指导都有着重要的启示。

二、中学生健康教育的西方医学基础

从医学角度来看，健康是一种平衡，而健康教育的作用是促进受教育对象区域的这种平衡。这种健康要达到的平衡主要体现在三方面：①酸碱平衡。人体在正常状态下，可以通过自身的缓冲调节作用，使自身的血液酸碱度（pH 值）保持在

---

① 郭海英：《中医养生学》，2～3 页，北京，中国中医药出版社，2009。

7.35～7.45。在这种状态下，机体的免疫力强，不容易患病。当个体食用的酸性或碱性食物过多时，往往会导致个体不能及时进行生理调节，打破这种血液酸碱性平衡，可能会造成儿童青少年发育不良或食欲不振。因此，中学生的日常饮食应注重酸碱性食物的合理搭配，蔬菜、水果等碱性食品和鱼、肉、蛋、大米制品等酸性食品应搭配均衡。②动静平衡。现代医学认为，健康在于动与静之间的平衡，运动和静养的时间应合理安排。一般来说，“三分动，七分静”的时间安排较为合理。中学生处在身体发育的关键期，既要加强体育锻炼，也要注重静心养息，注重劳逸结合。中学生在参加体育锻炼时，要选取强度适宜的运动项目，如慢跑等全身性的运动项目。一定的体育运动能够增强人体的肺活量，加快血液循环，促进胃肠蠕动，保持动脉弹性与活力，预防疾病。同时也要有合理的作息规律，不参加运动量过强的运动项目，在运动后要及时休整。③心理平衡。医学中所强调的心理平衡是指个体与他人或外界之间亲疏关系的平衡，可以体现在喜欢与讨厌、欣喜与忧愁等具体的心境上。中学生对自身情绪的控制能力还尚未成熟，很容易在对待事物或人际交往上打破心理上的平衡，陷入苦恼之中。教师和家长应及时发现中学生面临的苦恼，帮助中学生掌握调节心理平衡的能力，积极引导他们走出困境。

现代医学认为，人是由三大部分组成的，分别是身体(躯干)、心理(精神)和大脑皮层自我意识。[①] 人的本质是由身体和心理两大部分组成的，两者在结构和功能上密切相关，不可分割。这也就决定了中学生的健康成长既有身体因素，也有心理因素；既要注重营养均衡、体育锻炼，又要注重心理的健康发展。同时，在训练方面，体育锻炼不仅能够强身健体，而且能够磨练人的意志和培养人的人格。此外，中学生的心理健康一旦出现问题，也很容易对身体产生负面影响。大脑皮层自我意识是人体统一指挥、协调和整合的总枢纽，统筹、协调着人的身心功能和结构。人的一切社会活动、心理行为都是在自我意识的统一指导下进行的。在健康教育的过程中，教师要始终遵循这一基本原则。身体、心理和大脑皮层自我意识之间相互作用，相互制约。身体健康是心理健康的基础和前提，心理健康是身体健康的保障和动力，大脑皮层自我意识是促进两者健康发展的总指挥。现代医学认为，当今世界上的疾病主要分为躯体疾病和心理疾病两大类。因此，国内外先进医学家倡导“生物、心理、社会医学模式”，而个体的健康正是体现在这三方面上。

① 崔力争、贾建利、郭翠苏：《医学健康教育》，48页，长春，吉林大学出版社，2010。

第四节　中学生健康教育的心理学基础

一、中学生认知和人格发展心理理论

(一)认知发展理论

1. 皮亚杰的认知发展阶段理论

瑞士儿童心理学家皮亚杰提出认知发展阶段理论，对当代教育和心理学发展产生了较大的影响。1925年，皮亚杰在《心理学与认知的批判》中阐释了心理学与认知发展相结合的重要性。在那个行为主义盛行的时期，它无疑是心理学研究上的一个突破。皮亚杰从儿童的语言交往入手，他所研究的认知发展实际上是儿童思维的发展。他选择用个别儿童作为研究对象，从生物学的角度看待思维的发展。他将儿童的认知发展看作“其行为和思维被不断地组织为有机的整体结构”。[①] 皮亚杰将这种结构称为图式，认知发展就是图式的发展。在认知发展的过程中，儿童利用已有的图式对外界环境进行理解，选择应对策略；为顺利应对新的环境刺激，儿童会将新的环境刺激纳入已有的图式，皮亚杰称这一过程为“同化”；或者儿童会改变旧的图式来适应新环境，皮亚杰称这一过程为“顺应”。儿童正是通过同化和顺应，使自己的图式得到不断发展，与外界环境达到一种平衡，进而发展自身的认知能力。

皮亚杰从知觉、动作、思考等多方面探索儿童约12年的认知发展过程，并进而提出了儿童认知发展的四个阶段：感知运动阶段(0～2岁)、前运算阶段(2～7岁)、具体运算阶段(7～12岁)、形式运算阶段(12岁以上)。[②] 根据皮亚杰的划分，中学生处于形式运算阶段。此阶段的儿童在思维上已经摆脱具体事物的束缚，可以在假设的虚拟场景中进行思考，在进行思考时可以区分形式与内容，使形式可以脱离内容。中学生可以顺利进行逻辑思考，分辨和理解符号的意义、隐喻，能够通过演绎得出结论。尤其是高中生的思维已经发展到与成人无异。皮亚杰指出，制约认知发展的因素主要有四个：成熟、物理因素、社会环境、平衡。[③] 根据皮亚杰的理论，中学生健康教育不仅要为中学生提供符合其认知发展的学习内容，也要注重不同中学生存在的差异性。由于学生所成长的环境和个人的经历存在差异性，因此认知发展方面也存在个别差异。这要求教师应考虑到这些差异并因材施教。

2. 维果茨基的文化历史发展理论

维果茨基是苏联的心理学家，在20世纪30年代提出文化历史发展理论，指出

---

① 皮连生：《教育心理学》第四版，252页，上海，上海教育出版社，2011。

② 钟毅平、刘志军：《教育心理学》，71页，长沙，湖南教育出版社，2003。

③ [美]罗伯特·J. 斯滕伯格、[美]温迪·M. 威廉姆斯：《斯滕伯格教育心理学》原书第2版，姚海林、张厚粲等译，40～45页，北京，机械工业出版社，2012。

人的高级心理机能是社会历史的产物，强调人类社会文化对人的心理发展具有重要作用，认知发展会受到社会互动作用的影响。

维果茨基先区分了两种心理机能：低级心理机能和高级心理机能。所谓低级心理机能是生物进化的结果，包括基本的知觉加工和动作方式；而高级心理机能是人区别于动物的一种心理机能，是历史发展的结果，包括人类精细的语言机能等。同时他提出了工具理论，指出人类有两类工具：物质工具和精神工具。前者针对客体，是人类进行劳动和生产的重要工具，如石器时代、铁器时代人类的生产劳动工具等。物质工具中凝结着人类社会文化知识经验，受到历史发展规律的制约。而后者指向人类个体的内部，是人类精神生产和心理操作的重要工具，包括人类的语言文字、符号系统等。维果茨基认为儿童在发展的过程中，逐渐从低级心理机能向高级心理机能进行转化，并依托于语言文字等精神工具，同时在历史文化的影响下不断地发展。这个过程是新的高级心理机能作为外部活动不断内化为内部心理活动的过程。

在维果茨基的认知发展理论中，受到广泛重视的是他提出的最近发展区理论。所谓最近发展区是指儿童利用自己实力所能达到的现有水平，与经过他人帮助可能达到的较高水平之间的差距。根据最近发展区理论，维果茨基认为教学应走在学生的认知发展水平前列，教育要起到帮助学生内化新知识的作用；在教学中既要考虑到学生的现有水平，也要考虑到他们能够达到的水平，以教育为引导，使学生的认知得到充分发展。在维果茨基看来，儿童的心理发展是一个从量变到质变的过程；新知识的产生必须以旧知识为基础；通过外部环境，儿童与内部旧知识产生交互作用，进而掌握新知识。根据维果茨基的观点，教学过程中应善于使用合作教学、交互作用教学、情景教学、脚手架教学等形式，保障学生能够掌握所要学习的内容。

（二）人格发展理论

1. 弗洛伊德的人格发展理论

奥地利心理学家弗洛伊德是心理学精神分析流派的代表人物，弗洛伊德提出了心理性欲发展(psychosexual development)阶段理论。他认为个体在发展的过程中性感区在不断转移，这种转移决定了个体的心理发展呈现阶段性。依据性感区的变化，弗洛伊德将儿童的心理发展分为五个时期：口唇期、肛门期、前生殖期、潜伏期、青春期。在任意一个时期，儿童如果获得过多或过少的满足，都将会导致儿童不良的性心理发展，“固着”(fixation)在某一阶段可能成为各种心理疾病或精神疾病的根源。根据弗洛伊德的观点，中学生主要处于青春期。在这之前的时期中儿童呈现停滞或退化的性的发展在这一时期重新活跃，集中体现在生殖器部位；在性需求方面也开始指向年龄接近的异性，并按照社会允许的方式表达自己的性需求。

此外，弗洛伊德提出了人格发展理论，将人格分为三部分：本我(id)、自我(ego)和超我(superego)。新生儿主要受本我操纵，遵循快乐原则，寻求欲望的满足。自我从婴儿1岁时开始逐步发展，其目标在于为本我寻求现实生活中满足的途径。超我在儿童早期逐渐发展起来，包含良心、理想。良心由父母的各种应该和不应该构成，可内化为指导儿童的行为准则；理想是个体为之努力的目标和标准。儿童的行为如果符合理想，则会感到骄傲；而如果违反了良心，儿童就会感到焦虑和内疚。自我是调节本我和超我的重要角色。根据弗洛伊德的观点，在教育过程中，教师和家长应该关注到潜意识的情感和动机在儿童心理发展中的重要性，尤其是童年时期的经历可能对儿童人格产生的影响。

2. 埃里克森的人格发展阶段理论

埃里克森的人格发展阶段理论是具有代表性的人格发展心理学观点之一。他修正和扩展了弗洛伊德的理论，强调社会、文化可能对人格产生的影响。埃里克森的观点体现了“毕生发展观”的思想，他认为个体的人格发展是一个循序渐进的过程，个体的人格发展需要依次经历八个不同阶段，且每个阶段都会面临一对矛盾与冲突。这八个阶段分别是基本信任和基本不信任(0～1 岁)；自主对害羞与怀疑(1～3 岁)；主动对内疚(3～6 岁)；勤奋对自卑(6～12 岁)；同一性对角色混乱(青春期)；亲密对孤独(成年早期)；繁殖与停滞(成年中期)；自我整合对绝望(成年晚期或老年)。①

埃里克森的人格发展阶段理论认为，人格发展的每一阶段都会面临生物学的成熟与社会文化环境之间的冲突与矛盾；只有顺利应对这些冲突与矛盾带来的危机，个体才能顺利进入下一阶段的人格发展，否则个体就会形成消极的人格特征。中学生主要处在同一性对角色混乱的阶段，通过前一阶段的学习，他们对自己的角色有了一定的认识。这一阶段需要中学生考虑自己和社会的各种信息，确定自己的生活策略。个体如果没有正确处理好这一阶段的主要矛盾和冲突，就会面临“同一性危机”。所谓同一性是指个体对自我身份确定的自我意识，即一种知道自己去向何方的感觉，是内部和外部的整合与适应、稳定与平衡。由于主观的身体变化和客观环境的影响，中学生的自我成长主要面临三方面的困境：①性心理的成熟和性知识的缺乏之间的矛盾。如果教育不能正确引导，很容易导致中学生产生消极的自我形象。②学业的压力和对未来的追求之间的矛盾。中学生尤其是高中生面临繁重的学习压力。健康教育要关注学习压力对学生健康的影响，同时要与生涯指导、心理辅导相结合，帮助学生了解未来，正确对待学习压力，健康成长。③自主性与价值观不成熟之间的矛盾。青春期是发展学生自主性的关键时期，教师和家长应尊重学生的意见，发展他们的主观能动性。但与此同时，中学生的价值判断能力相对不成熟，因此在做选择的时候他们会感到力不从心，感到茫然。同一性危机是中学生不可避免的危机，也是导致当前一些中学生社会心理问题出现的原因。所以健康教育要关注中学生人格发展的阶段性特点，有针对性地加以辅导。

---

① [美]罗伯特·J. 斯滕伯格、[美]温迪·M. 威廉姆斯：《斯滕伯格教育心理学》原书第 2 版，姚海林、张厚粲等译，73～75 页，北京，机械工业出版社，2012。

二、积极心理学理论

(一)积极心理学的发展

积极心理学是20世纪末期兴起的一场心理学运动，在短短的几年间迅速发展，已经成为一场世界性的心理学运动。积极心理学运动的发起人美国心理学家马丁·塞利格曼(Martin Seligman)认为：当代心理学正处在一个新的历史转折时期，心理学家正扮演着极为重要的角色，行使着新的使命，那就是如何促进个人与社会的发展，帮助人们走向幸福，使儿童健康成长，使家庭幸福美满，使员工心情舒畅，使公众称心如意。[①] 在过去的近一个世纪中，心理学家主要集中在消极心理学研究上，心理学文献过分集中在个人生活的消极层面，心理学中关于消极心理研究的论文数量与关于积极心理研究的论文数量相差较多，且前者更多。心理学研究局限在对人类心理问题、心理疾病的诊断与治疗上，形成消极取向的心理学主导性模式，缺乏对人类积极品质的研究与探讨，由此造成心理学知识体系上的失衡，限制了心理学的发展与应用。积极心理学呼吁：心理学应该转换为研究人类优点的新型科学，实现从消极心理学到积极心理学模式的转换，必须研究人类的积极品质，关注人类的生存与发展。

介绍积极心理学的发展绝对绕不开一个重要概念——习得性无助——来自塞利格曼做的经典实验。塞利格曼做出了一个大胆的假设：一些人存在的诸如压抑等心理问题的主要原因，可能就是源于形成了习得性无助类的人格特质，即对现实具有了一种无可奈何的信念，而不是他们无法解决自己的问题。随后，一系列的调查研究证实了塞利格曼的这个假设。后来塞利格曼又做出一个新的推论：既然压抑、退缩等消极品质能够通过一定的学习而获得，那么乐观、高兴等积极品质也一定可以通过学习而获得。于是，他又进一步将其理论进行了修改和扩展，命名为解释风格理论。

(二)积极心理学的研究重点

积极心理学的研究重点是人自身的积极因素方面。积极心理学主张心理学要以人固有的实际潜在的具有建设性的力量、美德和善端为出发点，提倡用一种积极的心态来对人的许多心理现象(包括心理问题)做出新的解读，从而激发人自身内在的积极力量和优秀品质，并利用这些积极力量和优秀品质来帮助有“问题”的人、普通人或具有一定天赋的人最大限度地挖掘自己的潜力并获得良好生活。

(三)积极心理学的主要研究内容

积极心理学提倡心理学要研究人类或人类社会的积极力量。具体来说，积极心理学主要从如下三个方面来研究积极力量。

首先，从主观层面上看，积极心理学主张心理学要研究个体对待过去、现在和将来的积极体验。在对待过去方面，主要研究了满足、满意、骄傲、安宁、成就感等积极体验；在对待现在方面，主要研究了高兴、幸福、福乐(flow)和身体愉悦等

---

① 苗元江、余嘉元：《积极心理学：理念与行动》，载《南京师大学报(社会科学版)》，2003(2)。

积极体验；在对待将来方面，则主要研究了乐观、充满信心和希望等积极体验。

其次，从个体层面上看，积极心理学主张心理学要研究积极人格。人格研究是积极心理学非常重要的一个方面。积极心理学提出了自己独特的、以积极为核心的人格分类标准：乐观型解释风格人格和悲观型解释风格人格。积极心理学在人格研究中特别强调心理学要重点研究人格中所包含的积极方面和积极特质，特别是研究人格中关于积极力量和美德的人格特质。在这方面，积极心理学主要研究了包括智慧、友好、尊严和慈祥等在内的 24 种人格特质（人的 24 种积极力量），并对它们的形成过程做了具体的实证研究。

最后，从集体层面上看，积极心理学主张研究积极的组织系统。积极心理学主要研究了家庭、学校和社会等组织系统，提出这些系统的建立要以人的主观本求为出发点和归宿点。不过总体来说，和其他两个方面相比，积极心理学在这个方面的研究相对还比较薄弱。

（四）解释风格及案例分析

塞利格曼等人认为，乐观是一种解释风格，即个体对成功或失败进行归因时表现出来的一种稳定倾向。解释风格可分为乐观解释风格（optimistic explanatory style）和悲观解释风格（pessimistic explanatory style）两种类型。

解释风格具有三个向度。①时间向度上的持久性——暂时性和永久性。悲观主义者相信发生在他身上的坏事霉运是持久存在的，好运气只是暂时的；乐观主义者将好运和希望看成持久性的动因，相信厄运是暂时的。②空间向度上的普遍性——特定性和一般性。悲观主义者把失败看成一般性的，当一件事情失败以后，很容易认为每一件事情都会失败；乐观主义者把失败看成是特定性的，仅仅会在失败的事情上表现出无助感，但对生活的其他方面仍持乐观态度。同时，乐观主义者对好运的解释正好与对霉运的解释相反。乐观主义者认为坏事情的发生有特定的原因，而好事情的发生会增强做其他事情的信心。③人格向度上的个性化——内在性和外在性。悲观主义者对不幸的事情内在化，对好运外在化；乐观主义者对自己满意的程度远比悲观主义者高得多。表 2-1 为乐观型解释风格和悲观型解释风格的主要特点。

表 2-1 乐观型解释风格和悲观型解释风格的主要特点

解释风格	对失败和挫折的解释	对成功和成就的解释
乐观型	暂时的，特定性情景事件，外部原因，作用限于此时此地	自我内在原因，长期的，泛化到自己做其他事情
悲观型	长期的或永久的，普遍性，自己内在原因，影响到做其他事情	外在原因，暂时的，限于此情此景

积极心理学对于学生积极心理品质的培养、学校积极氛围的营造、良好师生关系的建立都给予了一定的启示。它更启示教师在健康教育中不仅要关注特殊学生的

心理需求和心理问题，也要关注绝大多数学生正常、积极、乐观的心理素质的培养；从氛围建设入手，教给学生乐观型解释风格，让他们获得正确面对挫折和失败的能力，健康快乐地成长。

第五节　中学生健康教育的传播学基础

一、传播学概述

（一）传播学

传播一词来自英文 communication，其含义主要包括沟通、通信、交流、传染等。传播伴随着人类社会的发展由来已久，从人类社会诞生开始就已经出现。远古人类通过手势、刻木等原始方式传递信息。我国传播学家邵培仁指出，传播是人类通过符号和媒介交流信息，以期发生相应变化的活动；同时指出人类历史上有五次传播革命，分别是语言、文字的产生；造纸术、印刷术的产生；电报、电话的发明；电子计算机和现代信息技术的出现；因特网的问世，每一次传播革命都给人类的传播活动带来了新的便利与成就。①

传播主要包含五个要素——传者、信息、媒介、受者、效果。传播的模式主要有两种，即单向传播和双向传播。人类社会中常见的两种传播为人际传播（interpersonal communication）和大众传播（public communication），它们既包含单向传播，也包含双向传播。例如，人际传播又称人际交流，是指人与人之间的一种信息沟通的交流活动；在人际交流过程中，双方既是传者，也是受者，主要的媒介为语言、手势、眼神等；人际传播中，受者通过媒介对接收到的信息进行及时反馈，形成双向传播。传统的大众传播属于单向传播，是职业性的信息传播机构或人员通过广播、报纸等传统传播技术广泛地对受者人群进行的信息传递。这种传播方式范围广，但反馈慢，缺乏自主性，缺少传者和受者之间的交流。随着互联网等具有互动性、异步性、高效性的新媒介技术出现，大众传播在保障广泛性受者的同时也能保障信息的双向传播。

（二）健康传播学

健康传播学是健康学和传播学相结合的产物，它既有自然科学属性，又有社会科学属性。有学者指出，广义的健康传播学可划分为“健康的传播学”和“健康中的传播学”。② 简言之，“健康的传播学”是指应用健康学的理论和方法对健康行为和观念进行的基础性研究；“健康中的传播学”指的是运用传播学理论与方法从事与健康促

① 邵培仁：《传播学》，27～44 页，北京，高等教育出版社，2007。

② 张自力：《“健康的传播学”与“健康中的传播学”——试论健康传播学研究的两大分支领域》，载《现代传播》，2003(1)。

进相关的应用型研究。但由于该学科仍然处于成长期，尚未形成完善的健康传播理论体系和指导健康传播的原理和原则，因此本书主要针对健康传播的相关研究进行讨论。

从很早之前开始，人类就已经学会将生活实践中获得的知识和能力，运用到健康促进和疾病预防中。20 世纪 60 年代初，人们将传播学的概念引入健康教育领域，并形成一门新学科——健康传播学。1971 年，在美国开展的斯坦福心脏病预防计划被广泛认为是当代健康传播研究的起点。[①] 关于健康传播的含义当前没有得到统一，美国传播学者罗杰斯将健康传播定义为：健康传播是一种将医学研究成果转化为大众的健康知识，并通过态度和行为的转变，以降低疾病的患病率和死亡率、有效提高一个社区或国家生活质量和健康水准为目的的行为。我国学者指出，健康传播是一个社会组织、群体或个体运用传播手段，针对目标人群或个体的健康行为问题，进行适宜的健康信息传播的复杂的活动。[②] 无论是哪种解释，当前健康传播普遍被认为包含传播中的五个要素，其中传者主要包括职业性的卫生工作者、健康教育者、各级政府等。健康传播中的信息被称为健康信息(health message)，是传者把健康信息经过编码制成符号可经传播渠道传出去的消息报道。[③] 这些健康信息有助于作为受者的目标人群的健康发展。我国学者进一步将“健康传播”细分为四类。[④] ①主题取向，即任何与健康主题相关的传播活动都属于健康传播。②功能取向，即健康传播既包含专业人员将专业健康知识处理、转化为大众所接受的健康信息的过程，也包括广大受者收集、获取和内化健康信息的过程。这一过程有助于提高大众的健康素养，提高疾病预防能力和人民的生活质量。③传播层次取向。健康传播属于传播的一种类型，因此也就包含自我传播、人际传播、组织传播和大众传播四个层次。这四个层次与健康教育都密切相关，尤其是自我传播关系到自我的管理能力。只有受者在接收和内化健康信息，并用这些健康信息调整自己的健康行为和生活方式时，健康教育中传播的效果才得到实现。④情境取向，主要包括传播情境和社会情境。前者属于传播活动的假定空间，被称为“传播场”；后者属于传播活动的外部环境，即社会环境和历史环境。这也就意味着健康传播活动与社会权力、历史变迁密切关联。

二、健康传播与健康教育的关系

(一)健康传播与健康教育两者的关系

传播在健康教育中的重要性得到全世界的广泛关注。各种现代化传播学手段、相关的理论和技术为广大的健康教育工作者、卫生专业人士提供了便利的媒介，同

---

① 杨廷忠、郑建中：《健康教育理论与方法》，56 页，杭州，浙江大学出版社，2004。
② 北京医科大学：《健康传播学》，1 页，北京，人民卫生出版社，1993。
③ 北京医科大学：《健康传播学》，1 页，北京，人民卫生出版社，1993。
④ 张自力：《健康传播与社会》，221 页，北京，北京大学医学出版社，2008。

时为相关人员向广大人民群众传播卫生和健康信息、丰富他们的健康信息储备、预防疾病有着积极的意义。健康教育本质上是传播与教育相结合的产物，新媒体技术在健康传播和健康教育中的作用显著。健康传播能够依托新媒体技术及时有效地为人们提供相关的健康信息，达到科普健康知识、提高大众预防能力等健康教育的目的。健康传播和健康教育息息相关，密不可分，都是国家卫生保健事业的重要组成部分。

健康传播不能等同于健康教育，健康传播主要发生于健康信息的转换和传递的过程中，其主要目的在于健康信息的传递。因此相比于健康教育，健康传播在职业性和专业性上更加灵活、自由、多样化，不需要提前得到政府有关政策的指导。健康传播注重效益性，在成本上追求经济性，在传播速度上追求媒介的畅通性和针对性，要有效地符合目标人群的使用习惯。相比于健康传播，健康教育更强调科学性、专业性、针对性，其核心是使人发生趋向于健康的行为和生活方式的改变，健康教育本质上是教育活动。因此，健康教育注重权威性，要符合国家相关的培养目标要求。健康传播贵在促进教育，健康传播者如果能够认真对待所传播的健康信息的思想性和实用性，切实考虑到传播对象的实际需求和接受能力，就能有效地促进健康教育的发展，对传播对象的健康发展起到积极的影响。

（二）中学生健康教育中的健康传播

一是善用健康传播技术。近年来，翻转课堂等多样化的教学形式为健康教育提供了新的思考。利用传播技术有助于将双向传播融入健康教育，提升中学生的主体性。当代新媒体技术的准确应用，不仅可以使中学生获得更加直观、有效的信息，也能调动中学生的积极性和主动性，使教师获得及时的反馈。适当的传播策略有助于消除中学生与专业性知识之间的鸿沟，使中学生接触到最佳的健康知识。创新扩散理论是一种从群体层面解释和分析创新是如何被接纳和采用的理论。教师可以从创新扩散的角度，运用传播学的方法了解中学生对不同的健康知识、技术的接受程度、过程和规律，从而有的放矢地选择健康促进的方法与策略。

二是注意人际传播对于中学生健康行为的影响。人际传播对于中学生健康行为的影响可以反映在一些社会心理现象中。例如，社会影响理论认为，青少年的很多行为包括健康行为更大程度上来自他们同龄人的影响；青少年的吸烟等行为是通过在群体的相互交流和所发生的社会化和再社会化过程中而形成的。[①] 在人际交往过程中，一些亚文化的信息通过人际传播对个体产生影响；而通过这些人际传播，具有相似行为、共同经历的个体逐渐形成一个圈子，具有一种亚文化。青少年与该亚文化接触的时间越长则彼此越密切，亚文化群体会产生属于自己圈子的行为准则。而这些行为准则如果与社会主流行为准则相违背，或者有害于健康发展，则会导致青少年不健康行为的产生，如吸烟、吸毒、饮酒等行为。健康教育要关注人际传播

① 杨廷忠、郑建中：《健康教育理论与方法》，71～78 页，杭州，浙江大学出版社，2004。

对于中学生的健康行为可能产生的影响，帮助中学生发展健康信息获得和识别的能力，以及学习拒绝不良信息的人际交往技巧。

思考与练习

1. 简述中国哲学思想中的健康教育。
2. 简述与健康教育相关的教育学理论。
3. 简述人本主义教学观。
4. 简述中学生的认知发展特点。
5. 简述健康传播与健康教育的关系。

第三章　中学生常见疾病预防和公共卫生教育

本章导读

本章的学习目标在于掌握中学生常见病及其危害、影响因素以及预防措施等相关内容；了解传染病的概念、基本特征和临床特点等内容。本章应重点掌握中学生常见病的预防措施，减小中学生的患病概率；另外应加强对中学生的公共卫生教育，教育中学生应对突发公共卫生事件。

第一节 中学生常见疾病概述

一、中学生常见病

(一)中学生常见病的概念

中学生常见病是指中学生由于发育特征易发生的疾病，并且这些疾病的发生、发展及转归与学校的卫生工作水平密切相关。学生常见病的预防是学校卫生工作的重点，也是卫生学研究的重点。我国 1990 年颁布的《学校卫生工作条例》指出，学校应当积极做好近视眼、弱视、沙眼、龋齿、寄生虫、营养不良、贫血、脊柱弯曲、神经衰弱等学生常见病的群体预防和矫治工作。以上几种(类)疾病常被称为学生常见病。1992 年，卫生部、国家教育委员会、全国爱国卫生运动委员会联合发布《全国学生常见病综合防治方案》，将视力不良和近视、龋齿和牙周病、营养不良和肥胖、缺铁性贫血、沙眼、肠道蠕虫感染等列为重点防治的学生常见病。

(二)几种中学生常见病

1. 痤疮

痤疮是多种因素综合作用所致的一种毛囊皮脂腺的慢性炎症，是一种具有损容性的常见皮肤疾病，常位于额部、颊部、颈部、背部等体表暴露的部分，会对皮肤造成一定的损伤。严重者可能留下不同程度的疤痕，影响患者的美观。

痤疮患者的皮脂分泌量明显增多，这是由于中学生在发育期间，体内雄性激素增多，促使皮脂腺增生肥大，皮脂分泌增多，导致皮脂瘀积，形成毛囊口角化栓塞。增多的皮脂不能及时排出，因而形成粉刺。在正常情况下，粉刺在毛囊内并不引起炎性反应，但经粉刺棒状杆菌的作用产生溶脂酶，将皮脂中的甘油三酯分解，释放出游离脂肪酸。此种游离脂肪酸具有刺激性，因而引起毛囊炎。

内分泌障碍是导致痤疮的一个主要原因。青春期分泌腺活动旺盛，对于女性来说，痤疮常随月经期的变化而变化。对于男性来说，激素能刺激表皮的角质形成和增加皮脂腺的活动性；而求偶素有相反的作用。因此男性激素与求偶素比例的改变，是导致痤疮的一个重要病因。

痤疮的病程及症状可受多种因素影响，如月经、便秘、消化不良、病灶感染及卫生情况、情绪、精神过度紧张、疲劳等。

2. 近视

近视主要是由于眼轴太长或调节过强而引起的。引起近视的原因有遗传因素，用眼距离过近，用眼时间过长，照明光线过强或过弱，在行车上或走路时看书，躺着看书，睡眠不足，课桌椅不符合要求，写字姿势不正确，体质差，偏食(如糖)，缺乏某些微量元素等。

得了近视的中学生，刚开始主观感觉视远物模糊(如看不清黑板上的字)，阅读时间较多时会出现眼胀、头痛、视觉疲劳感，严重的可有头晕、恶心、怕光、流泪等。

近视会导致中学生看远物模糊不清。如果在教室上课，他们往往看不清黑板上的字体，对教师讲的内容理解不深，影响课堂学习效果。有的中学生得了近视虽能专心学习，学习成绩优良，但由于近视的中学生不能报考某些学校，报考专业受到限制，参军更不合格，从而未来发展受到限制。高度近视的中学生佩戴眼镜参加体育锻炼时，容易担心眼镜被摔坏，而不能尽情。碰到雨天、冬季，镜片上往往被蒙上一层雾气，导致视物模糊不清。

3. 脊柱侧弯

脊柱侧弯又称脊柱侧凸，是指脊柱的一个或数个节段向侧弯并伴有椎体旋转的三维脊柱畸形。脊柱侧弯绝大部分都是特发性脊柱侧弯。姿势性脊柱侧弯与长时间采取坐位姿势(尤其是姿势不当)、运动不足有密切关系。这类脊柱侧弯异常也是中学生最容易出现的脊柱侧弯类型，主要是不正确的学习姿势及站姿导致的。

它的早期主要发病机理为肌肉力量的失衡，后期会合并骨骼形态的改变，使脊柱失去原有的生理曲度。脊柱侧弯约80%为姿势性的，好发于6～7岁的女孩。① 早期畸形不明显亦无脊柱结构的变化，易于矫正，然而往往易被忽视。10岁以后，椎体第二骨骺发育迅速，1～2年侧凸明显，凸侧肩高，凹侧肩低，易被识别。严重者可继发胸廓畸形，胸腔容积缩小，引起气短、心悸、消化不良、食欲不振等内脏功能障碍。脊柱侧弯长期得不到治疗，可出现脊髓神经牵拉或压迫症状。较重的脊柱侧弯不仅会影响青少年的生长发育，使身体发生变形，也会影响心肺功能甚至累及脊髓，造成瘫痪。

4. 青春期高血压

高血压是一种常见疾病，且发病呈现出低龄化的趋势。国内调查显示，处于青春期的高血压人群主要是中学生，一般为原发性高血压和青春期高血压，多为轻度，无明显症状，但血压的波动性较大，稳定性较差，长期坚持药物治疗的依从性较差，且对身体有损害。②

青春期高血压，顾名思义是指发生在青春期的高血压。青春期高血压的发生多数是暂时性的，平时无明显的症状表现，只有在运动量过大或过度疲劳时才表现出轻微的头晕、乏力等症状。

引起青春期高血压的主要原因是由于青春期身体各器官系统迅速发育，心脏也在这一时期快速发育，心收缩力大大提高，但此时个体的血管发育却往往落后于心脏，导致血压增高。另外，青春期内分泌腺发育增强，激素分泌增多，神经系统的

---

① 转引自孙伟、孔凡兰、王勇：《关于预防中小学生姿势性脊柱侧弯的几点做法》，载《中国医药指南》，2012(20)。

② 倪震、杨丹：《针对处于青春期的高血压人群的运动处方研究》，2013年中国生理学会运动生理学专业委员会年会暨"运动与健康"学术研讨会论文，广州，2013。

兴奋性提高，植物性神经的调节功能不平衡，也会产生血压增高现象。同时，中学生在迎考复习等特定环境下，由于精神高度紧张，大脑皮层功能紊乱，皮层下血管舒缩中枢失去正常调节，小动脉紧张性增强，外周循环阻力增加，亦使血压增高。过了青春期，心血管系统发育迅速，趋于平衡，血压就会恢复正常。如果持续好长一段时间血压继续上升，就需做进一步检查，并在医生的指导下服用降压药降压。另外，出现血压升高的中学生可以通过建立良好健康的生活方式，使血压恢复正常。

5. 营养不良与肥胖

近年来，我国中学生的营养与健康状况得到了逐步改善，生长发育水平不断提高，营养不良率逐渐下降。但是，随着我国居民膳食结构和生活方式的变化，中学生的肥胖问题也日渐突出。

“早餐被省略，午餐在流浪，晚餐太丰盛”的错误饮食习惯和不合理的饮食结构是导致中学生营养不良的主要原因。青少年不良的饮食习惯和生活方式，为成年后罹患心脑血管病、高血压、糖尿病、肝胆疾病等慢性病埋下了“定时炸弹”。此外，我国一些农村寄宿制学校中学生的膳食结构单一，蛋白质的摄入量不足，是导致中学生营养不良的主要原因。营养不良不仅直接影响中学生正常体能和智能的发育，且易诱发各种感染性疾病。

肥胖是一种由多因素导致的慢性代谢性疾病，遗传因素在肥胖的发生发展过程中起到至关重要的作用。考虑到肥胖相关基因不可能在这么短的时间内发生改变，因此，对于近年来肥胖儿童的增多，行为和环境因素起着推波助澜的作用。这些因素包括导致肥胖的环境、行为和生活方式、食物供应和消费以及身体活动的改变。

不仅肥胖本身是一种疾病，而且它还是导致多种慢性病的危险因素。中学生肥胖的日益增多导致了慢性病的低龄化，超重及肥胖已成为中学生心血管疾病和Ⅱ型糖尿病的主要危险因素。超重及肥胖的中学生罹患腹型肥胖、糖耐量受损和高血压等的风险显著。

二、传染病①

（一）传染病的概念

传染病是由致病微生物或寄生虫感染人体后引起的具有传染性，在一定条件下可造成流行的一类疾病。

（二）传染病的基本特征和临床特点

1. 传染病的基本特征

（1）具有病原体

每种传染病的发生都能找到特异性病原体，这是传染病主要的基本特征。病原

① 参见李兰娟：《传染病学》第2版，北京，高等教育出版社，2011；彭文伟：《传染病学》第五版，北京，人民卫生出版社，1980。

体可以是微生物或者寄生虫，但是并不局限于这几类。随着新技术的应用，有可能发现新的传染病病原体。近年来发现了一种缺乏核酸结构的具有感染性的变异蛋白质类，称为朊粒，是人类几种中枢神经系统退行性疾病——克雅病、库鲁病及变异性克雅病等的病原体。历史上人类通常都是通过先认识传染病的临床和流行病学特征，然后才认识其病原体。随着分离技术及基因测序技术的发展，病原体检出定性的过程逐渐缩短，这对传染病的诊断、流行特征认知、治疗、预防等有重大意义。

(2)具有传染性

传染性是传染病与其他感染性疾病的主要区别。比如，金黄色葡萄球菌引起的肺炎在临床上可能表现为发热、咳嗽、呼吸困难等不适的肺炎症状，但是无传染性，无须隔离，所以不是传染病。传染性意味着病原体能通过某种途径感染易感人群。传染病患者有传染性的时期称为传染期。在每种传染病中，传染期都相对固定，可作为隔离患者的依据之一。

(3)具有一定的流行病学特征

传染病的流行过程在自然和社会因素的影响下，表现出各种流行病学特征。①流行性。传染病可分为散发、爆发、流行和大流行四种。散发是指某传染病在某地的常年发病情况或常年一般发病率水平，可能是由于人群对某病的免疫水平较高，或某病的隐性感染率较高，或某病不容易传播等。爆发是指在某一局部地区或集体单位中，短期内突然出现许多同一疾病的患者，大多是同一传染源或同一传播途径，如食物中毒、流行性感冒(简称流感)等。当某病的发病率显著超过该病的常年发病率水平或为散发发病率的数倍时称为流行。当某病在一定时间内迅速传播，波及全国各地，甚至超出国界或洲境时称为大流行或称为世界性流行，如2003年的传染性非典型肺炎大流行，2009年的甲型H1N1流感大流行等。②季节性。不少传染病的发病率每年都有一定的季节性升高，主要原因为气温的高低和昆虫媒介的有无。如呼吸道传染病常发生在冬、春季节，肠道传染病及虫媒传染病好发于夏、秋季节。③地方性。有些传染病或寄生虫病，由于中间宿主的存在、地理条件、气温条件、人们生活习惯等原因，常局限在一定的地理范围内发生，如恙虫病、疟疾、血吸虫病、黑热病等。④外来性。它指在国内或地区内原来不存在，而从国外或外地通过外来人口或物品传入的传染病，如霍乱。

(4)具有感染后免疫

感染后免疫指免疫功能正常的人体经显性或隐性感染某种病原体后，都能产生针对该病原体及其产物的特异性免疫。我们通过血清中特异性抗体的检测可知其是否具有免疫力。感染后获得的免疫力和疫苗接种一样，都属于主动免疫。

2. 传染病的临床特点

(1)病程发展具有阶段性

急性传染病的发生、发展和转归，通常分为以下四个时期：①潜伏期。从病原体侵入人体起，至开始出现临床症状的时期，称为潜伏期。每一个传染病的潜伏期都有一个范围，并呈常态分布，是检疫工作观察、留验接触者的重要依据。潜伏期相当于病原体在体内定位、繁殖和转移、引起组织损伤和功能改变导致临床症状出现之前的整个过程，其长短不一，从仅仅几小时至数年不等。②前驱期。从起病至症状明显开始的时期称为前驱期。前驱期中的临床表现通常是非特异性的，如头疼、发热、疲乏、食欲下降和肌肉酸痛等，与病原体繁殖产生的毒性物质有关，为许多传染病所共有，一般持续 1～3 天。前驱期已具有传染性。③症状明显期。急性传染病患者度过前驱期后，某些传染病，如麻疹、水痘患者往往转入症状明显期。在此期间，该传染病所特有的症状和体征都通常获得充分的表现。④恢复期。当机体的免疫力增长至一定程度，体内病理生理过程基本终止，患者的症状及体征基本消失，临床上称为恢复期。

(2)常见的症状与体征

传染病常见的症状与体征主要有四个方面。①发热。大多数传染病都可引起发热，如流感、恙虫病、结核病和疟疾等。不同热型具有鉴别诊断意义。②发疹。许多传染病在发热的同时伴有发疹，称为发疹性传染病。出疹时间、部位和先后次序对诊断和鉴别诊断有重要参考价值。③毒血症状。病原体的各种代谢产物，包括细菌毒素在内，可引起除发热以外的多种症状，如疲乏，全身不适，厌食，头痛，肌肉关节和骨骼疼痛等。严重者可有意识障碍、檐妄、脑膜刺激征、中毒性脑病、呼吸衰竭及休克等表现，有时还可引起肝、肾损害，表现为肝、肾功能改变。④单核—吞噬细胞系统反应。在病原体及其代谢产物的作用下，单核—吞噬细胞系统可出现充血、增生等反应，临床上表现为肝、脾和淋巴结肿大。

(3)具有不同的临床类型

根据临床过程的长短，传染病可分为急性型、亚急性型和慢性型三种；根据病情的轻重，传染病可分为轻型、典型、重型和爆发型四种。

(三)传染病的传染、流行过程及发病机制

1. 传染病的传染

传染主要指病原体通过一定方式从一个宿主个体到另一个宿主个体的感染。构成传染和感染过程必须具备三个因素，即病原体、人体和它们所处的环境，三者之间此消彼长。在漫长的生物进化过程中，病原体与宿主形成了相互依存、相互斗争的关系。有些微生物、寄生虫与人体宿主之间达到了互相适应、互不损害对方的共生状态，如肠道中的大肠埃希菌和某些真菌。但是，这种平衡是相对的，当某些因素导致宿主的免疫功能受损，或大量应用抗菌药物引起的菌群失调症，或机械损伤使寄生物离开其固有的寄生部位而到达其他寄生部位，平衡就不复存在而引起宿主损伤，这种情况称为机会性感染。这些共生菌在特定条件下可以成为致病菌，称为条件致病菌。在病原体与宿主的相互斗争过程中，宿主逐步形成了特异的免疫防御机制。

2. 传染病的流行过程

传染病的流行过程就是传染病在人群中发生、发展和转归的过程。流行过程的发生需要有三个基本条件，包括传染源、传播途径和人群易感性。这三个条件必须同时存在，若缺少任何一个条件，流行即告终止。

(1)传染源

传染源是指体内有病原体生存、繁殖并能将病原体排出体外的人和动物。其主要包括，①患者。患者是大多数传染病重要的传染源。不同病期的患者的传染强度可有不同，一般情况下，以发病早期的传染性最大。慢性感染患者可长期排出病原体，可成为长期传染源。②隐性感染者。在某些传染病(流行性脑脊髓膜炎、脊髓灰质炎等)中，隐性感染者在病原体被清除前是重要的传染源。③病原携带者。慢性病原携带者无明显临床症状而长期排出病原体。在某些传染病(伤寒、细菌性痢疾等)中，病原携带者有重要的流行病学意义。④受感染的动物。以啮齿动物最为常见，还有家畜、家禽。这些以动物为传染源传播的疾病，称为动物源性传染病，如鼠疫、狂犬病、布鲁菌病、地方性斑疹伤寒、恙虫病、流行性乙型脑炎、肾综合征出血热、森林脑炎等。

(2)传播途径

病原体离开传染源到达另一个易感者的途径称为传播途径，同一种传染病可以有多种传播途径。①呼吸道传播。病原体存在于空气中的飞沫或气溶胶中，易感者吸入时被感染，如麻疹、白喉、结核病、禽流感、严重急性呼吸综合征等。②消化道传播。病原体污染食物、水源或食具，易感者于进食时被感染，如伤寒、细菌性痢疾和霍乱等。③接触传播。易感者与被病原体污染的水或土壤接触时被感染，如钩端螺旋体病、血吸虫病和钩虫病等。伤口被污染，有可能患破伤风。日常生活的密切接触也有可能被感染，如麻疹、白喉、流感等。不洁性接触可传播艾滋病、乙型病毒性肝炎、丙型病毒性肝炎、梅毒螺旋体、淋病奈瑟菌等。④虫媒传播。被病原体感染的吸血节肢动物，如按蚊、人虱、鼠蚤、白蛉、硬蜱和恙螨等，于叮咬时把病原体传给易感者，可分别引起疟疾、流行性斑疹伤寒、地方性斑疹伤寒、黑热病、莱姆病和恙虫病等。⑤血液、体液传播。病原体存在于携带者或患者的血液或体液中，通过应用血制品、分娩或性交等传播，如疟疾、乙型病毒性肝炎、丙型病毒性肝炎和艾滋病等。⑥医源性感染。医源性感染指在医疗工作中人为造成的某些传染病的传播。⑦母婴垂直传播。婴儿出生前已从母亲或父亲获得的感染称为先天性感染，如梅毒、弓形虫病等。

(3)人群易感性

对某种传染病缺乏特异性免疫力的人称为易感者，易感者在某一特定人群中的比例决定该人群的易感性。当易感者在某一特定人群中的比例达到一定水平，存在传染源和合适的传播途径时，则很容易发生该传染病流行。某些病后免疫力很巩固的传染病(麻疹、水痘、乙型脑炎等)，经过一次流行之后，需待几年当易感者比例再次上升至一定水平时，才会发生另一次流行。这种现象称为传染病流行的周期性。在普遍推行人工主动免疫的情况下，可把某种传染病的易感者水平始终保持很低，从而阻止其流行周期性的发生。

3. 传染病的发病机制

(1)传染病的发生与发展

传染病的发病机制中的阶段性与临床表现的阶段性大多数是互相吻合的，但有时并不完全一致。传染病的发病机制有如下几种。①入侵部位。病原体的入侵部位与发病机制有密切关系，入侵部位适当，病原体才能定植、生长、繁殖及引起病变。如志贺菌和霍乱弧菌都必须经口感染，破伤风杆菌必须经伤口感染，才能引起病变。②机体内定位。病原体入侵并定植后，可在入侵部位直接引起病变；也可在入侵部位繁殖，分泌毒素，在远离入侵部位引起病变，如白喉和破伤风；也可进入血液循环，再定位于某一脏器引起该器官的病变，如流行性脑脊髓膜炎和病毒性肝炎；还可经过一系列的生活史阶段，最后在某脏器中定居，如蠕虫病。各种病原体的机体内定位不同，各种传染病都有其各自的特殊规律性。③排出途径。各种传染病都有其病原体排出途径，是患者、病原携带者和隐性感染者有传染性的重要因素。有些病原体的排出途径是单一的，如志贺菌只通过粪便排出；有些病原体可有多种排出途径，如脊髓灰质炎病毒既可通过粪便排出，又可通过飞沫排出；有些病原体则存在于血液中，当虫媒叮咬或输血时才离开人体。病原体排出体外的持续时间有长、有短，不同传染病有不同的传染期。

(2)组织损伤的发生机制

组织损伤及功能受损是疾病发生的基础。在传染病中，导致组织损伤的发生方式有下列三种。①直接损伤。病原体借助其机械运动及所分泌的酶可直接破坏组织，或通过细胞病变而使细胞溶解，或通过诱发炎症过程而引起组织坏死。②毒素作用。有些病原体能分泌毒力很强的外毒素，可选择性损害靶器官或引起功能紊乱。革兰阴性杆菌裂解后产生的内毒素则可激活单核—吞噬细胞分泌肿瘤坏死因子-α和其他细胞因子，导致发热、休克及弥散性血管内凝血等现象。③免疫机制。许多传染病的发病机制与免疫应答有关。有些传染病能抑制细胞免疫(如麻疹)或直接破坏T细胞，更多的病原体则通过变态反应而导致组织损伤。

(3)重要的病理生理变化

传染病的病理生理变化包括如下两种。①发热。外源性致热原进入人体后，激活单核—吞噬细胞、内皮细胞和B淋巴细胞等，使其释放内源性致热原。内源性致热原通过血液循环刺激体温调节中枢，把恒温点调高，使产热超过散热而引起体温上升。②急性期改变。感染、创伤、炎症等过程所引起的一系列急性期机体应答称为急性期改变。它出现于感染发生后的几小时至几天。主要包括蛋白代谢、糖代谢、水电解质代谢紊乱和一系列内分泌改变。

第二节　中学生常见病的危害、影响因素及预防

一、痤疮

（一）痤疮的定义

痤疮是一种毛囊皮脂腺的慢性炎症性的皮肤病，好发于青春期，主要累及面、背部。

（二）痤疮的病因、症状和危害

1. 痤疮的病因

痤疮的发生主要与雄激素及皮脂的增加、毛囊皮脂腺导管过度角化、痤疮丙酸杆菌感染及继发性炎症反应有关，还与遗传因素、免疫反应、内分泌障碍、情绪及饮食（辛辣食物、糖）等有关。

2. 痤疮的症状

男女均可发病，多发生于青春期。好发部位为面部、胸背上部等皮脂溢出的部位。皮损表现为黑头粉刺（开放性）、白头粉刺（闭合性）、炎性丘疹、脓包、结节、囊肿、瘢痕疙瘩等。痤疮病程发展慢，大多在青春期后痊愈。

3. 痤疮的危害

本病一般无自觉症状，炎症明显时有疼痛感。痤疮时轻时重，但可遗留或多或少的色素沉着、肥厚性或萎缩性瘢痕，给患者的身心健康带来较大影响。

（三）痤疮的影响因素

痤疮的影响因素包括如下四种。

一是化妆品的使用不当。

二是精神因素导致的内分泌紊乱。

三是烟、酒及辛辣食物的刺激。

四是过多食入糖、脂肪等均可促发或加重。

（四）痤疮的预防与防治

痤疮的治疗原则主要是去脂、溶解角质、杀菌及消炎。

1. 日常护理

经常用清水或温水洗涤患处，使用含硫黄的肥皂效果较好。避免挤压、抓挠等刺激。避免使用油脂及粉质过多的化妆品。多吃水果、蔬菜及富含维生素类食物，控制刺激性食物、脂肪及糖类食物摄入。此外注意劳逸结合，纠正便秘，禁用碘类药物。

2. 外用药物

外用药物治疗是痤疮的基础治疗，轻度痤疮可以外用药物治疗为主。

3. 系统用药治疗

对于中重度及重度痤疮常用的治疗方法就是系统用药治疗。

二、近视

(一)近视的定义

在调节放松状态时，平行光线经眼球屈光系统后聚集在视网膜之前，这种屈光状态称为近视。近视以视远不清、视近清为主要特征。

(二)近视的病因、症状和危害

1. 近视的病因

关于近视形成的原因，目前还未完全清楚。近视与多种因素有关，主要包括遗传因素、环境因素、不良的用眼习惯等。

遗传因素：近视往往表现出明显的家庭聚集性。父母双方或一方近视，中学生近视的机会增大。其中，高度近视的发生为常染色体隐性遗传。

环境因素：长期近距离用眼，如电子产品的长时间使用；连续用眼时间过长；持续阅读时间过长。

其他因素：户外运动缺乏、微量元素缺乏、营养成分失调及大气污染等原因。

2. 近视的症状

近视主要的表现就是视力模糊，严格来说是指看远困难。近视的人想要看清前方物体，通常需要将物体前移或靠近一点，或是经常眯眼。因此喜欢眯眼视物是近视的一大特征。

3. 近视的危害

近视会导致视力下降，眼睛视物模糊、干涩、疲劳，注意力不集中，头晕等，影响正常的学习、生活和身心健康。近视会引起眼部结构的变化，导致近视相关视网膜变性、视网膜裂孔、视网膜脱落、黄斑病等并发症，造成不可逆的视力损伤，严重的可导致失明。

(三)近视的影响因素

近视的主要影响因素有长时间持续近距离用眼、缺乏日间户外活动、不正确的读写姿势、过度使用电子产品等。

(四)近视的预防与防治

近视的预防与防治包括如下几方面。

①增强健康意识，了解防控知识。

②坚持充足的白天户外活动。保证每天进行2小时以上的白天户外活动。

③保持正确的读写姿势。读书写字时要使用合适的桌椅，有良好的照明，并保持“三个一”的正确姿势，即眼睛离书本一尺，胸口离桌沿一拳，握笔的手指离笔尖

一寸，读写连续用眼的时间不宜超过 40 分钟。[1]

④避免不良的读写习惯。不在走路时、吃饭时、卧床时、晃动的车厢内、光线暗弱或阳光直射等情况下看书、写字、使用电子产品。

⑤保证充足的睡眠和合理的营养。初中生每天的睡眠要达到 9 小时，高中生要达到 8 小时。平时应做到营养均衡、不挑食、不偏食、不暴饮暴食、多吃新鲜蔬菜。

⑥控制电子产品的使用。使用电子产品时，眼睛应与屏幕保持一定距离，屏幕亮度适中。使用电子产品 30～40 分钟后，应休息远眺 10 分钟。

⑦看不清远处的物体时，应尽快到医院进行视力检测，做到早发现、早诊断、早矫正，防止近视进一步加重。

⑧一旦确诊为近视，应尽早在医生的指导下佩戴眼镜，并定期复查。佩戴眼镜是当前矫正视力的常用方法，但具体佩戴何种眼镜应听从医生的指导。佩戴眼镜后，应坚持佩戴并继续保持良好的用眼习惯，每半年到医院复查一次。

三、脊柱侧弯

（一）脊柱侧弯的定义

脊柱侧弯是指脊柱的一个或数个节段向侧方弯曲且伴有椎体旋转的三维脊柱畸形。它好发于青少年。

（二）脊柱侧弯的病因、症状和危害

1. 脊柱侧弯的病因

脊柱侧弯的病因目前尚不明确，其发生是多种因素共同作用的结果。主要因素有神经肌肉功能、年龄、骨骼发育、创伤、遗传因素及姿势不正确等。

2. 脊柱侧弯的症状

脊柱侧弯的症状表现为：早期畸形不明显，亦无脊柱结构的变化，易于矫正，然而往往易被忽视。10 岁以后，椎体的第二骨骺发育迅速，1～2 年侧凸明显，凸侧肩高，凹侧肩低。严重者可继发胸廓畸形，胸腔容积缩小，引起气短、心悸、消化不良、食欲不振等内脏功能障碍。脊柱侧弯长期得不到治疗，可出现脊髓神经牵拉或压迫症状。

3. 脊柱侧弯的危害

由于脊柱的侧弯影响了人体骨骼的正常发育，会出现驼背、骨盆倾斜，高低肩，背不平，腿不等长，身体倾斜、扭曲等外形的异常。患者会产生自卑心理，不喜欢和他人交往，从而影响心理健康。

脊柱侧弯引起脊柱两侧的受力不平衡，可引起腰背痛，引起或加重脊柱的退行性变化，从而压迫脊髓和神经引起截瘫或椎管狭窄。脊柱侧弯会引起胸廓形状的改变及肋间肌的发育异常，造成胸腹腔容积的减小，严重影响患者的呼吸系统、消化

---

① “尺”“寸”均为已废弃的市制单位，其中一尺约为 0.3 米，一寸约为 3.3 厘米。

系统。此外，脊柱侧弯还会导致血液循环系统障碍、脊间肌肉组织的变化、神经的损伤等。

（三）脊柱侧弯的影响因素

影响脊柱侧弯自然病程的因素有很多，对于中学生，主要有两方面的因素：侧弯相关因素和生长潜能。侧弯相关因素主要指侧弯的类型及大小。侧弯的度数越大，越容易发展。生长潜能主要与性别、年龄、女生初潮年龄有关。表现在：女生比男生易发展；初诊年龄越小，越易发展；女孩在初潮前易发展。

（四）脊柱侧弯的预防与防治

脊柱侧弯的预防应做到早发现，早诊断，早治疗。

①增强健康意识，了解相关知识。中学生应认识自己的身体结构，了解脊柱侧弯的定义、病因、影响因素及危害。

②矫正身体姿势，养成良好习惯。在日常生活中，应保持正确的坐姿及站姿。

③加强体育锻炼，培养健康心理。提倡快走、慢跑、跳舞、游泳、爬山等运动，鼓励多做热身运动。在做牵拉运动时应避免过度牵拉，结合自身的情况适量运动。提高自身的调节能力，关注自身的心理健康。

脊柱侧弯的治疗目的是矫正畸形，稳定脊柱，减缓或阻止病程进展。

①运动矫正：对于轻症患者，可以通过加强肌肉锻炼纠正侧弯。

②支具治疗：适用于中学生。根据患者定做支具且每天佩戴。佩戴期间定期复查，随年龄调整支具，直至骨骼发育成熟。

③药物治疗：多为对症治疗，用于患者因脊柱侧弯出现疼痛时。

④手术治疗：手术治疗是治疗的有效手段。早期治疗效果好，但是手术难度大、创伤大且并发症多。

四、青春期高血压①

（一）青春期高血压的定义

青春期是儿童时期向成人期的过渡时期，是人的一生中除了婴儿期以外的另一个生长发育的高峰期。处于青春期的个体的身高体重迅速增长，生殖器官等逐渐发育成熟。青春期高血压是在激素分泌增多，血管等发育稍落后于心脏等的情况下出现的血压升高。随着经济的发展和现代生活方式的转变，饮食、体力活动、环境等因素发生较大的变化，我国青少年高血压的患病人数不断增加。

（二）青春期高血压的症状和危害

1. 青春期高血压的症状

青春期高血压的大部分表现为一过性血压增高。因此一般情况下无自觉症状，只有在剧烈运动、压力、紧张、焦虑或兴奋等应激状态下才会出现头痛、头晕、耳

① 田朝霞、敖炼、李红梅：《青春期高血压的研究进展》，载《全科护理》，2017(21)。

鸣、胸闷等症状，容易被本人及家长忽略而耽误早期的干预或诊治。

2. 青春期高血压的危害

青春期是中学生身心迅速变化的时期，此期高血压可能随着轨迹现象发展成成年期高血压，即随着年龄的增长，血压维持在原百分位数不变。原来血压较高的中学生，成人期后大部分人的血压仍保留在同一较高的百分位状态。同时，青春期高血压对患者的各靶器官也会造成损害。左心室肥厚是高血压导致的不良后果的突出表现，严重者甚至致残或者猝死。动脉粥样硬化和肾脏损伤也是高血压患者常见的靶器官损害，此外代谢紊乱、认知功能障碍等也是常见的并发症。

(三)青春期高血压的影响因素

1. 体重

青春期高血压与超重、肥胖相关，是排除了吸烟、饮酒等混杂因素之外的独立预测高血压的因素。肥胖对血压的影响在儿童时期已经开始发生作用，肥胖儿童患高血压的风险要高于非肥胖儿童。对于 12～18 岁的青少年来说，随着体重的增加，收缩压和舒张压均呈现增高的趋势。流行病学研究显示，超重和肥胖的中学生血压偏高的检出率明显高于体重正常的中学生，体重状态的改变对于高血压的发生有一定的影响作用。

2. 遗传因素

高血压是在有家族遗传因素的基础上，在环境因素的作用下进一步发生的。遗传因素在决定血压水平上有着重要的作用，高血压的中学生中有一半的人具有家族遗传史。血压的家族性影响在新生儿期就已经得到确认：高血压家庭的儿童较血压正常家庭的儿童更易患高血压，双亲与子女间的血压及心血管疾病的危险因素呈明显相关。在青春期，家族史阳性的中学生的收缩压、舒张压、左室质量指数、血管总外周阻力都比健康家庭的中学生要高，并且在应激反应时显示出较高的收缩压和舒张压峰值及血管总外周阻力。表观遗传学的近年研究间接表明基因与肥胖有关系，而肥胖是引起高血压的高危影响因素。

3. 激素水平因素

除去性别影响，以年龄分析，6～12 岁女孩血压的升高程度相对高于男孩。而进入青春期后，由于脑垂体分泌的生长激素、甲状腺分泌的甲状腺激素、性腺分泌的性激素、糖皮质激素等各种激素的共同作用，中学生开始突增猛长。为适应此变化，中学生的心脏也随之长大。激素水平的变化可以影响心脏的收缩功能和血管阻力，两者如不能同步适应机体的发展，会使血压升高。

4. 心理社会因素

青春期的中学生正处于叛逆的高发期，易愤怒、冲动、焦虑。考试升学等压力加之于身，可使中学生的交感神经活动加强，更容易发生情绪上的波动。体内的激素分泌不同于平常，儿茶酚胺的浓度升高，肾上腺素应激性增加，加之外周小血管收缩，外周阻力增加，从而使心率增快，心输出量增多，血压升高。此外，交感神经活动加强能够激活血小板，使血液变黏稠，形成斑块，导致脑梗死的发生。中学生在这个时期的心智逐渐接近成人，喜爱模仿成人。一些不良习惯如吸烟、饮酒、沉迷网络游戏等会对中学生造成不利影响。

(四)青春期高血压的预防与防治

青春期是走向成人期的重要一步，同时处于青春期的中学生易受到外界的影响，其心理及行为方式正趋于成熟。而吸烟和饮酒等是危害其身心健康的不良因素，因此正确的引导和教育对中学生的成长有很大的帮助。应尽力减少一些外界因素对中学生的血压变化造成的影响，准确评估其健康状况，及时制定相应措施，这对中学生的身心成长和远期预后有重要的指导作用。

1. 饮食

健康的饮食模式可以有效预防心血管病的发病。青春期的中学生生长发育迅猛，若饮食不合理，易导致营养过剩。钠的摄入过多对高血压的发展有促进作用。钾、钙等电解质的摄入量也是影响血压的因素。因此应当控制盐的摄入量，降低膳食的总脂肪，增加不饱和脂肪酸的摄入。合理的膳食搭配尽早开始，注重蛋白质、脂肪、碳水化合物的有效摄取和微量元素的补充，控制垃圾食品的摄入，养成健康的饮食习惯。

2. 体力活动

适宜的体力活动可以增强体质，减少脂肪堆积，从而避免超重和肥胖等引起高血压的危险因素造成的负面影响。适当的锻炼能降低红细胞聚集和血液黏稠度，改善血液循环，在一定程度上控制了血压的上升。同时应限制看电视、玩游戏等静坐时长，控制在每天 2 小时以内。

3. 睡眠与休息

充足的睡眠时间是中学生成长发育的保证。青春期应当促使中学生形成有序的学习和作息规律，减少应激因素等造成的血压升高。

五、营养不良与肥胖

(一)营养不良与肥胖的定义

1. 营养不良的定义

青少年的营养不良率是反映一个地区青少年保健水平的一个重要指标，也是世界共同关注的一个重要公共卫生问题。中学生营养不良包括蛋白质—能量营养不良和微量营养素缺乏。其中蛋白质—能量营养不良是由于各种原因引起的蛋白质或者热能的摄入不足，或者消耗增多引起的慢性营养缺乏病，通常用低体量、消瘦和生长迟缓反映。低体量和消瘦反映中学生急性营养缺乏，生长迟缓反映中学生长期慢性营养缺乏。

2. 肥胖的定义

近年来，随着膳食模式和生活方式的变化，我国中学生肥胖的问题逐渐增多。中学生肥胖是指由多因素引起，因能量摄入超过能量消耗，导致一定程度的明显超重与脂肪层过厚，是体内脂肪，尤其是甘油三酯积聚过多达到危害健康程度的一种慢性代谢性疾病。肥胖表现为：皮下脂肪丰满，脂肪积聚以面部、腹部、臀部及肩部为主，上下肢体肥胖，尤以上臂和臀部明显。

(二)营养不良与肥胖的病因、症状和危害

1. 营养不良与肥胖的病因

(1)营养不良的病因

①饮食习惯不良。中学生的不良饮食习惯，如偏食、挑食、爱吃零食、饮食不定时等会导致食物品种单调、膳食不平衡，多种营养素缺乏造成发育迟缓、体重减轻等。经常过量进食零食，不仅减少了正常膳食的摄入，而且影响了人体对蛋白质、脂肪的消化吸收，这是发生营养不良的原因之一。

②疾病因素。疾病影响食欲，妨碍食物的消化、吸收和利用，并增加机体的消耗。易引起营养不良的常见疾病有慢性肠炎或痢疾、各种酶缺乏所致的吸收不良综合征、肠寄生虫病、结核病、麻疹、反复呼吸道感染、慢性尿路感染等。某些遗传性代谢障碍和免疫缺陷病也可影响食物的消化、吸收和利用。

(2)肥胖的病因①

①遗传因素。遗传因素是中学生肥胖的病因之一。群体研究表明，中国及印度青少年体脂肪含量较高、瘦体重含量低；在个体研究方面，一些重度肥胖被认为是MC4R通路上的关键基因位点突变所致，从发病机制角度进一步揭示了肥胖的遗传因素作用。但是，单基因肥胖和肥胖综合征只占到肥胖发病的一小部分。肥胖被广泛认为是一种多基因的遗传病，受多基因控制；每个致病基因的作用微小但有累积效应，又受环境因素的影响。

②环境因素。生物因素、化学因素和社会因素都可成为中学生肥胖的病因。肠道菌群和病毒感染都与中学生肥胖相关。影响中学生肥胖的化学因素包括重金属、有机溶剂、多氯联苯、磷酸盐、邻苯二甲酸盐、双酚A等。这些化学毒物广泛分布在环境中，可引起中学生体内的炎症反应，加重治疗困难。社会因素包括微观因素，如家庭收入、家庭饮食习惯、父母文化水平、父母生活方式、同伴影响、学校食物供应、学校体育锻炼条件；宏观因素，如食品工业链、国家政策、城市扩张程度、交通系统、食品价格、广告效应、社会文化等。

③行为心理因素。行为心理因素能够影响能量的摄取和利用，并通过改变激素和神经传导因子影响体重、食物摄入和身体活动，进而作为病因导致肥胖。同时，

---

① 刘洋、丁海龙、闻德亮：《儿童肥胖病因学的国内外最新研究进展》，载《中国儿童保健杂志》，2014(11)。

以饮食和运动为主的行为因素被众多研究证明与中学生肥胖的发生高度相关。

2. 营养不良与肥胖的症状

（1）营养不良的症状

营养不良常有两种典型症状。一种为消瘦型，由热能严重不足引起，皮下脂肪消失，头发干燥、易脱落，体弱乏力，萎靡不振。另一种为水肿型，由蛋白质严重缺乏引起，周身水肿，眼睑和身体低垂部位水肿，皮肤干燥萎缩，角化脱屑，或有色素沉着，头发脆弱易断和脱落，指甲脆弱、有横沟，无食欲，肝大，常有腹泻和水样便。也有混合型，介于两者之间。营养不良也可伴有其他营养素缺乏的表现。

（2）肥胖的症状

肥胖多表现为头晕、嗜睡、乏力等症状，不喜欢运动，体力活动后气喘、多汗，食欲旺盛，喜食油炸甜食。

3. 营养不良与肥胖的危害

（1）营养不良的危害

①体格发育迟缓。中学生体格的正常发育离不开营养物质的支持，长期缺乏营养会导致中学生体格的发育迟缓，身高和体重也会落后于同年龄段的孩子。尤其是缺乏微量元素和维生素等营养物质的中学生，其骨骼的生长和愈合也较为迟缓。

②心理发育迟缓。长期营养不良的中学生会出现心理发育迟缓的情况。这类中学生会表现出内向，不善于处理人际交往，同时注意力不集中，对自己的情绪缺乏控制能力，进而影响将来的正常生活。

③引发各种疾病。营养不良的中学生的身体抵抗力一般会非常低下，容易引发很多的疾病。尤其是严重营养不良的中学生，还会引发包括脑膜炎、肝脏肿大、腹泻、肌肉萎缩等身体疾病。长期处于严重营养不良状态的中学生还会发生死亡的严重后果。

④影响成年后的生活和工作。营养不良的中学生的智力、体格和心理都会低于同年龄段的人。这就会导致他们成年后的工作能力障碍，个人的经济收入低，相应的生活质量差，同时也会对婚姻关系产生不良的影响。

（2）肥胖的危害

①影响心血管系统。肥胖与高血压存在密切关系。体重与血压的正相关联系在学时期就已存在，肥胖学生的血压水平显著高于正常体重学生，并随着肥胖程度的增加，血压水平显著升高。肥胖还会引起心脏结构受损及早期动脉粥样硬化。通过超声检查对心血管结构和功能的评估显示，肥胖学生心脏的每搏输出量明显增高，已发生左心室重构，左心室质量、左心室质量指数明显大于同龄正常体重学生。①

②影响内分泌系统。北京市儿童血压研究表明，儿童时期肥胖及体脂成分超标

① 张娜、张曼、何海蓉等：《我国儿童肥胖的流行现状、影响因素及健康危害》，载《达能营养中心2019年论文汇编：儿童肥胖》，2019。

的儿童，成年后发生糖尿病的风险要高于正常体重儿童；儿童时期肥胖或体脂成分超标，成年后仍然肥胖的人群发生糖尿病的风险要高于体重持续正常人群。①

青春期发育相关研究显示，女性的体重指数(BMI)和体脂肪含量与青春期早发育呈正相关；而男性 BMI 和体脂肪含量与青春期早发育的联系恰恰相反。②

青春期早发育组的 BMI 高于晚发育组，而体脂肪含量却低于晚发育组。同时，一些学者认为肥胖女性容易出现月经周期异常以及多囊卵巢综合征。③

③影响呼吸系统。哮喘与肥胖密切相关，并且随着 BMI 值的升高哮喘患者的肺功能明显下降。

肥胖学生睡眠障碍相关症状的发生率较高；肥胖学生平均每小时睡眠呼吸暂停的通气指数明显大于超重和正常体重学生；睡眠时肥胖学生的平均血氧饱和度、最低血氧饱和度均低于超重和正常体重学生。

除此以外，肥胖还会影响学生的运动及骨骼发育，对心理、行为、认知及智力产生不良影响，并可能诱发非酒精性脂肪性肝病、癌症等。

(三)营养状况与肥胖的影响因素

1. 营养状况的影响因素

(1)性别因素

几项关于儿童青少年营养不良的流行病学调查均显示，男生的营养不良检出率明显高于女生。男生、女生间营养不良率的差异明显，可能跟男生、女生的生理特点有关。④

(2)家庭因素

家庭和父母对中学生的健康有着重要的影响。父母的文化程度、职业都会对中学生的营养状况产生影响。

(3)饮食行为因素

中学生的三餐进食情况、零食、夜宵、对食物的喜好等都与中学生的营养情况相关。

(4)营养知识因素

中学生的营养知识情况会对营养状况产生影响。掌握一定的营养知识对于指导中学生的饮食行为，改善中学生身体的营养状况，避免不良因素的影响是非常重要的。

(5)体育活动因素

体育活动能够强壮体魄，特别是对于生长发育中的中学生。体育活动的时间对中学生的营养状况起着一定的作用。与体重正常的中学生相比，营养不良中学生参

---

①②③　张娜、张曼、何海蓉等：《我国儿童肥胖的流行现状、影响因素及健康危害》，载《达能营养中心 2019 年论文汇编：儿童肥胖》，2019。

④　沈平、梁慧红、张传禄等：《2012—2015 年钦州市钦南区乡镇寄宿制中学生营养不良流行趋势分析》，载《中国农村卫生事业管理》，2016(8)。

加体育活动的时间较少。

2. 肥胖的影响因素

(1)遗传因素

中学生肥胖的发生有较明显的遗传倾向，基础代谢率、食欲和饮食行为等亦有很强的遗传倾向。肥胖是许多具有较小作用基因的作用相加结果，属多基因遗传。肥胖发生的机制涉及基因、基因受体以及摄食、能量消耗、脂肪合成等环节中的多种神经、内分泌激素和细胞因子的相互作用。

(2)母亲孕前营养及儿童早期营养状况

母亲孕前营养与其子女的肥胖有着密切的关系，孩子发生肥胖的概率与母亲怀孕前 3 个月的肥胖有关联。同时，怀孕前肥胖的母亲所生的孩子发生肥胖的概率更大。低出生体重儿及儿童时期营养低下与成年后肥胖、心血管病等慢性疾病的发生有关。此外，儿童时期的肥胖与青少年时期及成年后的肥胖有着密切的关联性。

(3)社会因素

家庭经济收入、父母的受教育程度、父母职业、周围交通状况、食品企业的生产和销售以及其他的可选择的健康食品等因素均与子女肥胖的发生密切相关。父母与子女肥胖的关系受遗传和共同的生活方式的双重影响。父母肥胖影响子女肥胖体型的持续性，家庭生活的质量、家庭成员的关心也与子女的肥胖密切相关。同时，学校是中学生除家庭外第二个能够有规律、较长时间身处的环境，因此学校环境为营养教育和体力活动的开展提供了便利的条件。良好的学校饮食与体力活动环境，以及正确、充分的健康教育，能够在一定程度上减少中学生肥胖的发生。

(4)环境因素

随着社会经济的发展，中学生摄入的饮食开始向高脂肪、高糖、高盐和高能量转变，同时中学生有更大的机会摄入更多的含糖饮料。这些不健康的饮食环境因素都与中学生肥胖的发生有着密切的关系。同时，不健康的饮食行为，包括咀嚼不充分，进食速度快，非饥饿状态下进食，不吃早餐，吃夜宵均与中学生的肥胖相关。此外，静坐时间过长，长时间看电视和玩电子游戏，或长期不参加户外体力活动，会促进中学生肥胖的发生。

(四)营养不良与肥胖的预防与防治①

1. 营养不良的预防与防治

①针对中学生开展营养卫生的健康教育。要求做到平衡膳食，合理营养。食物要多样化，粗细搭配，各种营养的比例适中；多吃蔬菜、水果和薯类；常吃奶类、豆类和豆制品；常吃适量的鱼、禽、蛋、瘦肉，少吃肥肉和荤油。

②纠正中学生不良的饮食习惯，一日三餐定时定量；不偏食和挑食；少吃或不吃零食。

---

① 余艳红：《预防中学生营养不良的健康教育对策》，载《中国健康教育》，2002(8)。

③凡有集体就餐的学校要逐步开展营养午餐，无集体就餐的学校要逐步开展课间餐。学校还应安排有专业知识的人员对炊管人员进行营养卫生知识的指导。

④定期查治患病中学生，观察其疗效，对其检查频率不得少于每年一次，应及时将体检结果通知家长，以取得家长的支持和配合。对患有轻度营养不良的中学生，学校应与家长合作，进行膳食指导；对患有中重度营养不良的中学生，学校应通知家长，去医院就诊。

⑤防治消化道感染和呼吸道感染，提高免疫力，并定期对中学生进行肠道寄生虫病的普查，每年不得少于一次。

2. 肥胖的预防与防治

(1)改变饮食结构和饮食行为

为了防治中学生肥胖，必须控制中学生每日摄入的总能量，尤其要减少容易转化为人体脂肪的产热营养素摄入量。首先要逐步减少进食量，使所摄食的总热能与按身高所需热能相平衡。主副食搭配要适当，少吃高油食物，如油煎食物、炸薯条、汉堡包、奶油蛋糕、冰激凌、巧克力、炸油条以及花生米、葵花籽等；少吃高淀粉类及高糖类食品，如土豆、烤薯片、白薯粉条、水果糖、白糖、可乐饮料、果汁等。选择较少转化为脂肪的、含蛋白质较高的食物，如瘦肉、鱼、豆制品；选择含膳食纤维素较高的食物，如蔬菜、水果等。在饮食行为方面，避免过快进餐；禁止睡前进餐；安排好早餐；限制“洋”快餐；限制零食；防止偏食；控制甜食。

(2)参与体力活动和减少静息生活方式

推荐中学生每天至少运动(中等到高强度运动)1 小时。同时减少中学生静息生活的时间，建议每天看电视、电脑和玩电子游戏的时间不超过 2 小时。看电视对中学生能量摄入的影响包括三个方面：一是长时间沉溺于看电视而减少了参与其他高强度体力活动的机会和时间，从而影响到中学生的能量消耗；二是看电视时伴随的食物能量摄入增加；三是电视食品广告和电视节目中大量涉及食品的节目内容影响中学生健康饮食观念和饮食行为的形成，从而影响中学生的食物选择和食物消费。可见，适量运动和减少静息生活方式对预防中学生肥胖有着重要的意义。

(3)家长参与

鉴于家长是中学生饮食结构和饮食行为的主要调控者，因此家长是中学生肥胖管理的主要参与者之一。父母的体重直接影响中学生的体重和中学生的生活方式。因此，家长参与是中学生肥胖管理的基础，在预防中学生肥胖中具有重要作用。家长亲自参与子女的肥胖防治，改变家庭中易产生肥胖的多种环境，如减少肥胖子女对食物的视觉效应；减少家庭环境中不健康食物的存在；和子女一道进行户外活动，并督促子女运动；限制购买能量高的食物及零食，并对子女积极主动的行为改变给予奖励。

(4)中学生肥胖的治疗

在中学生肥胖预防和治疗时，日常能量限制、增加运动量和减少久坐时间等措施都应以不影响中学生正常成长和发育为前提。因此，基于这些因素，体重维持通常是一个合适的目标，而不是减肥。大幅度减重适合于后青春期的极度肥胖患者。在某些特定情况和严密监督下，对肥胖中学生可采用抗肥胖药物和减肥手术。

第三节 公共传染病与公共卫生教育

一、近年来的公共传染病及其危害

(一)传染病的分类

根据《中华人民共和国传染病防治法》，我国目前的法定报告传染病分为甲、乙、丙三类。

甲类传染病是指鼠疫、霍乱。

乙类传染病是指传染性非典型肺炎、艾滋病、病毒性肝炎、脊髓灰质炎、人感染高致病性禽流感、麻疹、流行性出血热、狂犬病、流行性乙型脑炎、登革热、炭疽、细菌性和阿米巴性痢疾、肺结核、伤寒和副伤寒、流行性脑脊髓膜炎、百日咳、白喉、新生儿破伤风、猩红热、布鲁氏菌病、淋病、梅毒、钩端螺旋体病、血吸虫病、疟疾。

丙类传染病是指流行性感冒、流行性腮腺炎、风疹、急性出血性结膜炎、麻风病、流行性和地方性斑疹伤寒、黑热病、包虫病、丝虫病，除霍乱、细菌性和阿米巴性痢疾、伤寒和副伤寒以外的感染性腹泻病。

(二)国际公共卫生紧急事件

国际公共卫生紧急事件(Public Health Emergency of International Concern，PHEIC)是指通过疾病的国际传播构成对其他国家公共卫生风险，并有可能需要采取协调一致的国际应对措施的不同寻常的事件。2003 年发生的非典型肺炎(SARS)是 21 世纪第一次全球公共卫生突发事件，也是在此次事件中公共卫生安全、全球协作得到深度重视。2007 年，《国际卫生条例(2005)》颁布。自该条例颁布以来，世界卫生组织宣布的国际公共卫生紧急事件包括甲型 H1N1 流感疫情、脊髓灰质炎疫情、“寨卡”疫情等。

二、学校、家庭、公共场所的正确防范措施

作为人群密集场所的典型代表，学校如果出现传染病，很可能会产生大范围传播，同时学校也是仅次医院的主要上报机构。美国、澳大利亚、意大利等国家通过建立标准、提高青少年疫苗接种率、加强学校管理人员的传染病防控培训等方式，有效促进了学校传染病的防控。我国学校卫生工作起步于 20 世纪初，现已基本形成体系。目前学校卫生在传染病防控方面的主要措施包括：学校卫生基础建设，如卫

生人员的配备、卫生基础设施的建设与监督等；学校传染病早期预警，如入学体检、晨午检及缺课追踪制度、传染病的及时发现与上报等；防止疫情扩散流行，如传染病流行期间的消毒、隔离与治疗、预防接种与监测等；日常健康教育，如入学健康教育、季节性传染病的健康教育。一些学者提出，对于学校传染病防控，日常学校管理中应重点加强的工作包括：入学体检病注重疫苗接种；配备专业卫生人员，并定期对学生和家长开展传染病知识培训；加强日常症状和缺课监测，尽早发现传染病苗头；日常注重开窗通风、用手卫生等措施，预防传染病发生；学校发生传染病时应该及时上报，并配合专业部门防控。

以肺结核为例，肺结核易在聚集性群体中传播。出现咳嗽、咳痰 2 周以上等症状，须及时就诊，并向学校报告。肺结核是严重危害身体健康的慢性传染病。肺结核主要通过病人咳嗽、打喷嚏、大声说话等产生的飞沫传播，人人都有可能被感染。规范全程治疗，确保绝大多数患者可以治愈，还可避免传染他人。出现肺结核可疑症状或被诊断为肺结核后，应当主动向学校报告，不隐瞒病情、不带病上课。不随地吐痰，咳嗽、打喷嚏时掩口鼻，戴口罩可以减少肺结核的传播。养成勤开窗通风的习惯。保证充足的睡眠，合理膳食，加强体育锻炼，提高抵御疾病的能力。

家庭成员生活在一起，接触密切。在传染病流行期间，家庭防控应做到：勤开门窗，保持空气新鲜；勤湿扫、湿擦，保持室内整洁；消灭蚊、蝇；保证厨房卫生与食品安全；避免有病患串门；传染病人坚持隔离。

公共场所作为公众活动、购物、消费的人员聚集场所，是传染病传播的重要场所和媒介。在传染病流行方面，公共场所具有人群密集、流动性大、设备物品重复使用、健康与非健康个体混杂、人员素质参差不齐等特点。公共场所在传染病防控中应该做到：了解国家和当地疫情政策，密切关注公共场所疫情防控要求；公共场所经营单位的入口处设置测温点，张贴标识，设立隔离区域；公共场所经营单位店内醒目位置张贴卫生许可证、卫生信誉等级标识和卫生质量检测报告；疫情防控期间根据防疫等级实行预约服务等限流、分流措施；住宿、生活美容等场所取消双客一屋服务等；加强室内通风；住宿、美容美发、浴池等场所设置严格的消毒制度；加强清扫保洁；严格预防性消毒工作；严格垃圾分类管理；加强空调通风系统运行管理；加强电梯管理；加强防控物资管理等。

思考与练习

1. 简述健康的概念与影响因素。
2. 中学生常见的疾病有哪些？
3. 常见传染病有哪些？
4. 如何引导中学生预防近视？

第四章　中学生生理发育与青春期保健教育

本章导读

中学生正处于青春期这一重要发展阶段，中学生的生理发育发生重大变化，向其普及生理发育知识，并对其进行青春期保健教育应为基础教育的重要一环。本章的学习目标是了解青春期的概念以及青春期的发展阶段，了解男生、女生的身体发育差异，掌握中学生的生理发育特点及规律。本章应重点掌握青春期生理卫生相关的保健知识，引导中学生正确看待青春期的生理变化并养成良好的卫生习惯。

第一节　青春期生理健康概述

一、青春期的概念

“青春期”一词出自拉丁语“Puberfas”，是“具有生殖能力”的意思，是针对个体生殖器官功能逐渐成熟和第二性征的出现而言的。青春期是一个动态的概念，在这一阶段，人在身体上迅速长高、生理上迅速成熟、智力上开发潜能，以及行为上管理能力以及对于同龄人观点的感知能力等方面都以独特的方式得到发展。因此，要科学、准确地理解中学生的行为变化，我们需要先从青春期的生理概念、青春期的心理概念以及青春期的社会概念这几个方面多维地来理解青春期这一概念。青春期的心理概念是指人的心理发展逐渐走向成熟，并且个体身心成长、自我意识逐渐形成的时期。青春期的社会概念是个体基本完成由自然人到社会人的转化，最终成为符合社会要求的一员的重要时期。关于青春期年龄段的划分，目前大多数机构包括世界卫生组织和学者都赞同的年龄段为 10～20 岁。

青春期保健教育是指导学生在生理、心理和社会三个方面达到健康，最终让学生成长为一个自信、健康、快乐的个体的教育。青春期保健教育涉及性别发展、身体特征、生殖健康、人际交往等多个方面，同时涵盖了生物学、社会文化学、心理学等学科知识，是人格健康发展的重要一环。

二、青春期的发展阶段

青春期生理发育约需 10 年时间，世界卫生组织将青春期的发展阶段分为两期：一是青春期前期(10～14 岁)，为生长发育的突增期；二是青春期后期(15～20 岁)，为生长发育的缓慢期。根据青春期不同阶段的生长发育特点，一般可把青春期划分为青春期早期、青春期中期和青春期晚期三期。本书根据青春期生理、心理、社会行为特征及性教育实施的需要，采用三期的划分方式。

(一)青春期早期

此时期自性器官和第二性征开始发育，直至女生出现月经初潮，男生出现首次遗精。其表现是体格生长突增，身高和体重迅速增加。年龄因人而异。一般约持续 2 年。

(二)青春期中期

此时期以性器官及第二性征迅速发育为主，以女生出现月经初潮，男生出现首次遗精为该时期的开始，以第二性征发育成熟为止。年龄因人而异。一般持续 2～3 年。

(三)青春期晚期

此时期自性器官、第二性征发育成熟至生殖功能完全成熟为止。其表现是人的体格生长速度逐步减慢，直至骨骺完全融合；女生在这个阶段开始出现周期性月经，社会心理发展过程加速。年龄因人而异。通常持续2～3年。

三、男生、女生身体发育的差异

(一)体格发育的差异

在神经、内分泌系统的统一调控下，进入青春期的学生生长发育明显加速。随着生殖系统的发育和第二性征的出现，男生、女生在体格发育方面的差别，可通过长度、重量、围度等各种指标的变化进行观察、衡量和评价。最常用的指标是身高，因为身高是以骨骼生长为基础的，具有准确、稳定、测量简便等优点。

1. 身高

(1)生长突增

生长突增的出现，通常提示了儿童开始进入青春期。男生、女生在突增起止的早晚、突增的幅度与突增的侧重部位等方面都存在明显的差异。突增开始的年龄不一样，女生比男生早2年左右，女生在9～11岁开始，男生为11～13岁。突增的幅度也不一样，男生每年可增长7～9厘米，最多可达10～12厘米，在整个青春期身高平均增加28厘米；女生每年约增长5～7厘米，最多可达9～10厘米，在整个青春期约增长25厘米。正因为男生的生长突增开始年龄晚，骨骼停止生长的时间也相应晚，加上突增的幅度又较大，到成年时，男生的平均身高一般就比女生高10厘米左右。

(2)男生、女生生长曲线的两次交叉现象

由于女生生长突增开始的年龄比男生早，若从身高的时间曲线看，女生在9～10岁的平均身高超过男生，出现了第一次交叉，交叉后女生的平均身高超过了同龄的男生。当女生过了生长突增的阶段，男生的平均身高又超过女生，此时为12.5～13.5岁年龄段，男生、女生两条生长曲线就出现了第二次交叉。

2. 体重

体重是指组成人体各组织器官的总成分，分为脂肪成分和非脂肪成分两大类。前者称为体脂量，通常指全身所有脂肪组织，大部分储存在皮下组织里；后者称为瘦体重或称去脂体重，包括全身的骨骼肌肉和各种内脏器官及神经、血管等。青少年的体重增长主要源于肌肉的增加、骨骼的生长、脂肪的增多以及内脏器官的增大。青春发育期男生、女生的人体成分总量都在增加，但各成分增加的比例有明显的性别差异。由于雌激素有促进脂肪组织沉积的作用，女生的体脂量在整个青春期都是持续增加的。男生因为主要分泌有明显促进肌肉组织发育功能的雄激素，加上骨骼长而粗，故瘦体重增加时间长且迅速。与身高增长相比，青少年体重的增加相对不是那么明显，但其增长的时间比身高长，变化幅度也比较大，并且在性成熟后体重仍在继续增长。指出，我国男生在 13～15 岁的体重增加最为迅速，平均每年增重 5.5 千克，14 岁是增长高峰，15 岁以后增长速度迅速下降；女生在 11～14 岁的体重增加最快，平均每年增重 4.4 千克，12～13 岁是增长高峰，14 岁以后增长速度迅速下降。九年级以后，男生、女生的体重一般可接近成人。但高中阶段不是停止生长，只不过是增长的速度减慢了。

3. 胸围

胸围是指人体胸部外圈的周长，胸围分为上胸围和下胸围。通常上胸围是指胸部乳房最饱满处的周长，下胸围是指乳房基底处的胸围。胸围在青春期存在突增阶段，但也存在一定的性别差异。总体来看，因男生的生长期长，胸围突增的幅度大，男生胸围的发育水平在整个青春期一直超过女生。我国男生在 11～15 岁的胸围增加最为迅速，平均每年增加 3.4 厘米，14 岁是增长高峰，16 岁以后增长速度迅速下降；女生在 10～15 岁的胸围增加最快，平均每年增长 2.4 厘米，12～13 岁是增长高峰，15 岁以后增长速度迅速下降。无论是男生还是女生，19 岁时的胸围都接近成人水平。

4. 四肢

在生长突增初期，上、下肢增长最快。在下肢的生长过程中，足长首先加速增长，一般在 14～15 岁最早停止生长；此后为腿，再大腿。因此，在四肢的其他部位发育起来之前，手和脚看起来有些大得不成比例，这种生长的不同步性导致青少年笨拙的动作和外表。青春期男生和女生的四肢生长也存在一定的性别差异，女生的上肢骨和下肢骨也都比男生短。

(二)内脏器官的差异

青春期发育开始后，各内脏器官和系统的生理功能也发生了相应的变化。在形态发育与功能发育的相互促进下，身体的发育渐趋成熟。男生、女生在内脏器官方面的差别，可从运动、心血管、呼吸等系统各种指标的变化进行观察、衡量和评定。

1. 运动系统

运动系统是由骨、骨连接和骨骼肌三部分组成的。骨骼借关节相连，构成人体支架。骨骼肌附着于骨，在神经和体液调节下进行收缩和舒张，产生各种运动。青春期运动系统的发育包括形态发育和机能发育两方面。骨在青春期的发育是人一生中变化较大的一个方面，包括变长和增粗，其中上、下肢骨的变化最为明显。由于下肢骨和脊椎骨决定人的高矮，青春期下肢骨和脊椎骨的发育特别迅速，所以身高增长快。人的身高，十七八岁前主要靠下肢骨的发育，十七八岁以后靠脊柱的发育。女生的身高发育多在 19 岁停止，至多 23 岁；男生的身高发育停止多在 23 岁，个别可到 26 岁。

青春期也是肌肉发育最迅速的时期，随着有规律的体育锻炼，肌肉越来越发达。

青少年体重的增加，约有一半是由于肌肉的增长。同时，肌肉的运动素质也迅速提高。运动素质一般以肌力为代表，包括握力、背肌力、肌耐力等。青春期男生、女生都有一个明显的突增阶段，女生的突增开始年龄是 10～11 岁，男生的是 12～13 岁，男生的突增幅度明显超过女生。12 岁前男生的各项运动指标仅略高于女生，13～18 岁期间男女差别才迅速扩大。青春期的运动素质发展与体育锻炼程度密切相关。各项素质的发展顺序大致如下：速度、速度耐力、腰腹肌力量先发展，其后是下肢爆发力，而臂肌、静止耐力发展较晚。男生、女生之间的运动素质发展方面存在一定的性别差异，男生在速度、力量、耐力等方面超过女生，而女生则以柔韧、协调及平衡性方面见长。因此，在制订体育锻炼计划和安排劳动时，男生、女生应有所区别。女生应加强锻炼，尽量避免这种不利因素。

2. 心血管系统

心血管系统包括心脏和全身血管。青春期心血管系统的发育体现在两个方面：一是心脏的发育；二是心率和血压的发展。从心脏的发育来看，心脏的重量在青春期可达出生时的 10 倍；心脏的总容积也在成倍地增长，为初生时的 12 倍；心脏的位置上从儿童期的水平位转变为直立位，心脏喷射血液时的阻力大为减少。青春期男生、女生在心脏的形态结构和功能发育方面存在一定的性别差异。男生的心脏功能发育从 9～10 岁开始，而形态结构发育从 11～12 岁开始，功能发育早于形态结构。而女生则同步发育，且分别在 9～10 岁及 13～14 岁出现发育高峰期，呈现双峰状态。[①] 女生心脏的重量、容积均比男生小，女生的心输出量较男生低 10%左右。

心率与血压是测定心血管系统功能的指标。青春期心率的特点是心率和脉搏减慢。新生儿在安静时的心率为平均每分钟 120～140 次；8～14 岁为 70～90 次；16 岁以后为 72 次，达到成人水平。青春期男生的心率低于女生的心率。从血压上看，青春期由于心脏收缩力的增强，血管内径又相对较小，再加上内分泌激素等的影响，因此血压随着年龄的增长而逐步上升，10 岁左右的血压为 90～110/60～75 毫米汞柱；18 岁时为 120/80 毫米汞柱，已达成人水平。青春期男生的血压高于女生的血压。

3. 呼吸系统

呼吸系统包括上呼吸道和下呼吸道两部分。上呼吸道包括鼻、咽、喉等；下呼吸道包括气管、支气管和肺。青春期呼吸系统的发育体现在两个方面：一是肺的重量的增加；二是肺的呼吸机能的增强，即肺活量的增大。从肺的发育看，10 岁前，儿童肺的发育主要表现为肺泡数目的增加。12 岁时，儿童肺的重量是初生婴儿肺的重量的 9 倍，此时肺的呼吸功能也较之增强。青春期女生肺的重量大小平均值在任何年龄阶段都低于男生。

---

① 吕媛媛、陈贻珊、刘大庆等：《7～14 岁儿童青少年心脏形态结构功能发育特点及评价敏感指标筛选》，载《北京体育大学学报》，2017(4)。

肺活量是指在最大吸气后做尽力呼气时所能呼出的气量，是表示呼吸功能的一个指标。一般来说，个体 12 岁左右的肺活量为 1400 毫升，15 岁左右达到 2000～2500 毫升，22 岁达 4800 毫升。因此肺活量随年龄的增加而增大。在整个生长期中，男生的肺活量始终大于女生，而且差别越来越大。女生 13 岁时的肺活量约为男生的 92%，18 岁以后女生肺活量只有男生的 70%左右。在肺活量的增长年龄阶段上，男生、女生存在较明显的性别差异。一般而言，男生在 12～13 岁时的肺活量增长开始加快，19～20 岁时趋于稳定，接近或达到成年男子的肺活量；女生的肺活量增长得较为平稳，到 15 岁时增长的速度逐渐减慢，18～19 岁后趋于稳定，接近或达到成年女子的肺活量。

由以上青春期男生、女生身体发育的特点可以看出，男生的身材高大，肩宽背厚，肌肉坚实有力，腿长且细，心、肺等内脏功能均较女生强。因此，他们更适合于参加运动量大的活动。而女生的身材较矮，皮下脂肪厚，骨盆大，重心低，肌肉力量、内脏功能较弱，但女生的韧性好，平稳能力强。所以，女生适合参加艺术体操、技巧及保持身体平衡等的活动。

第二节　中学生的生理发育特点及规律

心理素质与身体素质两者之间有着密不可分的关系。良好的身体素质是保证中学生心理处于健康状态的前提，同时有助于中学生良好心理状态的提升。充分掌握中学生的生理发育特点及规律，提高中学生的身体素质才能保证中学生的心理健康。中学生生理发育的一般规律包括：阶段性和顺序性、速度的不均衡性、时间顺序性与统一协调性等。

一、中学生生理发育的阶段性和顺序性

(一)中学生生理发育的阶段性

生理发育是一个连续过程，由不同的发育阶段组成。根据这些阶段的特点，加上生活、学习环境的不同，我们可将中学生的生理发育过程划分成如下几个年龄期。

1. 胎儿期

从精子和卵子结合、新生命的开始，直到儿童出生统称为胎儿期。

2. 婴儿期

自出生至 1 岁为婴儿期。婴儿期是出生后生长发育最为迅速的一个时期。新生儿期是婴儿期的一个特殊时期，指从胎儿娩出、脐带结扎至满 28 天这一时期，是胎儿出生后生理功能进行调节而适应宫外环境的时期。

3. 幼儿期：1～3 岁

此时儿童的生长速度稍减慢但活动范围增大，接触的周围事物增多，故智能发

育较快，语言、思维和交往能力增强。

4. 学龄前期：3～6 岁

儿童在此阶段的体格发育速度减慢，智能发育加快，每年体重约增加 2 千克，身高约增加 5 厘米，智能发育更趋完善，好奇多问，模仿性强。

5. 学龄期：6～12 岁

此时期儿童的体格稳步发育，除生殖系统以外的其他器官发育到本时期末已接近成人水平。

6. 青春期

从第二性征出现到生殖功能基本发育成熟、身高停止增长的时期称为青春期。女孩一般从 11～12 岁到 17～18 岁，男孩从 13～14 岁至 18～20 岁，但个体差异较大。

中学时期即相当于上述年龄分期的青春期，是身体急骤增长、知识迅速积累、智力迅猛开发、人生观和世界观初步形成的关键时期。教育工作者必须高度重视这个关键时期，充分掌握中学生的身心发展特点，有针对性地开展各种有益的活动，有的放矢地进行教育，使其生理发展与心理成熟协调平衡，充分发挥其聪明才智，促使其成为具有一定的思想观点、文化知识与评价能力的独立的社会成员。当然，生理发育的年龄分期虽然反映了个体生理发育过程中的阶段性，但各个年龄期之间并没有明显的界限，生理发育过程实际上是连续性与阶段性的统一。

（二）中学生生理发育的顺序性

生理发育有一定的顺序，各阶段间保持顺序衔接。前一阶段的发育为后一阶段奠定必要的基础；任何阶段的发育出现障碍，都将对后一阶段产生不良影响。生理发育一般遵循由上到下、由近及远、由粗到细、由低级到高级、由简单到复杂的规律。

1. 胎儿和婴、幼儿期发育遵循头尾发展律

从生长速度看，胎儿期头颅生长最快，婴儿期躯干增长最快，2～6 岁期间下肢增长幅度超过头颅和躯干。因此，儿童的身体比例不断变化，由胎儿 2 个月时特大的头颅、较长的躯干、短小的下肢发展到 6 岁时较为匀称的比例。从动作发育看，儿童会走路前必须先经过抬头、转头、翻身、直坐、爬行、站立等发育阶段。手部动作发育的规律性更明显，手部精细动作（写字、画图等）要到 6～7 岁才基本发育完善。

2. 学龄前期、学龄期和青春期发育遵循向心律

身体各部分的形态发育顺序是，下肢先于上肢，四肢早于躯干，呈现自下而上，自肢体远端向中心躯干的规律性变化。青春期足最早开始生长突增，也最早停止生长；足突增后小腿开始突增，然后是大腿、骨盆宽、胸宽、肩宽、躯干高，最后是胸壁厚度。上肢突增的顺序依次为手、前臂和上臂。手的骨骺愈合也由远及近，顺

序表现为指骨末端—中端—近端，掌骨—腕骨—桡骨、尺骨近端。从生物力学的角度来说，这也是符合向心律的。如同生物学所说的结构与功能相适应，负荷量和强度最大的是下肢，依次是上肢和躯干，向心律恰好适应上述功能的需要。

二、中学生生理发育速度的不均衡性

（一）身高、体重发育速度的不均衡性

人体的生理发育并非匀速进行，而是快慢交替，生理发育速度曲线呈波浪式。在了解这些变化的同时，要科学地进行体育锻炼，不断增强体质，提高机体的生命力。从胎儿到成人，先后出现两次生长突增的高峰：第一次高峰是从胎儿4个月至出生后1年。第二次高峰是在青春期开始后生长速度再次加快。①

按性的成熟，青春期又可分为三个时期：①前青春期或预备期；②青春期，即性逐渐成熟时期；③后青春期，这个时期达到完全的性成熟。初、高中学生正值青春期和后青春期，青春期是人体生长发育的重要时期。在这一时期，生理发育的快慢与好坏，直接影响着成年体格、体型、生理机能、内分泌以及心理智能方面的发展。因此必须把握生长高峰期的机会，进行合理膳食并进行适当的体育锻炼，以充分实现身心健康的发展。

（二）身体各器官发展的不均衡性

人体各器官系统在生长发育过程中，并不是同时开始、同时结束，而是开始有先有后，结束也有迟有早，一般到18～20岁达到成熟。出生后神经系统尤其是大脑最先发育，新生儿的脑重约是成人脑重的25％，6岁时约达成人的90％，12岁时已接近成人的脑重。此后到成熟期，结构和机能上始终是发育的。身体的其他系统如运动、呼吸、消化、泌尿等系统的发育则与身高、体重的发育相似。淋巴系统的发育在10岁左右达到高峰，以后逐渐下降。这说明儿童在10岁左右已获得了相当的免疫力。生殖系统的发育在儿童出生后的第一个10年内几乎没有变化，而在青春发育期开始后才迅速发育。

需要注意的是，人体生长发育过程是受多种因素影响的。遗传素质是人的发展的前提条件，为人的生长发育提供了可能性。同时后天环境因素也会影响着人的发育的进程以及生长发育所能达到的程度，如营养、睡眠、体育活动、地理位置、父母文化程度等多种因素。例如，发达地区的学生相对于中等发达地区的学生由于学习压力较轻，从事体育运动的时间相对较长，其身体形态发育水平较高。中学生正处于生理发展的关键时期，教师、家长都应该加强营养卫生保健工作，同时教育行政部门要改革现行的招生、考试及教育评价制度等以促进学生身心的健康发展。②

---

① 张福建、时军：《中学生的生理发育与健康教育问题》，《山东教育科研》，1994(5)。

② 万琼、徐开蒙、邓辉：《湖北省城市中学生形态发育状况与发达地区的比较分析》，载《中国学校卫生》，2007(9)。

(三)各系统生长模式的时间顺序性与统一协调性

人体当中有神经系统、消化系统、循环系统、呼吸系统、泌尿系统、内分泌系统、免疫系统、生殖系统八大系统。这八大系统并不是同时发育的，它们的发育遵循着一定的规律，存在各自的特点，从而使人类更好地适应环境。其中神经系统发育较早，淋巴系统在儿童期迅速增长，在青春期达到高峰，后逐渐下降到成人水平；生殖系统发育较晚而其他系统的发育与体格的发育平行。虽然各系统发育并不同步，但也存在一定的统一协调性："人的神经系统是一个精密复杂的网络，通过各种信息处理模式，协调控制功能，使人体表现出完整的统一性和对外界环境的良好适应性。"①

1. 神经系统

神经系统包含中枢神经系统和周围神经系统，其中中枢神经系统包含脑和脊髓，周围神经系统包含脑神经和脊神经。神经系统发育较早，在胚胎着床时期先形成神经系统且脑的发育最为迅速。新生儿出生后约至 12 岁时，脑重已接近成人的脑重。而神经细胞的分化于 3 岁基本完成且趋近于成熟，在 8 岁时发育水平已接近成人。此外，脊髓的发育在出生时已较为成熟，脊髓的成长和运动功能的发育相平行。进入青春期后，脑的内部结构和机能不断分化和发展，并日趋成熟；大脑皮层的兴奋和抑制逐步趋于平衡，抽象思维能力增强。② 因此中学生一定要注意合理科学用脑，不熬夜，养成良好的作息习惯，以促进脑部的健康发展。

2. 消化系统

消化系统由消化道和消化腺两部分组成：消化道由口腔、咽、食道、胃、小肠、大肠、肛门构成。消化腺包含唾液腺、肝脏和胰腺等。在幼儿期，消化系统发育不成熟。由于儿童代谢旺盛，对营养物质的需求多，因此容易造成消化紊乱和营养缺乏。随着青春期的到来，中学生的体格发育迅速，消化系统发育也趋于成熟。此时中学生对营养物质的需求很大，若部分中学生养成了暴饮暴食或者不合理的饮食习惯，就会埋下消化系统疾病的隐患。因此中学生要注意合理膳食、均衡营养，以促进自身更健康地发展。

3. 循环系统

循环系统是分布于全身各部的连续封闭管道系统，包括血液循环系统和淋巴循环系统。血液循环系统包括心脏、肺部、动脉、静脉和毛细血管。血液循环系统内流动的是血液。心脏在胚胎初期成型且年龄越小，心率越高，后期心脏逐渐发育成熟。在青春期，心血管系统的生长发育与身高、体重的增加同时进行。心脏的发育高峰期与身高的增长高峰期一致。心脏的发育速度较慢，并落后于血管。男生、女

---

① 袁彩霞：《人体神经系统的研究与启示》，载《中国医学影像技术》，2003(S1)。

② 王海臣：《人体生理卫生教学中渗透青春期健康教育知识》，载《生物学教学》，1999(5)。

生的心率在青春期随年龄的增加而下降，血压和肺活量随年龄的增加而升高。① 淋巴循环系统由淋巴组织构成，淋巴组织对人体起保护作用。淋巴循环系统内流动的是淋巴液，淋巴液的总量甚至超过了血液。学龄前期儿童淋巴组织发育旺盛，6 岁就能达到成人水平，到了青春期前后则为成人的 2 倍，后逐渐恢复到成人水平。有的青少年在发育期内，由于自身植物性神经调节机能欠稳定，可能出现暂时性血压增高较多的现象，即所谓“青春期高血压”。因此中学生应特别注意心脏的卫生保健，在保持轻松愉快的心情，不过度紧张和过度疲劳，学会劳逸结合，调整自我的同时也要进行适当的体育锻炼，强身健体。

4. 呼吸系统

呼吸系统包含鼻、咽、喉、气管、支气管和肺。在幼儿期，儿童的呼吸系统发育不完全，气管和支气管腔比成人窄，分泌的黏液不足。这使得该时期的儿童易患感冒、支气管炎等呼吸道疾病。同时幼儿期儿童的肺泡容积较小；因此肺活量较小；且儿童的喉腔较窄，声带较短，所以声音比较尖。进入青春期后，肺的功能增强，肺泡容积增大，肺活量显著增加；声带长度发生改变，从而出现“变声”。一般男生的声带长于女生，故青春期后男生的声音较为低沉，女生的声音较为尖锐。中学生应适当加强体育锻炼以期心肺能得到更好的发育，且在平时交谈时注意对声带的保护，不大喊大叫，不长时间使用嗓子。

5. 泌尿系统

泌尿系统由肾脏、输尿管、膀胱及尿道组成，其主要功能为排泄。肾单位是肾结构和功能的基本单位，每个肾单位都包括肾小球、肾小囊和肾小管三个部分。人体通过肾小球和肾小囊的过滤作用以及肾小管的重吸收作用就形成了尿液。肾脏在婴儿期就具备了完整的功能，但是结构仍然没有发育完全。肾脏的发育与生长发育同时进行，进入青春期发育较迅速，后逐渐趋于成熟。中学生应注意泌尿系统健康，不憋尿，注意卫生清洁。

6. 内分泌系统

内分泌系统是由内分泌腺、内分泌组织以及分布于其他器官的内分泌细胞三部分组成。内分泌系统主要与人体的体液调节有关。不同阶段人体中内分泌系统所分泌的激素的种类和含量都是不同的。青春期人体生理方面的巨大变化，主要是体内多种内分泌腺共同作用的结果。例如，由脑垂体分泌的生长激素能够促进青少年身高的增长、骨的生长；甲状腺分泌的甲状腺激素可以促进青少年骨的成熟；性腺分泌的性激素增多，从而促进青少年第二性征发育。② 内分泌系统失调可能会导致侏儒症（生长激素分泌不足）或者巨人症、肢端肥大症（生长激素分泌过多）等疾病。因此中学生要形成良好的生物钟，确保营养均衡，加强锻炼，以防止内分泌系统发生

---

① 张月、赵姬姬：《青春期儿少生长发育规律与体育教学和训练》，载《体育世界·学术版》，2011(10)。

② 邹延艾：《青春期的生理特点》，载《中国学校体育》，1994(3)。

紊乱。

7. 免疫系统

免疫系统是机体执行免疫应答及免疫功能的重要系统，由免疫器官、免疫细胞和免疫活性物质三部分组成。免疫系统能够与机体其他系统相互协调，共同维持机体内环境的稳定和生理的平衡。免疫器官由中枢免疫器官（骨髓和胸腺）和外周免疫器官（淋巴结，黏膜相关淋巴组织，如扁桃体、阑尾等）组成。免疫细胞主要包含吞噬细胞、嗜酸性粒细胞、嗜碱性粒细胞、适应性免疫应答细胞。骨髓可产生骨髓红细胞和白细胞来进行免疫应答，胸腺则可在成年期造淋巴细胞、浆细胞和髓细胞进行免疫。胸腺在新生儿和幼儿期发达，体积较大；在胚胎期是造血器官；在性成熟以后则逐渐萎缩、退化。淋巴系统在青春期前迅速增长，在青春期达到高峰，后逐渐下降到成人水平。中学生可以适当补充铁质，多喝开水，多吃海鲜以增强自身的免疫力。

8. 生殖系统

生殖系统是生物体产生生殖细胞（精子或卵细胞）用来繁殖后代的系统。男、女性生殖系统存在差异：男性生殖系统由阴茎、睾丸、附睾、阴囊、前列腺、输精管、尿道球腺等组成，产生的生殖细胞为精子。女性生殖系统由外阴、阴道、子宫、输卵管、卵巢等组成，产生的生殖细胞为卵细胞。生殖系统发育较晚，女性在 8～10 岁时卵巢发育开始加速且在雌性激素的作用下，出现月经初潮，这是女性青春期发育的重要标志。而男性睾丸的发育约从 10 岁左右开始，在 12～16 岁迅速增大，17～25 岁达成人水平。男性随着性发育，到 14～16 岁大多会出现首次遗精，这是正常的生理现象。遗精出现后男性的体格发育略微变缓，而生殖器官则迅速发育。

由以上介绍可知，八大系统相互独立又相互协调。八大系统需要相互配合，每一个系统不能独立于其他系统单独起作用。其中神经系统是人体的重要调节机构，能与内分泌系统一起完成对人体各系统、器官机能的调节和控制，从而使人体成为完整的统一体并保持内外环境的平衡。①

（四）生长轨迹和生长关键期

中学生的生理发育具有一定规律，符合一定的生长轨迹，如 4-1 图所示。② 在进入青春期时，中学生的神经系统已接近成人；淋巴系统发育出现高峰，大约是成人的 2 倍；生殖器官开始快速发育，第二性征开始出现；其他大部分系统的发育都与个体发育平行，且个体与个体间存在差异性。

---

① 袁彩霞：《人体神经系统的研究与启示》，载《中国医学影像技术》，2003(S1)。

② 王振鹏、曹志国：《中职学生健康教育导论》，61 页，北京，中国农业大学出版社，2020。

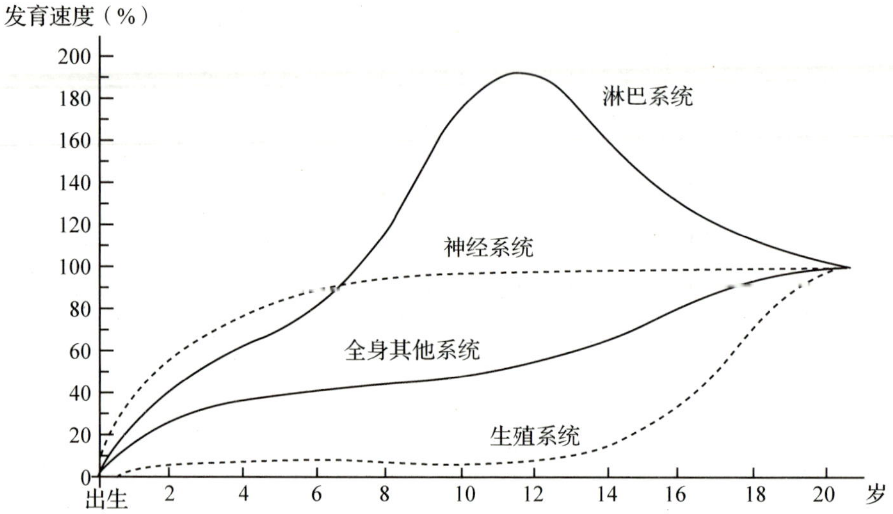

图 4-1　中学生的生长轨迹

不同系统的生长关键期不同，神经系统发育的关键期在 3～6 岁，所以学龄前期儿童需要进入幼儿园学习。淋巴系统发育的关键期在 6～12 岁。生殖系统发育的最佳期在进入青春期之后约 20 岁之前。其他的系统随着个体的生长发育，也不断发育至 20 岁左右。每一个阶段的生长都至关重要，且对下一个阶段产生影响。因此我们要把握好每一个生长关键期，特别是青春期个体的生长，以培养出更加优秀的健全的人才。

第三节　青春期生理卫生保健教育

一、正确认识青春期的生理变化

青春期是童年与青年之间的过渡期，一般是在 10～19 岁。在这一时期，无论是男孩还是女孩都会发生一些生理和心理的变化。而这一时期是中学生培养正确的价值观、面临学业压力并且对自身生理变化产生困惑的时期。中学生应正确认识自身生理的变化，这样才能顺利度过青春期。

青春期的生理变化包括以下几个方面。

（一）身体迅速发育

进入青春期之后，男生和女生的发育都逐渐趋近于成人，标志是身体出现急剧变化，最显著的是身高和体重的增加。

男生与女生的发育时间不同，具体的发育情况也会因人而异。一般来说，女生自 9 岁左右身高会快速增加，12 岁左右身高增加度达到顶峰。男生在 11 岁左右身高开始快速增加，15 岁左右身高逐渐超过女生。而身体的快速发育主要是因为骨骼的发育和体重的增加。男生和女生虽然开始发育的时间和发育程度不一样，但一般都是在 23 岁左右结束。在这段时间，肌肉和骨骼会随着年龄的增加而发育，尤其是肌肉在发育末期还会发育更快。①

除了身高和体重迅速增加之外，青春期中学生的体型也会发生变化。男生的体型变化主要表现在肩宽等方面：肩膀会变宽，身体开始具有发达的肌肉，腿部修长，下肢健美，上肢肌肉发达。对于女生来说，青春期开始身体脂肪不断增多，因此体态逐渐丰满、圆滑。胸围增大，腰围和臀围也都在逐渐增大，肌肉变得有弹性，下肢逐渐出现优美的曲线。

（二）生殖器官发生变化

青春期是性腺逐渐发育的时期，生殖器官会发生明显变化，身体内的激素水平逐渐提升，从而出现第二性征。

男生在青春期喉结突出，声音逐渐变得低沉、浑厚，开始长出胡须。生殖器官也逐渐朝成熟方向发展：睾丸和阴茎增大，性腺发育成熟，开始出现遗精现象。女生随着卵巢发育和性激素分泌的增加，身体会逐渐呈现成年女性的体态。女生的第二性征出现，主要表现为：声调变高，乳房丰满而隆起，出现腋毛和阴毛，骨盆开始发育且骨盆的横径发育大于前后径发育，胸、肩部的脂肪增多，从而出现女性的身体曲线。除此之外，女孩出现月经初潮。

月经的发生与卵细胞的排出有关，通常在女性的 13～18 岁。在这段时期，女性卵巢的卵细胞逐步发育成熟并排出。这时卵巢分泌孕激素和雌激素使子宫内膜增厚，血管增生。如果此时未受精，卵巢中的孕激素和雌激素分泌含量下降，使子宫内膜组织出现坏死与脱落，血管也出现破裂与出血。破裂的子宫内膜组织融于血液排出体外，就形成月经。②

随着青春期身体的不断发育，中学生的心率和呼吸频率会随着年龄的增加而下降，肺活量会逐渐增加，心肺功能会更加完善，血压指数会上升。③

（三）心理变化

青春期的这些身体变化也会影响中学生的心理变化。有的中学生会有叛逆心理，会与父母、教师作对，做事容易冲动且不会考虑他人的感受。在集体环境中，中学生也会出现攀比心理，在学习和生活中都有较强的虚荣心，同时对自己的未来会具有矛盾的心理，一方面对未来充满期待，另一方面又感到很迷茫。

除此之外，伴随着男生的遗精现象及女生月经初潮现象的发生，中学生会产生惊慌失措的情绪；随着性生理逐渐发育成熟，无论是男生还是女生都会对异性产生好奇心，想要吸引异性的目光。中学生的这些心理变化如果不及时加以指导和疏通，

---

① 汤红梅：《学生青春期健康教育常识及保健要点探析》，载《实用妇科内分泌电子杂志》，2019(8)。

② 何翔、王瑞明：《学生青春期健康教育常识及保健要点研究》，载《医学食疗与健康》，2020(3)。

③ 姜辉、张敏：《学生青春期健康教育常识及保健要点》，载《中国卫生产业》，2013(33)。

就会对他们未来的发展产生消极的影响。

由此可见，青春期作为人一生中最重要的发育时期，需要中学生养成良好的卫生习惯，对他们进行恰当的健康教育，这样才能保证他们的健康成长。

二、养成良好的卫生习惯

进入青春期后，身体发育迅速，中学生的生理和心理都会发生巨大的变化。这时候应引导中学生养成良好的卫生习惯，以促进中学生身心的健康发展。

（一）养成良好的饮食习惯

青春期是中学生身体发育定型的关键时期，在这一时期中学生需要合理健康的饮食来保证身体发育。均衡营养的膳食是中学生身体发育的基石，可以保证中学生顺利度过青春期。如果在这一时期中学生会挑食或节食的话，可能会导致青春期贫血、青春期高血压、痤疮等青春期疾病的发生，因此中学生应培养良好的饮食习惯。

青春期身体各器官系统迅速发育，心脏发育后心缩能力提高。而血管发育落后于心脏，导致血压增高。青春期分泌腺同样发育，激素分泌增多，神经系统的兴奋性增强，也会产生血压增高的现象。因此中学生要注意少吃咸食、甜食以及脂肪含量多的食物。

由于青春期发育的特点，少男少女会出现不同程度的甲状腺肿大。而碘是合成甲状腺素的重要元素，碘摄入不足的话会使得垂体促甲状腺激素分泌增多，导致甲状腺肿大。因此预防青春期甲状腺肿大的措施是补碘，多吃含碘的食物，如紫菜、海带、海蜇及各种海鱼等。

青春期的中学生容易得痤疮，这是由青春期性激素水平骤然增多而产生的。针对痤疮，中学生应注意平时饮食清淡，少吃油腻、辛辣刺激的食物，少吃甜食，少食火腿、香肠等腌制类食物，也应少饮或少吃咖啡、巧克力、酒类等热量高、对神经系统有刺激性的食物，多吃蔬菜、水果等食物，保持消化道通畅。

女生较男生相比缺少促进红细胞合成的激素，因此在月经来潮时，或者在营养补充不足的情况下，更容易出现贫血的症状。因此女生应注意在月经期间多吃含铁量高的食物，如肝脏、蛋黄、奶和鱼等。除此之外，女生在月经期间注意饮食清淡，吃易消化的食物，不要食用油腻的食物，多喝水。男生应注意在日常饮食中多吃富含纤维素的食物，不要抽烟，也不要饮酒。

在发育的关键期，中学生应注意做到进食规律，饮食均衡，营养全面，不要挑食、节食。

（二）养成良好的睡眠卫生习惯

青春期正是中学生追求学业的关键期。这一时期中学生脑力劳动多，因此养成良好的睡眠习惯至关重要。在青春期，中学生的睡眠需要满足 8 小时。如果睡眠不足或者睡眠质量欠佳会无法满足第二天的学习需求，也会使机体的免疫力下降。长期的睡眠不足还会导致生长激素分泌不足，影响身体的发育。

中学生要根据自己的学习特点科学用脑，合理安排作息时间，做到早睡早起，定时休息，不熬夜。除此之外，在日常生活中，中学生可以进行适当的体育锻炼。恰当的体育锻炼有助于身体的发育，既能够增强体质，促进身体健康发展，也能够劳逸结合，提高睡眠质量。但进行体育锻炼时中学生要注意循序渐进，逐步提高，且运动前后要注意做好准备活动。

（三）养成良好的劳动卫生习惯

劳动教育是全面贯彻党的教育方针的基本要求，是实施素质教育的重要内容，是适应时代和社会发展的需要。劳动教育课程包括家政服务、传统工艺设计、作物栽培等。中学生在接受劳动教育课程时，应牢记教师传授的注意事项，规范使用课程中的教具。有的工具要注意消毒杀菌。女生应考虑自身的生理特点，与教师多加交流沟通。①

三、正确对待第二性征

青春期最明显的变化就是第二性征的出现，第二性征的出现标志着中学生由儿童向成人的转型。然而第二性征的出现往往会让中学生产生不知所措的情绪，从而对中学生的身心发展产生负面影响。中学生应该正确对待自己第二性征的出现，掌握青春期的保健知识，做好青春期的保健措施，从而顺利度过青春期。

男生在青春期应当注意对外生殖器的保护，在日常生活中尽量避免因冲撞、打闹损伤外生殖器；也要注意对外生殖器的清洁，坚持每晚用干净的温水清洗外生殖器，经常换洗内裤，确保阴部清洁。进入青春期后，精子在睾丸中发育成熟，会出现遗精现象。这标志着男生在生理上的成熟。遗精属于正常的生理现象，因此要消除不必要的紧张和焦虑情绪，不要惊慌失措。男生平时宜穿宽松的软质布料的裤子，同时要避免刺激。睡觉时最好侧睡，被子不要过重，被子的温度不宜过高。男生相较于女生青春痘更多，应注意常洗脸，保证面部清洁，不要挤压粉刺。学习生活中要注意劳逸结合，预防过度疲劳，参加体育活动要适度。合理营养，预防肥胖及贫血。

女生青春期的发育不仅关系到女生自身的身体健康，还关系到下一代的身体健康。因此女生更应该注重身体的健康发展，合理正确看到身体第二性征的出现，确保顺利度过青春期。女生出现月经标志着女性生殖机能逐渐发育成熟。在月经期间，女生会出现不适症状，抵抗力也会下降。这时应注意保持外阴部位清洁，用温水洗浴，禁止坐浴。在月经期间，子宫会充血，如果受寒会刺激子宫收缩，造成经血量少，经期缩短，容易发生痛经和闭经。因此月经期间要注意保暖，避免灼亮，不能淋雨、涉水，也不能用冷水洗头、洗澡。剧烈运动可能会导致月经失调、下腹坠胀、腰酸背痛等症状的出现。因此要避免参加剧烈运动和重体力劳动。要注意饮食卫生，

① 王洪贵：《劳动教育：中小学生成长的必修课》，载《江苏教育》，2019(26)。

合理营养，多喝开水，多吃营养丰富的蛋类、肉类以防止贫血，不要吃辛辣、生冷食物以避免经血过多。要用干净整洁的卫生带或卫生纸，勤洗澡，避免交叉感染。平时要保持心情愉快，情绪稳定，可以通过听音乐等来舒缓情绪，避免焦躁不安，进而防止月经紊乱。①

女生青春期第二性征的另外一个重要方面是乳房、胸廓迅速发育，这是女生青春期正常发育的一部分，应正确看待身体的变化。此时女生要注意不要用束胸来掩盖胸部突起。束胸会影响胸廓和呼吸系统的正常发育，压迫乳头会造成乳房发育异常，影响身体健康。因此要注意选用舒适、合体的乳罩，不要穿过紧的内衣；保持乳房清洁，经常清洗乳房；注意保护乳房，避免外力碰撞、挤压、损伤乳房的周围组织。

在青春期，女生不要穿高跟鞋。因为高跟鞋会影响骨盆发育，使身体重心偏离正常位置，造成身体形态出现异常，还会影响足部骨骼的发育，造成扁平足。青春期的女生会开始用化妆品来修饰面容，这时要注意合理使用化妆品。女生脸部的皮脂腺和汗腺较多，这些腺体的分泌物加上化妆品及空气中的尘埃容易导致细菌滋长，从而导致粉刺、湿疹、炎症等现象的产生。因此女生应注意脸部皮肤卫生，合理使用化妆品，做好脸部皮肤的卫生保健。②

四、做好心理保健

在青春期，中学生的心理会随着身体发育和环境的变化而发生改变。他们会具有叛逆心理，也有虚荣心和攀比心，也会对未来有期待和迷茫。这时应该做好心理防护，保证中学生心理的健康发展。

中学生应选择适当的人生追求和积极乐观的人生态度，热爱生命，热爱生活，学习健康知识，懂得用知识来调整自己的心态，努力建立和谐的人际关系。学会自我调节，遇到问题或疑惑时不要羞于询问，应积极与父母和教师沟通交流。

总之，青春期的中学生应具备一定的健康知识，接受必要的健康教育，这样才能促进心理健康发展，顺利度过发育关。

第四节　注意用脑卫生

一、脑的结构和功能

（一）人脑的结构

人脑是大自然最神奇的创造，由大脑、小脑、间脑、中脑、脑桥和延髓组成。

①② 林艳丽：《中学生生理卫生保健与体育锻炼的研究》，载《成才之路》，2015(18)。

大脑由左右两个半球构成，其中最重要的部分是大脑皮层。大脑皮层是灰白色的，分布于大脑表面，有很多皱纹(又叫“脑沟”和“脑回”)。大脑皮层聚集着100亿～140亿个细胞。这些细胞分为神经细胞和神经胶质细胞。神经细胞是大脑活动的最小单位，支持着脑的复杂分工，决定着人的智力水平。每个神经细胞有40～100个像树杈一样的神经突起。突起慢慢伸展，使脑神经细胞形成细密的网膜，这就是脑的发育。

(二)人脑的主要功能

生物学家认为，人类之所以成为地球上的万物之灵，主要依赖于人类具有高度复杂和特殊化了的器官——人脑。科学家们发现，人的聪颖智慧，并非简单地表现在人脑的重量上，而主要是人脑的内部结构更加精细和完善的结果。人脑各组成部分具有各自的功能，表现在如下。

①小脑的主要功能是维持肌肉张力，保持体态姿势的协调运动及平衡。

②延髓、脑桥、中脑和间脑组成脑干。它上连大脑，下接脊髓，后通小脑。从大脑至小脑和脊髓的来往神经纤维都要取道脑干。脑干还是很多重要神经核的发源地。

③间脑中的下丘脑这部分是交感神经与副交感神经的皮质下中枢，与体温、食欲、血管反应等多种生理功能有密切关系。

④延髓是呼吸、心跳、血管运动等中枢的所在地。

⑤大脑是人体的最高司令部。它能协调和控制机体的全部活动，使之整体化；还能通过分析和综合功能，使人与外界环境密切统一起来。人们平常说的“动脑筋”便是大脑的功能。人们的语言、文字运用和学习以及意识、情绪、思维等高级神经和精神活动，便是大脑皮层的活动结果。在人的一生中，大脑能储存一千亿个信息单位。虽然人类能够发明和制作电脑，但是电脑却永远也不能完整地代替人脑的功能。

二、青春期脑发育的特点

进入青春期后，大脑重量和体积的增加较以前减少，但内部结构复杂起来，各部分之间的联络纤维继续增加，大脑的活动机能不断增强。有学者曾对我国8～17岁学生的脑电波的发展进行过研究。结果发现，脑的α波达到10次/秒的人数，在12岁时，达到43%；而到13岁时，猛增到89.2%。从大脑皮层四叶的脑电活动来看，到13岁时，除额叶外，枕叶、颞叶和顶叶的皮质细胞振荡都达到α波范围。这表明大脑机能不断加强并趋于成熟，这也在一定程度上表明13～14岁是个体脑的发展的显著加速时期。①

在此时期，如果不注意科学用脑，势必严重影响脑的正常发育。在日常生活中，

① 张福建、时军：《中学生的生理发育与健康教育问题》，载《山东教育科研》，1994(5)。

我们会遇到这样的情况：有的中学生一看书就打瞌睡；而有的中学生则一看书就睡不着觉。究其原因，前者是因为大脑皮层细胞代谢功能太低和供血、供氧不足所致，因此刺激一增加就会过早地产生抑制现象。后者则是皮层有关部位被迫持续而过度地工作，使大脑皮层有关部位过度兴奋而不能抑制，亦兴奋过程和抑制过程的平衡遭到破坏所致。这两种现象实际上都是大脑皮层长期处于疲劳状态的结果。如果大脑皮层长期处于疲劳状态，不仅会使中学生出现视力减退、食欲不振、脸色苍白和血压增高等症状，而且还能使其大脑供血出现障碍，严重影响大脑神经系统的正常发育。因此，对中学生进行科学用脑的卫生知识教育对于促进其大脑活动机能的不断提高，具有重要的意义。①

三、常见的不良用脑习惯

①长期饱食会导致脑动脉硬化、脑早衰和智力减退等现象。

②轻视早餐。不吃早餐使人的血糖低于正常供给，对大脑的营养供应不足，久之对大脑有害。

③吃甜食过量会使智商变低，这是因为减少对高蛋白和维生素的摄入，机体会营养不良，从而影响大脑发育。

④长期吸烟使大脑组织呈现不同程度的萎缩，易患老年性痴呆。

⑤睡眠不足。大脑消除疲劳的主要方式是睡眠。长期睡眠不足或质量太差只会加速脑细胞的衰退，聪明的人也会变得糊涂起来。

⑥少言寡语。经常说富有逻辑的话会促进大脑的发育和锻炼大脑的功能。

⑦空气污染。大脑是全身耗氧量最大的器官，只有充足的氧气供应才能提高大脑的工作效率。

⑧蒙头睡觉。随着棉被中二氧化碳浓度的升高，氧气浓度不断下降，长期吸进潮湿空气对大脑危害极大。

⑨不愿动脑。思考是锻炼大脑的最佳方法，不愿动脑的情况只能加快脑的退化，聪明人也会变得愚笨。

⑩带病用脑。在身体不适或有疾病时，勉强坚持学习或工作，不仅效率低下，而且容易造成大脑损害。

四、合理用脑

中学生一般都是静坐在教室里进行学习的。长期处于这种学习姿势，往往会有头昏脑涨、腰酸背痛的感觉，严重的会造成神经衰弱。其原因是用脑过度，产生了脑力疲劳。具体来说是颈部长时间向前弯曲，流向脑部的血液受到限制，脑部供血不足，氧供应不上，从而引起以上这些症状反应。大脑长期处于兴奋状态，也容易

---

① 张福建、时军：《中学生的生理发育与健康教育问题》，载《山东教育科研》，1994(5)。

引起类似神经衰弱等症状。因此，要想增强大脑机能，提高学习效率，就必须注意用脑卫生。也就是用脑要符合脑的生理特点，即做到以下几点。

（一）掌握"用进废退"的原理，多动脑思考

自然界有一个规律，即"用进废退"。作为人的生理组成部分——大脑，同样遵循这个规律。人脑是主宰和统帅整个机体的司令部，对整个机体有生理协调、心理协调、智能开发三大功能。大脑的 100 多亿个神经细胞不断地交换信息，这就形成了记忆、想象、思维、创造等方面的功能。脑的发展趋向取决于脑的营养和脑的运动力，单纯的体育活动对脑也有益，但主要受益的还是经受锻炼的肢体。只有加强脑运动（多用脑），适宜多动脑思考，积极使用和训练脑，这样才有可能促进脑的健康，并通过脑来协调与控制全身功能，达到真正提高学习效率的目的。①

（二）不要过度用脑

在学习过程中，用脑要符合大脑的特点和规律，合理用脑。如果大脑长期处于紧张状态，思维就会迟钝，学习效率就会降低。因此，进行学习活动时，一般 1 小时左右应该休息 10 分钟，参加一些体育运动。这样可以使大脑不同线路的神经元通路网络轮流兴奋，从而使疲劳的那部分神经得到休息。这种积极的休息有利于保护大脑组织，提高大脑的工作效率。

（三）使各种脑力思维活动交叉进行

大脑皮层各部分的功能是互不相同的，当这部分脑组织兴奋时，其余部分就处于抑制、休息状态。利用这一原理，各种脑力活动交叉进行，就可避免大脑疲劳。因此，学习活动中让语言与操作活动交叉进行，不断变换看、听、读、写、做、背诵和讨论多种学习方式，使各种脑力学习活动交替进行，使每部分脑组织的工作时间相应缩短而得到休息，从而减少大脑疲劳，提高大脑的工作效率。

（四）保证充足的睡眠

睡眠是脑细胞全面休息的过程，深沉而恬静的睡眠对于恢复精力和体力、消除疲劳是必不可少的。适宜的睡眠时间要视不同的年龄、体质、习惯以及季节变化等因素而定，青少年需睡 8～9 小时。睡眠不足，则精力和体力不能完全恢复，影响第二天的学习和生活。但也不可睡眠过多，否则会使人意志消沉、懒散，也不利于健康。

（五）要有良好的学习环境

适宜的学习环境有利于大脑高效率地工作，延缓脑细胞疲劳的来临。主要是保持新鲜的空气、适宜的光线和良好的坐姿。可适当开窗保持空气对流，以使大脑得到充足的氧气；在柔和的光下而不要在刺眼的强光下学习，以减轻视觉的疲劳并保护视力。

---

① 钱志亮、李静：《儿童用脑卫生与学校教学》，载《教育理论与实践》，2005(11)。

（六）保持良好的学习情绪

适度的情绪兴奋性会使人的身心处于最佳活动状态，能促使自身积极地行动，从而增进行为的效率。比如，大笑可以使血液中释放更多的内啡肽。它使人们感到精神欢快同时，可以增加大脑的氧气供应，从而激活大脑。所以，要始终注意调整自己的情绪。当学习充满乐趣时，学习是最有效的。也可以通过增加对学习意义的认识，增强学习动机，来保持良好的学习情绪。

（七）保证充分适当的营养

脑细胞的活动需要丰富的养料，但脑细胞本身又缺少储备营养物的能力，所以每天都应该供给脑细胞充分适当的营养。要多吃蛋白质、维生素、磷化物等含量丰富的食物，如肉、蛋、豆类，新鲜的蔬菜、水果等，不应当偏食，以使大脑能高效率地工作。此外，有些中学生常常不吃早饭，这对大脑的危害很大。因为经过一夜，血液中的营养物已经消耗了许多，如果不吃早饭就进行学习，由血液供给大脑的营养物就很有限，显然大脑细胞的工作效率不会很高而且易疲劳。所以，早餐吃不吃无所谓的想法是错误的，中学生不仅要吃早饭，而且应当吃好。

（八）不喝酒，不吸烟

脑细胞对酒精和烟中的尼古丁这类毒性物质非常敏感。喝酒和吸烟不仅会严重损害中学生正常的生长发育，而且会阻碍思维的发展，甚至使思维活动过早衰竭。因此，中学生应当杜绝喝酒、吸烟的不良行为。

（九）积极参加体育锻炼

体育锻炼能促进血液循环，提高大脑对机体的控制能力及大脑反应的灵敏性。如果将一天 6 小时的学习时间拿出 1 小时用于户外活动或其他文体活动，学生的学习效果则比 6 小时全用于文化学习更好，即教育界通常所说的“6－1＞6”。

（十）充分地利用外脑

为了更好地利用有限的脑力，做出更多的创造，产生更多、更好的智慧成果，中学生还需要充分地利用外脑。利用外脑的一个方法是利用外部的信息源，或利用外部条件进行信息储存和处理。比如说，认真收集有关的资料，做成卡片，需要的时候可以随时调用。这样大脑就可以更多地用于寻找这些材料之间的联系和规律。很多做学问的人，就是这样利用外脑的。利用外脑进行信息储存，也可以利用电脑进行信息储存。在电脑中，我们可以把收集的有关资料储存起来。当我们需要的时候，电脑会分门别类地显示出来。这比起做卡片的方法有着快速、方便的优点。利用外脑的另一个方法是利用别人的知识和智慧。各个人的知识和智慧是不同的，对我们来说是很陌生的问题，对有些人来说却司空见惯；对我们来说是困难的问题，对有的人来说却易如反掌。要善于找到知情人、内行，听取他们的意见。为了更好地利用外脑，我们可以采用头脑风暴法来激发集体的智慧。运用此方法需要努力创造交流、启发、争论的气氛，以发展中学生的思维，让他们产生创造性思想。[①]

思考与练习

1. 简述青春期的概念与发展阶段。
2. 简述男生、女生身体发育的差异。
3. 简述中学生生理发育速度的不均衡性体现在哪些方面。
4. 如何引导中学生正确认识青春期的生理变化？
5. 如何引导中学生养成良好的卫生习惯？
6. 如何引导中学生合理用脑？

① 刘俊山：《学会科学用脑》，载《中小学心理健康教育》，2007(18)。

第五章　中学生心理健康教育

本章导读

随着社会压力的传导，中学生自身的学业压力变大，加之中学生正处在青春期，情绪多变，容易导致极端行为发生。如果不能采取有效措施，培养中学生良好的心理品质，教给中学生压力疏导和情绪调适的方法，并提供外在的支持手段，将会影响中学生的身心健康发展。本章的学习目标是了解心理健康教育的主要内容；了解积极心理学关注的重点内容；了解中学生积极心理品质的主要内容；了解中学生常见的心理问题。本章应重点掌握培养中学生积极心理品质的途径和方法。

第一节 中学生心理健康教育的主要任务和内容

一、中学生心理发展的特点

(一)中学生认知发展的特点

1. 个体的认知发展

当代认知心理学家弗拉维尔等指出，认知是人类智力活动的过程和产物，如推理、思维、问题解决等过程以及知识、计划、策略技能等产物的获得。[①] 简言之，认知过程就是一个人进行智力活动并获得相应能力的过程，这种能力的进步或提高就是认知发展。不同阶段的个体思维过程呈现出差异性，与儿童相比，青少年能够运用逻辑思维解决抽象性的问题。

不同的学者对个体的认知发展的认识呈现出不同的观点。关于认知发展的模式存在两类观点：①阶段性观点。持有阶段性观点的认知发展理论认为，个体的认知发展过程类似于“爬楼梯”，个体的认知在某些方面呈现出增长和变化，而在某些方面则没有变化，呈现出一种断点式的、分段式的认知发展。这类观点的代表性理论有皮亚杰的认知发展阶段理论。皮亚杰认为个体在不同年龄阶段呈现出不同的认知领域的发展，后一阶段的发展以前一阶段的发展为基础。②连续性观点。持有此类观点的认知发展理论认为，认知发展类似于“走上坡路”，认知技能的增长是连续、平缓、持续的，更高的认知能力是逐渐积累而获得的，人的智力结构在各个年龄阶段和发展水平上都相同。当前多数学者认为，认知发展既存在阶段性，也存在连续性；学生的某些认知能力在不同年龄阶段存在差异性，但后一阶段往往依托于前一阶段的进一步发展。

除了认知发展的模式存在争议外，关于认知发展的过程也存在一定的争议。例如，皮亚杰的认知发展理论认为，个体的认知发展几乎同时在多个领域发生，儿童对于概念的理解和对于数字的认知能力是同步发展的。与之相反的观点来自认知的信息加工理论。该理论认为认知发展是以不同的速度在不同的领域发生的，不同认知领域之间的发展是相互独立的。发展神经学家关于孤独症患者在认知领域的发展不平衡的研究支持了这类观点。个体的认知在某些领域呈现出特殊性，但在另一些领域会呈现出一般性。例如，中学生的数学成绩优异，则很有可能在物理方面表现优异，但却在英语方面表现不好。在教学过程中，教师要意识到中学生认知方面可能存在的发展阶段性、连续性、不均衡性、差异性的现象，这样才能因材施教，在

① [美]J. H. 弗拉维尔、[美]P. H. 米勒、[美]S. A. 米勒：《认知发展》，邓赐平、刘明译，2页，上海，华东师范大学出版社，2002。

不同阶段针对中学生阶段性的学习特点，选择符合这一年龄阶段的认知能力的内容和教学。

2. 中学生的认知发展

中学生处在青春期，在一些认知领域已经得到很大的发展。这些领域包括感知能力、注意力、想象力、记忆力、思维能力等。

其一，在感知能力方面，中学时期是一个快速发展的时期。正如上文提到的，这与中学生脑中的某些部位的成熟有关。有些中学生在颜色区分、音高分辨等视觉、听觉领域的能力甚至高于成年人。此外，中学生关于身体关节、肌肉力量的感知能力也大大提升，为这一时期的健康体育锻炼提供了条件。这种感知能力的提升也体现在空间认知能力的提升，包括图形的分解和组合、图形特征的抽象与概括能力等。其二，在注意力方面，中学生的注意力更加集中，而且专心的程度得到提高，时间得到增加。这也与中学生脑部神经系统兴奋和抑制过程发展达到平衡有关。中学生能够在学习和做事的过程中交替运用有意注意和无意注意，降低长时间有意注意带来的疲乏感，延长注意力集中的时间，提高学习效率。其三，在想象力方面，中学生在想象的主动性、现实性和创造力方面都有很大的提高。其四，在记忆力方面，高中生已经能够很好地掌握理解识记的方法，并能够自觉、独立地设置记忆目标和规划，且主要以抽象记忆为主，这为他们理解抽象材料奠定了基础。其五，由于感知能力、记忆力等方面的发展，中学生的抽象逻辑思维能力在思维能力方面占据主导地位。中学时期处于抽象思维从经验型水平向理论型水平转化的关键期。理论型抽象思维的掌握可以使中学生不再需要依托感性经验的支持，而可以从各类事实材料中进行归纳分析。此外，批判性思维在这一阶段也得到迅速发展，这体现出了中学生思维的灵活性。当今互联网中海量信息需要个体学会去伪存真，可能会促进中学生批判性思维的发展，但也会导致中学生从互联网上获得间接经验的机会增多，抑制中学生抽象思维能力的发展。

中学生的认知发展除了体现在不同领域的差异之外，在不同性别、文化群体中也存在差异。对于认知发展的性别差异，不同学者有不同的观点。一类学者认为男、女性在认知能力方面存在差异，女性 11 岁之后在语言理解、生成、创作、类比等方面的表现会优于男性。另一类学者则认为，认知能力在总体上不存在差异性，但由于男、女性在处理问题时使用了不同的策略，或男、女性的大脑半球单侧优势存在差异，因此可能会表现出些许差异。综上所述，中学生的认知发展存在诸多特点，教师在教学过程中要结合这些特点为中学生选择符合其认知特点的教学内容、目标和学习环境。

(二)中学生人格发展的特点

与认知发展一样，学者们关于人格发展的定义也多有不同。有些学者认为人格等同于个性，但有些学者又认为人格超越个性，是一个更加综合的心理特征。可以说，关于人格解释的多样性也体现出人格具有复杂的内涵与外延。青春期是个体从幼稚向成熟过渡的时期，人格状态在这一时期也逐渐成熟。由于认知水平和自控能力的提升，中学生在理想信念、世界观、人生观、价值观等方面也逐渐成形。

中学生的人格发展主要包括如下内容。

1. 归属与爱的需求

对于中学生来说，尽管他们开始逐渐独立，希望自己有更多的自由，但在其内心仍然渴望来自父母、教师、朋友的关心、重视，渴望得到别人的认可与尊重。中学生往往会在这一时期开始模仿理想中的榜样人物，从而获得别人的关注，展示自己，得到同龄人的赞赏。而这些榜样人物既包括正面榜样，也包括反面榜样。教师和家长要在这一时期对中学生进行正确的引导，帮助他们树立正确的价值观和理想，进行健康、积极的自我表露。

2. 兴趣与人生观的发展

在青春期，中学生逐渐有了相对稳定的兴趣和爱好，个人的潜力开始凸显。家长和教师应利用这一关键期，将他们的兴趣引向求知领域，培养他们积极正面的爱好。积极、高雅的兴趣不仅能够帮助中学生形成积极的人格品质，也能帮助中学生树立正确的人生观。中学生已经开始思考人生问题，随着互联网时代的到来，他们接触社会信息的渠道更多。这导致中学生的人生追求呈现全方位、多层次的特征，他们往往理想性强，甚至有些中学生会呈现浪漫主义色彩。教师不仅要作为中学生理想的保护伞，也要培养他们判断正确价值取向的能力。

3. 能力的进一步发展

能力也属于个性心理特征的表现。在青春期，中学生在动手能力、生活能力、人际交往能力、学习能力等方面都有所提升，这与个体各方面生物性的成熟有关。学校教育与家庭教育不仅应该关注中学生学习能力的提升，还应该关注中学生在动手实践、生活自理、社会性等方面的发展。这一时期的中学生渴望自由，这是引导他们培养自主性、独立性、动手能力、处事能力的最佳时期。教师和家长不应成为中学生自主性培养的阻碍，而应成为他们的向导。

4. 性格鲜明

青春期也是中学生性格定型的关键期。性格是个体对于现实的相对稳定态度，以及与这种态度相应的、习惯化的行为方式中表现出来的人格特征。性格是一种复杂的心理构成物，性格的结构分为性格的态度特征、意志特征、情绪特征、理智特征。如果对中学生不加以正确引导，很容易使他们形成偏激、自我中心、意志薄弱等消极的性格特点。教师和家长要关注中学生的性格表现，及时帮助他们形成开朗、诚实、刚毅、自信等良好的性格品质。

二、中学生心理健康的概念及标准

(一)心理健康的概念

心理健康是影响经济社会发展的重大公共卫生问题和社会问题，党中央、国务院高度重视心理健康服务和社会心理服务体系建设工作。习近平同志在2016年全国卫生与健康大会上提出，要加大心理健康问题基础性研究，做好心理健康知识和心理疾病科普工作，规范发展心理治疗、心理咨询等心理健康服务。国家有关部门先后出台了《中小学健康教育指导纲要》《中小学心理健康教育指导纲要(2012修订)》《中华人民共和国精神卫生法》《"健康中国2030"规划纲要》《关于加强心理健康服务的指导意见》等文件，明确提出加强心理健康服务。随着积极心理学理论对我国的影响，中学生的积极心理品质的培养越来受到学校重视。

从广义上讲，心理健康是指一种高效而满意的、持续的心理状态。从狭义上讲，心理健康是指人的基本心理活动的过程内容完整、协调一致，即认识、情感、意志、行为、人格完整和协调，能适应社会，与社会保持同步。

如果个体能够适应发展着的环境，具有完善的个性特征；认知、情绪反应、意志行为均处于积极状态，并能保持适当的调控能力；在生活中，能够正确认识自我，自觉控制自己，正确对待外界的影响，使心理保持平衡协调，就已具备了心理健康的基本特征。

心理健康是指个体能够适应和发展着的环境，具有完善的个性特征；且其认知、情绪反应、意志行为处于积极状态，并能保持正常的调控能力。心理健康的基本含义是指心理的各个方面及活动过程处于一种良好或正常的状态。心理健康的理想状态是保持性格完美、智力正常、认知正确、情感适当、意志合理、态度积极、行为恰当、适应良好的状态。与心理健康相对应的是心理亚健康以及心理病态。心理健康从不同的角度有不同的含义，衡量标准也有所不同。心理健康突出表现在社交、生产、生活上能与其他人保持较好的沟通或配合。

(二)中学生心理健康的标准

心理学家经过长期研究认为，儿童时期是培养健康心理的重要时期，各种习惯和行为模式都在这一时期为发展奠定基础。如果有一个好的开始，将来可使孩子的品德、智力得到健康的发展；如果在此时忽略了孩子的心理健康，那么希望孩子成人后有健全的人格和心理，就比较困难，甚至是不太可能的了。

随着社会的进步，中学生心理健康的标准也在不断发生着变化。有专家指出，现代中学生心理健康的标准应包括身体健康、心理健康、社会适应良好和道德良好四个方面。① 具体分为如下几个方面。

1. 智力正常

智力是以思维为核心的各种认识能力和操作能力的总和，也是衡量一个人心理健康的重要标志之一。正常的智力是学习文化知识的基本的心理条件，智力发展水平要符合实际年龄的智力水平。

---

① 林崇德：《中学生心理学》，405～408页，北京，中国轻工业出版社，2013。

2. 情绪的稳定性与协调性

中学生经常保持轻松、愉快、稳定、协调的情绪和良好的心理状态，可使整个身心处于积极向上的状态，从而提高心理功能，有助于发挥自身的内在学习潜能，提高学习成绩。如果中学生经常出现紧张、焦虑、抑郁、恐惧等不良情绪，会影响潜能的发挥，势必影响学习效果。

3. 较好的社会适应性

对环境的适应能力标志着心理健康水平。一个心理健康的中学生能够较快地适应变化了的环境，包括学习环境和生活环境、自然环境及人际环境等。即使突然发生意外变化或身处恶劣环境中，中学生也能较快地顺应环境并保持心理平衡。有些中学生由于早期社会化的娇生惯养，形成了他们生活自理能力低下，不能有效地处理与现实环境的关系，往往导致适应性障碍。

4. 和谐的人际关系

心理健康的中学生能够与同龄人建立平等、互助、和睦相处的伙伴关系。如果早期社会交往被剥夺，家庭不和睦，接受较多消极影响，中学生易形成孤僻、敌意、敏感、过度警觉、自我为中心、妒忌、自私等不合群的不良个性，而导致人际关系的不协调。

5. 反应能力的适度与行为协调

心理健康的中学生的心理活动和行为模式能保持和谐统一。对外部刺激反应的适度，表现为既不异常敏感，也不异常迟钝，并具有一定的应变、应对能力。

6. 心理自控能力

心理自控能力强的中学生，其注意力集中水平高，记忆和意识活动有效水平也高。而自控能力较差的中学生，其注意力集中水平低，注意力难集中，缺乏专注性，记忆和意识活动有效水平低，往往导致学习困难。

7. 健全的个性特征

个性(人格)是每一个人独有的心理特征及特有的行为模式，具有相对的倾向性和稳定性。它是在先天素质的基础上和后天环境的长期影响下形成的，是一切心理特征的总和。自幼培养学生客观而积极的自我意识，能适度控制自己的情绪与行为，使其行为符合社会道德规范，形成良好、健全的个性是个体适应环境的重要保证。

8. 自信心

自信心是对自我的客观评价，实质上是一种自我认知和思维的分析综合能力。如果自我评价过高、自命不凡，中学生会因盲目自信导致意外失败而沮丧，产生失落感或抑郁情绪；如果自我评价过低，中学生会产生自卑感，因缺乏勇气不能充分发挥自身的潜能而失去机遇、一事无成。恰当的自信是心理健康的重要标志之一，也是获得成功的重要保障。

9. 心理耐受力

对突发的强烈精神刺激或长期精神刺激的抵抗能力，以及对压力、失败、挫折的心理承受能力即心理耐受力。因为中学生正处于心理发育和个性形成时期，其可塑性强，应及早培养他们不怕苦、不怕累、耐受失败和挫折的坚强意志力，不断提高心理承受力，有利于心理健康发展。

三、中学生心理健康教育的目标与任务

教育部在《中小学心理健康教育指导纲要(2012 年修订)》中确定了心理健康教育的总目标、具体目标和主要任务。

心理健康教育的总目标为："提高全体学生的心理素质，培养他们积极乐观、健康向上的心理品质，充分开发他们的心理潜能，促进学生身心的和谐可持续发展，为他们健康成长和幸福生活奠定基础。"

心理健康教育的具体目标为："使学生学会学习和生活，正确认识自我，提高自主自助和自我教育能力，增强调控情绪、承受挫折、适应环境的能力，培养学生健全的人格和良好的个性心理品质；对有心理困扰或心理问题的学生，进行科学有效的心理辅导，及时给予必要的危机干预，提高其心理健康水平。"

心理健康教育的主要任务为："全面推进素质教育，增强学校德育工作的针对性、实效性和吸引力，开发学生的心理潜能，提高学生的心理健康水平，促进学生形成健康的心理素质，减少和避免各种不利因素对学生心理健康的影响，培养身心健康、具有社会责任感、创新精神和实践能力的德智体美全面发展的社会主义建设者和接班人。"

四、中学生心理健康教育的内容

教育部在《中小学心理健康教育指导纲要(2012 年修订)》中明确了心理健康教育的内容。

初中年级主要包括：帮助学生加强自我认识，客观地评价自己，认识青春期的生理特征和心理特征；适应中学阶段的学习环境和学习要求，培养正确的学习观念，发展学习能力，改善学习方法，提高学习效率；积极与老师及父母进行沟通，把握与异性交往的尺度，建立良好的人际关系；鼓励学生进行积极的情绪体验与表达，并对自己的情绪进行有效管理，正确处理厌学心理，抑制冲动行为；把握升学选择的方向，培养职业规划意识，树立早期职业发展目标；逐步适应生活和社会的各种变化，着重培养应对失败和挫折的能力。

高中年级主要包括：帮助学生确立正确的自我意识，树立人生理想和信念，形成正确的世界观、人生观和价值观；培养创新精神和创新能力，掌握学习策略，开发学习潜能，提高学习效率，积极应对考试压力，克服考试焦虑；正确认识自己的人际关系状况，培养人际沟通能力，促进人际间的积极情感反应和体验，正确对待和异性同伴的交往，知道友谊和爱情的界限；帮助学生进一步提高承受失败和应对

挫折的能力，形成良好的意志品质；在充分了解自己的兴趣、能力、性格、特长和社会需要的基础上，确立自己的职业志向，培养职业道德意识，进行升学就业的选择和准备，培养担当意识和社会责任感。

第二节 中学生主要的积极心理品质

一、积极心理学与中学生的积极心理

(一)积极心理学对幸福生活的解读

塞利格曼认为，人有三种不同的幸福生活，即快乐的生活(pleasant life)、投入的生活(life of engagement)和有意义的生活(meaningful life)。这个观点被很多学者认可。

1. 快乐的生活

人们拥有更多的积极情绪，生活态度上更加积极乐观，努力获取更多的快乐。拥有更多积极情绪的人倾向于更加合群，喜欢与朋友一起聊天，花更多的时间与家人在一起。工作时更加投入，能很好地进行团队合作，更加平和。但是，这并不说明在生活当中就没有负面的情绪状态，而是更多地关注正面的情绪。积极情绪的力量是强大的，芭芭拉·弗雷德里克森(Barbara Fredrickson)专门研究幸福和情绪方面，发现积极情绪是可以抵消负面情绪对心脏和其他器官的影响的。

如何获得快乐的生活？第一，拥有积极的生活态度，保持乐观，富有情感。第二，目光着眼于事物的积极方面，关注美好的事物。从积极的角度思考问题代替关注负面的情绪。同时，乐观是可以习得的。

2. 投入的生活

美国芝加哥大学心理学家米哈伊·西卡森特米哈伊(Mihaly Csikszentmihalyi)，专注于flow(清华大学彭凯平教授翻译为“福流”)研究。他认为：当我们正在进行高山滑雪的时候，我们全神贯注于自己的身体动作，风滑过我们的面庞，覆盖着洁白雪花的小树飞过我们的眼前。我们无暇顾及这美丽的情景，我们知道稍有闪失我们就会被甩出雪道，但是我们享受这美好的过程，像是时空隧道，我们期望永远沉浸其中。这是一个全身心投入的过程，极其美妙，被称为巅峰体验。这种快乐有时会让人上瘾，这是一种极大的愉悦。特别是在做自己喜欢的事情的时候会出现“福流”，如绘画、攀岩等。当我们专注于某件事情时，都有可能出现“福流”。人们称“福流”是他们的最佳状态，人们觉得这时时光在停滞，他们能发挥极佳的水平，这是生活中的美好时刻。“福流”产生于主动的行动，因此，我们必须主动去寻找这种机会。另外，适当的挑战也容易出现“福流”。

如何获得投入的生活？第一，学会全心投入，心无旁骛。第二，积极主动。第三，接受适当的挑战，激发个人的潜能。

3. 有意义的生活

意义会使生活具有使命感，这是人们生活的原动力。人们在追求生活的意义的过程中获得快乐，这种快乐又会加深这种意义，使目标感更加强烈。活着是为了什么？什么是自己的生活目标？人们不断努力追求自己生活的目标，不断清晰自己的目标，在这个过程中获得最大的快乐。马斯洛的需求层次论认为人生的最高境界是自我实现，与之相符。

如何获得有意义的生活？必须先做自我分析，根据自己的能力、个性等，通过不断尝试、体验和反思，最终找到真正的人生目标。

这三种不同的生活是幸福的三种不同的境界。塞利格曼认为，真正的幸福是这三部分的结合体。

(二)积极心理学对教育的影响

1. 推动社会和教育部门更加关注师生的积极情绪，提升师生的幸福感

积极心理学是关注和研究人的幸福的学科。积极心理学研究的首要内容就是对积极情绪的研究，主张拥有积极情绪的人应当对过去感到满意而没有太多遗憾，对现在感到快乐而没有太多纠结，对未来充满希望而不是常常处于焦虑之中。

现实告诉我们，没有教师的幸福，难以教出有幸福感的学生。想要培养拥有积极情绪和幸福感的学生，就必须先关注教师的幸福。所以，近年来打造幸福校园和提升教师的幸福感逐渐在各地被提上日程。幸福校园的建设和教师幸福感的提升，会使我们的教育更有温度。如何培养教师的幸福感呢？教育家乌申斯基认为，教育的主要目的在于使学生获得幸福。

其实，积极心理学对我国中小学教育的影响非常大。2011 年，由教育部和中央电视台联合推出了以“幸福”为主题的《开学第一课》节目，并发布了《中国少年儿童幸福成长宣言》，体现了我国儿童幸福成长的内在需求，意义深远。

中国少年儿童幸福成长宣言

1. 成长——我要成长，快乐健康成长比成绩更重要。
2. 乐观——我要乐观，每天发现一件新的美好事情，学会对压力说没关系。
3. 自信——我要自信，相信并发现自己独特的价值。
4. 超越——我要超越，只跟自己比，超越自己就是赢。
5. 感恩——我要感恩，珍惜身边人、身边事，每天想三个值得感恩的理由。
6. 分享——我要分享，就像生日蛋糕，和你一起分享的人越多，快乐越多。
7. 宽容——我要宽容，原谅别人的无心之过。
8. 沟通——我要沟通，把自己的心事说出来，也做别人的开心果。
9. 关爱——我要关爱，和长辈交朋友，和同伴交朋友，和动物交朋友，和自然

交朋友。

10. 赞美——我要赞美，帮助别人发现优点，也通过别人发现自己的优点。

11. 努力——我要努力，付出的汗水越多，得到的幸福越多。

12. 奉献——我要奉献，帮助别人能让自己更快乐。

2. 推动高等院校专家和中小学教师对学生积极心理品质的研究

教育部出台的《中小学心理健康教育指导纲要(2012 年修订)》明确要求各学校要立足教育和发展，培养学生积极心理品质，挖掘他们的心理潜能。高等院所的专家教授和中小学一线心理研究者纷纷著书立说，加强对学生积极心理品质培养的研究。孟万金教授吸收了古今中外思想文化精华，提出了积极心理健康教育理论体系，出版专著《积极心理健康教育》并带领研究团队发表了系列学术论文。孟教授认为，积极心理健康教育的最大特点集中表现在一切从“积极”出发，即用积极的视角发现和解读问题的积极方面；用积极的途径培养积极的品质；用积极的思想浇灌积极的心灵；用积极的过程提供积极的情感体验；用积极的反馈强化积极的效果；用积极的态度塑造积极的人生。[①] 任俊教授出版《积极心理学》和《写给教育者的积极心理学》，给广大中小学教师提供了具体的指导。钟志农老师主编出版的班主任心育活动设计丛书，分为小学低段、小学高段、初中段、高中段等，每个段提供了 36 个教学设计案例，让教师教有所依。陈虹研究员出版《教师积极语言在课堂中的运用》和《给老师的 101 条积极心理学建议：积极语言 HAPPY》，创造性地提出积极语言“HAPPY 模式”，通过教师对积极语言的运用，培养学生的积极品质。塞利格曼的幸福五部曲为：《持续的幸福》《真实的幸福》《活出最乐观的自己》《认识自己，接纳自己》《教出乐观的孩子》。哈佛大学教师泰勒·本·沙哈尔(Tal Ben-Shahar)开设的“积极心理学”课程被哈佛大学学生推选为受欢迎度排名第一的课程，其著作《幸福的方法》也被推荐阅读。这些书目或课程都使广大教师和学生家长受益匪浅。

3. 推动中小学心理健康教育特色学校的建设和对幸福组织的研究

为落实《国家中长期教育改革和发展规划纲要(2010—2020 年)》，根据《中小学心理健康教育指导纲要(2012 年修订)》，教育部发布了《中小学心理健康教育特色学校标准(试行)》，启动中小学心理健康教育特色学校争创计划。《中小学心理健康教育特色学校标准(试行)》提出了落实国家政策、纳入学校规划、健全工作机制等 18 条要求，渗透了积极心理学思想，也是建设积极的社会组织——幸福校园——的详细要求。积极心理学理论认为，积极的社会组织包含五个要素：①技能的多样性，具有挑战性；②任务的统一性，能够促成长；③任务的重要性，体现价值感；④任务的自主性，获得控制感；⑤任务的反馈性，能够增加动机。根据这五个要素，我们可以思考如何打造积极的班级、如何打造积极的教研组、如何打造积极的家庭，

① 孟万金：《和谐社会呼唤特殊儿童积极心理健康教育》，载《中国特殊教育》，2008(4)。

等等。这些思考将让我们的生活充满温暖和力量。

(三)中学生的积极心理品质概述

培养积极的心理品质对中学生具有十分重要的意义，那么积极的心理品质究竟包括哪些内容呢？

张冲在《初中生积极心理品质培养研究》中，根据初中生的身心发展特点以及我国初中生积极心理品质发展的现状，提出了初中生应重点培养的九项积极心理品质：爱、信念希望、友善、谦虚、执着、创造力、真诚、宽容和领导力。[①] 刘在花在《高中生积极心理品质培养研究》中，根据高中生生理、心理发展的特点以及高中生积极心理品质发展的现状，提出了高中生应重点培养的八项积极心理品质：思维与洞察力、谦虚、信念与希望、持重、执着、真诚、创造力和领导力。[②]

二、中学生积极心理品质培养的主要内容

(一)初中生主要的积极心理品质[③]

为了解中小学生积极心理品质发展现状的实证数据，官群、孟万金等研发了信效度较好的《中国中小学生积极心理品质量表》，包括 6 大维度、15 项品质，即认知维度(创造力、求知力、思维与洞察力)，情感维度(真诚、执着)，人际维度(爱、友善)，公正维度(领导力、合作力)，节制维度(宽容、谦虚、持重)，超越维度(心灵触动、幽默风趣、信念与希望)，为大面积调查我国初中生积极心理品质发展现状并建立常模提供了有力工具。

孟万金教授研究团队对 8000 多名初中生的调查发现，积极心理品质的 6 个维度的得分由高到低依次为：人际维度、超越维度、公正维度、情感维度、节制维度和认知维度；15 项积极心理品质的得分由高到低依次为：合作力、幽默风趣、爱、信念与希望、友善、执着、心灵触动、谦虚、求知力、思维与洞察力、持重、宽容、真诚、领导力、创造力。

余晓灵等对北京市第十九中学 2142 名学生开展了积极心理品质自评的重要性排序调查。调查结果表明，初中生的 6 大维度和 15 项积极心理品质在各个年龄段的重要性程度是不同的。从维度的重要性程度来看，重要性评价由高到低分别是情感、人际、认知、节制、公正和超越。从 15 项积极品质来看，被普遍评价为各年级都要着重培养的品质是真诚、友善和爱。

关键期或者转折期对于个体发展具有至关重要的作用，抓住关键期或者转折期进行行为、技能和品质的培养，可以取得事半功倍的效果。因此，在初中阶段，根据初中生关键期或转折期的心理发展特点和规律，参考初中生积极心理品质的重要

---

① 张冲：《初中生积极心理品质培养研究》，载《中国特殊教育》，2010(11)。

② 刘在花：《高中生积极心理品质培养研究》，载《中国特殊教育》，2010(11)。

③ 转引自张冲：《初中生积极心理品质培养研究》，载《中国特殊教育》，2010(11)。

性排序，应着重培养爱、信念与希望、友善、谦虚、执着和创造力等品质。

1. 爱

爱是指重视与他人的亲密关系，彼此分享、关心，主要反映在亲子关系和异性关系上。青春期生理上的成熟给初中生带来了与不成熟的心理的矛盾，体现在反抗性与依赖性、闭锁性与开放性、勇敢与怯懦、高傲与自卑等特点并存。这段时期也被称为“第二次反抗期”“危机期”，中学生的独立意识和独立性要求增强。有些中学生比较叛逆，看问题、做事情容易走极端。这种矛盾先反映在亲子冲突上：孩子觉得父母对自己的管制太多或者觉得父母的思想观念陈旧，已经跟不上时代发展的潮流了；而父母则觉得孩子越来越难以管教、无法沟通。因此，要先让中学生清楚这一时期的心理发展特点，并加强中学生对父母的理解，培养中学生爱和感恩的品质，并把青春期的这种独立思考精神和能量转移到学习和创造中去。此外，由于七年级学生面临新的学校生活和人际关系，又正好是男生、女生身体快速发育的时期，其生理上的成熟也带来了对异性的憧憬与好感，有些中学生开始有了“内心的秘密”。为了让中学生理解爱的真谛，学会欣赏、等待并升华这种朦胧的感情，从七年级开始就要教育中学生正确认识异性关系，掌握正确有效的交往策略，对中学生进行爱和友善品质的培养。

2. 信念与希望

这一品质的培养与初中生价值观的发展有关。价值观是人对客观事物的需求所表现出来的评价，包括对人的生存和生活意义的看法，也是形成人生观的关键。有学者对青少年的价值取向排列情况的研究表明，初中生和高中生的价值取向是不同的。初中生把“世界和平、祖国强盛、社会安宁”排在前三位，而高中生把“真正友谊、事业成功、才智敏锐”排在前三位。这说明初中生的价值观定向多受学校教育、社会权威以及传统观点的影响，因此应加强对初中生健康价值观和人生观的教育。

3. 友善

友善是指对人友好、与人为善、助人为乐的品质，指对于他人的倾向性。友谊对中学生的心理和行为健康发展具有重要作用，是初中生建立人际关系、适应社会的重要基础。张承芬对影响初中生情绪情感的原因做过调查，发现学习因素占23.5%，人际关系因素占28.3%，兴趣爱好因素占26.8%，道德荣誉因素占21.0%。[①] 可见人际关系问题在初中生的学习和生活中起着较为重要的作用。国外学者的研究表明，青春早期即初中阶段的学生与同伴交往的时间更多，特别是与小团体中的亲密朋友在一起的时间比和父母、兄弟姐妹、其他人在一起的时间更多，因此相对而言他们受同伴的影响更大；对3～12年级学生对于同伴顺从的经典研究发现，对亲社会行为顺从性的平均分要高于对反社会行为顺从性的平均分。这提示教师在教育中学生时，要注意利用同伴群体的作用因势利导，对中学生进行正面引

① 转引自黄煜峰、雷雳：《初中生心理学》，208页，杭州，浙江教育出版社，1993。

导和影响。[①] 此外，要抓住七年级到九年级学生对同伴群体亲社会行为的顺从性，对学生进行爱、感恩和友善等品质的培养。

4. 谦虚

谦虚是指诚实面对自己的不足，不追求被特别关注的品质。这一品质的培养与自尊心的发展有关。自尊心是指个体要求人们尊重自己的言行，维护一定荣誉和社会地位的一种自我意识倾向，是一个人尊重需要的反映，与自信心、进取心、责任感等密切相关，是一个人前进的动力和最敏锐的情感。强大而敏感、矛盾和不稳定性成为初中生自尊心的明显特点。他们希望获得别人的尊重，又常常不尊重别人；渴望成功，又承受不住挫折；爱面子，在别人面前显示自己的长处，遮盖自己的短处。初中生的自尊心随年级升高而迅速发展，八、九年级的差异显著。因此，教师应先引导初中生正确认识自己，包括自己的优点和缺点，再创设机会让初中生体验成功，满足他们对自尊的需要，让他们获得自信，并通过与他人的合作正确认识自己和他人的优缺点，学会谦虚。

5. 执着

执着是一种不顾困难、障碍、打击而以目标为取向的自主行为品质。执着对于控制初中生丰富而复杂的情绪情感，让他们持续地向着既定的学习和目标前进，更好地适应学习和社会具有重要意义。执着与自我控制和坚持等意志品质关系密切。初中生的意志品质还显得比较脆弱。从七年级到九年级，初中生的自我控制水平、坚持性随年级升高而下降。因此，在初中三个年级中，教师应逐年加强对学生执着的培养。尤其是到了九年级，学生开始面临中考的巨大压力，焦虑、抑郁等不良情绪会频繁出现，同时也会有动力不足、坚持性差等特点。因此教师要针对中考引发的情绪和行为问题尽早制定执着品质的训练方案。

6. 创造力

创造力是指能够产生新想法，用新的方式做事，并取得成果的品质。初中生的创造性表现出与成人更为不同的特点，即创造意识更强，创造思维更敏捷，创造热情更为高涨。由于初中生的创造性带有过渡性的特点，因此他们在此阶段有可能获得并具有真正的创造力。创造力的发展与思维的水平和深度密切相关。初中生的思维有了质的飞跃，抽象思维迅速发展，占优势地位；抽象思维逐渐由经验型向理论型过渡；思维的深刻性、敏捷性、灵活性、独创性和批判性迅速提高。八年级是中学阶段思维发展的关键期。初中生的创造力处于较低的发展水平，具有较强的可塑性。因此，教师要抓住这个关键期，利用成熟前可塑性强的特点，给予培养，以促进他们思维能力的良好发展。

---

① 转引自余晓灵、孙燕、王新波：《中学生积极心理品质培养内容的序列化研究——以北京市第十九中学学生调查问卷为例》，载《中国特殊教育》，2009(12)。

7. 真诚

真诚指的是真实诚恳，表里如一，为自己言行负责的品质。具体而言指不论是在私下还是在公开场合，人们准确表现自己的内在状态、动机和承诺的品质。这一品质主要与自我同一性的发展有关。埃里克森认为，青少年期(13～18岁)面临的主要发展任务是自我同一性与角色混乱。自我同一性是指个人对自身的本质、信仰和一生前后一致的比较完善的认识。稳定、积极的自我意识有利于青少年的健康发展，而混乱、不一致的自我意识将导致自我角色混乱，不知道自己是什么样的人。七至九年级学生的自我意识发展处于平稳期，而九年级到高一年级则是自我意识快速发展的一个转折期。初中生的真诚处于较低的发展水平，具有成熟前可塑性强的特点。因此，教师应加强对初中生的自我意识教育，促进初中生形成积极、稳定的自我认识，为下一阶段的快速发展做好准备。

8. 宽容

宽容是指接受他人的弱点，原谅他人的过错，不怀恨报复的品质。它是指一方在关系中被另一方伤害、冒犯时的一种能够对社会有利的变化。当人们宽恕的时候，他们对于侵犯者的基本动机和行为倾向性变得积极了，不那么消极了。宽容与道德品质关系密切。科尔伯格把个体的道德发展分为三个水平、六个阶段。有学者采用科尔伯格的方法对我国青少年学生的道德认识进行调查发现，我国初中生的道德认识水平达到世俗水平，即第二水平，以行为是否符合社会的标准、满足别人的期望、保持传统的秩序为道德判断的基础。经相关调查发现，我国部分初中生的宽容处于较低的发展水平。尽管这些初中生的宽容水平较低，但青少年期是道德行为习惯发展的关键期，也是可塑性最强的时期；而较低的宽容水平对处理人际关系、保持良好心态、适应学校和社会生活不利，因此应加强初中生道德品质和宽容品质的培养。

9. 领导力

领导力指的是善于鼓励、激发、协调团体成员完成任务的品质。具有该品质的人能够帮助团体一致地、有效地、和谐地实现目标。尽管青少年的领导力可以追溯到初中或高中阶段，但是对初中生领导力的实证研究却很少，这说明没有合适的工具可以对其进行有效测量。领导力是带领团体完成某个目标或者任务的最核心的能力，也体现了个体的综合素质和能力，是成功应对现代社会激烈竞争和迅速变化的一项重要能力。因此教师应重视初中生领导力的培养和发展。

(二)高中生主要的积极心理品质①

孟万金教授研究团队对全国6000多名高中生进行了调查和分析。调查结果显示：高中生自评领导力、持重、创造力和真诚的得分比较低，容易导致他们出现一些心理与行为问题。根据高中生身心发展的特点、规律以及相关调研得出的我国高

① 转引自刘在花：《高中生积极心理品质培养研究》，载《中国特殊教育》，2010(11)。

中生积极心理品质发展的现状，高中阶段应重点培养以下几种积极心理品质。

1. 思维与洞察力

高中生的辩证逻辑思维迅速发展，已趋于占优势的地位；思维的创造性提高，能不断提出新的假设、理论；思维的敏捷性、灵活性、深刻性、独创性和批评性明显增强。高中生观察力的发展具有新的特点：目的性更强，持久性明显发展，精确性提高，概括性更强。由于洞察力是以观察力为基础的更高层次的知识和判断，所以应该重视培养高中生的思维与洞察力。培养高中生的思维与洞察力主要包括：提高批判性思维水平；能全面深入地思考问题；能独立地分析与解决问题；能认识事物的本质属性；能理解特殊与一般、归纳与演绎、理论与实践等的辩证关系；学会正确处理各种关系以及各种问题。

2. 谦虚

高中生非常关心自己个性的成长，十分关心自己个性特点方面的优缺点。高中生的自我评价日益成熟，他们能独立地评价自己的内心品质、评价行为的动机及效果的一致性情况等。其自我评价在一定程度上达到了主客观的辩证统一。高中生自我评价能力的提升及对自我分析要求的提高，不仅是高中生个性高度发展的重要标志，而且也是有目的地进行自我教育的前提。高中生在自我评价上表现出个体差异：大部分高中生能够进行适当的自我评价；但相对而言，部分高中生易出现自我评价偏高的倾向，因而导致他们表现出自负，常常听不进别人的意见。随着年龄的增加，这种情况会得以克服，高中生的自我评价与其实际表现会日趋一致。

因此，高中生心理健康教育应该重视高中生谦虚品质的培养，教育他们正确认识自己的长处和不足，悦纳自我，诚实地面对自己的缺陷或缺点，不贪慕虚荣，不骄傲自大，虚心听取不同的意见，勇于自我批评和接受他人的批评，敢于承认错误和改正错误。

3. 信念希望

价值观是个体对自然、社会、人生带有根本性的观点，它的形成是由人的知识水平、生活环境等方面决定的，同时受人的情感意志、理想动机、立场态度等个性因素所制约。在小学阶段，学生已经开始对人类、自然及社会现象产生兴趣和疑问，但尚未形成价值观；在初中阶段，学生的价值观开始萌芽；在高中阶段，学生才初步形成价值观。高中生价值观的核心是人生意义问题，他们逐渐学会将个人的生活目标与社会发展的总体方向相联系，即不仅要说明自己对于社会发展的意义，而且还要找到社会发展对自身的意义。有些高中生的价值观尚缺乏稳定性，他们还容易受外界环境的变化而改变对社会及人生的看法，改变自己的价值取向。因此，高中生的价值观仍有向不同方向发展的可能。正因如此，我们要加强对高中生信念与希望品质的培养，引导他们树立正确的人生观、价值观和世界观，帮助他们正确认识各种挫折和失败，保持豁达乐观，对未来充满希望，保持良好的心态，具有积极向上的精神。

4. 持重

高中生，特别是高三年级学生，面临着升学等问题，需要进行理性的思考，结合自己的兴趣、能力、意愿、价值取向等进行谨慎决策，慎重选择。因此，我们十分有必要加强对高中生持重品质的培养，教育他们遇事沉着冷静，理智思考，仔细推敲，谨慎稳重，认真抉择，不轻易冒险。

5. 执着

高中生意志行为的心理过程包括采取决定和执行决定两个阶段。采取决定是意志行为的开始阶段，决定着行为发生的方向；执行决定是意志行为的完成阶段，是意志行为的中心环节。高中生意志行为的结构特点概括起来有以下两点：①采取决定的主动性、计划性不断提高；②执行决定的毅力不断增强。执行决定要求更大的意志努力，高中生比初中生更能控制自己的情感，支配自己的行为，克服行动中的困难，使意志行为具有更大的自制性、坚持性。因而，我们应该加强高中生执着品质的培养，教育他们做事应该有始有终，即使遇到困难也应敢于面对，勇于坚持，想方设法克服，而不能退缩。无论是对人还是对事，高中生应该满怀热情，有活力，有能量，有毅力。

6. 真诚

高中生存在“理想自我”与“现实自我”的矛盾。理想自我是自己在头脑中塑造的、自己所期望的未来自我形象，即“我理应成为什么样的人”。现实自我是通过个人实践反映到头脑中的、现在的真实自我的形象，即“我是什么样的人”。高中生比以往任何时候都更经常地考虑自己的未来，所以高中生的理想自我相对发展较快，发展水平超过现实自我，从而容易导致理想自我与现实自我的矛盾。为此，教师应该注意培养高中生真诚的品质，帮助和引导他们正确认识和看待自己，真实诚恳、表里一致地做真实的自己；引导他们根据现实条件和自己的能力，努力改善现实自我的状况，必要时能调整理想自我，促进理想自我与现实自我的协调一致。

7. 创造力与领导力

高中生在调查中创造力和领导力的得分较低，说明高中生创造力和领导力有待提升。因而在今后的学校教育中，教师应该注意加强高中生这两项品质的培养。教师应有意识地激发和培养高中生的创新意识，培养他们强烈的好奇心和探究欲望，让他们能对客观事物中存在的明显失常、矛盾和不平衡现象产生强烈兴趣，能够产生新想法；训练他们的创造性思维、发散思维和聚合思维，提高他们发明创造的能力。此外，教师还应该注意培养高中生的领导能力，引导他们从宏观和大局出发分析问题，无论是做人还是做事都要跳出狭隘的自我的圈子，用整体化的、均衡的思路应对复杂多变的问题和事物，关心、重视他人，具有良好的沟通能力、组织协调能力和解决问题能力。

三、培养中学生积极心理品质的重要性

(一)有利于中学生形成积极健康的生活方式

积极心理品质的培养，有利于拓展和丰富中学生的积极情感体验，让他们形成对过去生活的满足、对现在生活的快乐与幸福及对未来充满希望的幸福状态。积极心理品质的培养，有利于不断挖掘中学生的心理潜力，让他们拥有感受自我潜能和幸福的积极力量。积极心理品质的培养，特别是在面对困难和挫折时，有利于中学生形成乐观的解释风格、积极的思维习惯和处理问题的能力，培养健康的生活方式。总之，培养积极心理品质，是中学生一生能够幸福发展的底色和基因。

(二)有利于提高家庭环境的“温度”

积极的家庭环境，是一种快乐自由、温馨和睦、充满爱和包容、洋溢着活力的家庭氛围。在这种环境中，家庭成员关系和谐，相互关爱，相互尊重，民主宽容，态度积极，平等沟通。另外，积极的家庭环境能优化孩子的心理环境，能让孩子产生积极的心理感受和情绪体验，使孩子的内心呈现出和谐、自由、轻松、愉悦、快乐、幸福的状态，对孩子的身心健康产生积极的影响。具有积极心理品质的孩子也会主动建构、创造和优化自我良好的心理环境，发展健全的人格，使家庭关系更和谐、更幸福。中学生的心理品质与家庭环境相互促进，能够有利于提升家庭环境的“温度”。

(三)有利于形成积极向上的精神风貌与和谐校园建设

校园是中学生学习的主要场所，建设一个和谐、轻松、团结、关爱的校园环境，对于培养中学生的积极心理品质尤为重要。积极心理品质有助于中学生形成乐于助人、团结友爱的同伴关系与和谐的集体氛围。培养中学生谦虚、真诚、友善等积极品质，才能有利于他们之间的友好交往，建立团结友爱的班集体，创建和谐的校园氛围。积极心理品质给学校发展注入了活力，使师生的精神面貌积极向上，促进师生素质的提升，使办学品质显著提高。

(四)有利于和谐社会和幸福中国建设

青少年是国家的未来和希望，他们的素质关乎国家将来的发展。青少年在学校养成的爱、信念与希望、思维与洞察力、创造力、宽容和领导力等积极心理品质，将会通过自身的成长对社会产生积极的影响。这些心理品质对社会主义核心价值观的价值认同、价值目标的固化(内化于心)、价值观念的实践(外化于行)具有积极作用和影响。积极心理品质有利于提高个人的幸福感，有利于和谐社会和幸福中国建设。

第三节　中学生常见的心理问题

中学时期是中学生身体和心理发育的关键时期，是充满激情、浪漫，具有创造

力，少保守思想，较为活跃的时期，是他们从幼稚走向成熟、从依赖走向独立的过渡时期。在此期间，他们也将伴随着社会快速发展和转型期带来的各种变化。例如，家长对社会压力的传导和对孩子过高的期望、学业压力的加大和成长中会面临的青春期心理问题、人际关系不融洽、心理脆弱承受力差等诸多心理问题，会严重影响中学生的正常学习和生活。通过一线调查和资料收集，我们可以把中学生常见的心理问题梳理归纳为学习、人际关系、青春期心理和挫折适应四类问题，并对每一种心理问题提出解决的策略。

一、学习问题

因学习而产生的心理问题是中学生心理问题的主要部分，主要有厌学、考试焦虑、学业不良等。

(一)厌学问题

厌学是中学生对学校的生活失去兴趣，产生厌倦情绪，持冷漠态度等心理状态及其在行动中的不良表现方式。厌学行为表现为学习动力不足，感到学习没劲，丧失上进的信心，学习欲望低下。重者对学习丧失兴趣，不能独立完成作业，盼着早点毕业。更严重者根本不学习，终日浑浑噩噩，经常迟到、早退、旷课，对任课教师缺乏感情。厌学是学习活动中比较突出的问题，不仅是学业表现不好的中学生不愿意学习，而且一些学业表现较好的中学生也会出现厌学情绪。

(二)考试焦虑问题

考试焦虑是由一定的应考情境引起，以担心为基本特征，以防御或逃避为行为方式，受个体的认知评价、人格因素和其他身心因素制约的考试时常见的一种心理现象。考试焦虑严重者听到要考试就紧张起来，考前睡不好觉，考试时出现情绪紧张、心慌意乱、记忆卡壳等现象，特别是遇到较为重要的考试时焦虑会更为严重。某些平时学业表现不错的中学生，一到考试时也会慌手慌脚，无法发挥自己应有的水平。严重的考试焦虑不仅对学习具有极大危害，对中学生的身心健康也形成潜在威胁。

(三)学业不良问题

学业不良问题的实质是中学生的学习结果未能达到教学的基本要求。一般来说，学业表现不好的中学生，就是我们常说的“后进生”。虽说随着教育改革的推进，越来越注重过程性评价和综合评价，但注重考试的评价的地位在短期内难以有较多改变。因而，这种只注重考试的评价会使中学生失去对学习的乐趣，造成学业不良。

二、人际关系问题

人际关系问题也是中学生常见的心理问题，包括以下几个方面。

(一)师生关系问题

从心理学角度看，中学生的心理发育状况会影响师生关系。师生关系问题表现在如下几方面。首先，处于心理断乳期的中学生容易与教师发生冲突。其次，教师对中学生的不理解、不信任会使中学生产生对抗心理、压抑心理、攻击行为等。最后，教师和中学生会对师生关系产生认识的错位。当教师认为师生是朋友关系，但中学生不认可时，这种错位认识会影响师生关系的和谐发展。

（二）同学关系问题

中学生除了希望得到教师的理解与支持外，也希望在班级、同学间有被接纳的归属感，寻求同学、朋友的理解与信任。有些中学生常常会觉得自己与众不同，以自我为中心；非常渴望获得同学团体的认同，常常会为了盲从团体而放弃自己的个性；不知道如何经营人际关系，会产生人冲突等。这些都会成为中学生同学关系的困扰。

（三）亲子关系问题

民主型家庭给孩子一个温暖的归属港湾，专制型家庭中父母与孩子之间不能进行正常的沟通。专制型家庭的父母缺乏对孩子的尊重，对孩子的学习期望值过高，忽视孩子情绪情感的变化；对孩子的行为和交往干涉过多；对孩子过分关爱或者对孩子评价不妥，从而引发亲子矛盾；与孩子缺乏沟通，甚至把双向沟通变为父母单向的训斥。这些现象将不利于孩子的健康成长和家庭的和谐。

三、青春期心理问题

中学生正处于青春期，他们的生理和心理在这一时期发生急剧变化，是从幼稚走向成熟的重要转型时期。如果在这一时期中学生的负性情绪情感没有得到及时疏导和调控，就容易引发各种情绪与行为问题。

（一）闭锁心理问题

闭锁心理是中学生成长过程中一种阶段性的心理现象。有些中学生会把自己封闭起来，平时很少与他人交流，内心的矛盾从不外露；当困难和矛盾得不到克服时，往往因焦虑而自卑，甚至自暴自弃。进入青春期后，有些中学生一方面渴望被他人理解和关注；另一方面独立感增强，又不愿意把自己的内心轻易表露出来。闭锁心理属于内倾型心理，会造成中学生自我认识上的偏差：自尊心强，内心脆弱，怕他人瞧不起，把自己禁锢起来，易形成自我封闭、自我孤立的性格，甚至会导致悲观厌世。

（二）情绪波动问题

有些中学生的情绪丰富而强烈，有时会因一点小事而情绪激动，也会为一点小事而灰心丧气，情绪起伏变化很大，而且容易冲动。多变的情绪会使他们难以专心致志、善始善终地做好每一件事，学习和生活也因此受到干扰。有些中学生的情绪起伏变化大，自我控制力较弱，从而影响自己的精神状态等。

（三）男生、女生交往过密问题

有些家长和教师一直把男生、女生交往过密定义为“早恋”。男生、女生交往过密是青春发育期容易出现的一种现象，这一时期会出现性发育迅速成熟与性心理相对幼稚的矛盾。生理科学告诉我们，孩子的成长是一种不可抗拒的力量，心生爱慕是身体发育和心理发展正常的外在体现。如果家长和教师一味地把男生、女生之间的交往过密定义为“早恋”的话就会很容易在焦躁不安中对他们做出一些不恰当的事情，而且也必然得到他们的抗拒和抵制。

四、挫折适应问题

中学生面对的挫折是多方面的，有学习的、人际关系的、兴趣和愿望的以及自我尊重的。这些挫折产生的原因有客观因素、社会环境因素以及个人主观因素。

(一)自卑心理问题

自卑心理是指中学生由于各种原因对自己的品质、智力、能力等感到怀疑并做出过低评价所产生的心理感受。自卑心理一旦形成并得到发展，就会对中学生的心理过程和个性心理产生消极影响。中学生尚处于心理发展不稳定的年龄阶段，自我否定意识更容易引起他们情绪情感的巨大波动和思想观念的急剧变化，严重影响其学习和生活。过度自卑会导致中学生抑郁，严重影响其身心健康，容易造成其心灰意冷、自暴自弃、消极颓废。

(二)孤独心理问题

孤独是个人在群体中所产生的一种孤单、寂寞、无助的心理状态。孤独是缺乏与他人交往的结果，又是难以与他人良好交往的心理问题。有些中学生害怕交往，不愿投入火热的生活，却又抱怨他人不了解自己，不接纳自己。有些中学生很少和他人交往，会一个人独自活动，少语寡言，人际关系出现疏远化和淡化问题。

(三)嫉妒心理问题

嫉妒心理是一种恐惧或担心他人优于自己的心理状态。嫉妒是一种普通的、强烈的心理现象，是一种有针对性的感觉。它产生于当现实的和期望的各种关系受到威胁时，是一种既羡慕又敌视的矛盾的情感。有些中学生越是关心和重视嫉妒对象，越有可能会被绝望与恐惧感包围。

第四节　中学生积极心理品质的培养

一、抓住课堂教学主渠道

(一)开设心理健康教育课

心理健康教育是提高中学生的心理素质、促进其身心健康和谐发展的教育，是进一步加强和改进学校德育工作、全面推进素质教育的重要组成部分。随着社会的发展，心理健康教育越来越受到重视。教育部为落实《中共中央 国务院关于进一步加强和改进未成年人思想道德建设的若干意见》和《国家中长期教育改革和发展规划纲要(2010—2020年)》的要求，制定了《中小学心理健康教育指导纲要(2012年修订)》，科学地指导和规范中小学心理健康教育工作，以积极心理学为指导，引导学生解决在学习、生活、自我意识、情绪调适、人际交往和升学就业等方面会遇到的各种各样的心理问题。

教育部公布的《中小学心理健康教育特色学校标准(试行)》要求各学校每两周至少开设一节心理健康教育课。心理健康教育没有全国统一教材，基本上由各省教研机构组织开发。教材内容依照《中小学心理健康教育指导纲要(2012年修订)》，以积极心理学为理论指导，按照学会学习、生活适应、自我意识、情绪调适、人际交往和职业发展等领域，按照学生的心理需求分年级、分梯度安排单元和课时内容。学校要把具有教育学、心理学教育背景的教师和对心理健康教育感兴趣并具备资质的教师、班主任，组建成一支心理健康教育专兼职教师队伍。学校要组织执教心理健康教育的教师接受一定学时的专业技能培训和课堂教学指导，让他们学会根据主题进行材料选择、教学设计和活动组织等，以课堂教学为主阵地，培育中学生的积极心理品质。

(二)开设主题班会

在“立德树人”队伍里，班主任是中坚力量。2009年，教育部颁布《中小学班主任工作规定》，首次明确提出班主任是中小学生健康成长的引领者，班主任要努力成为中小学生的人生导师。这体现了对班主任角色认知的更深层次的视角。班主任是班集体的教育者，班主任的一言一行、一举一动对中学生来说都是教育。

在目前专职心理健康教育教师数量不足的情况下，班主任是学校开展心理健康教育的主力军。学校要对班主任进行系列心理健康教育主题的培训，使班主任掌握一定的心理健康教育知识和心理辅导技能，利用每周一个课时的时间组织一堂主题班会。学校要改变班主任在开展班会活动中主题松散、不系统和资源有限、难以共享的弊端，杜绝把班会变成事务性安排的做法，使班主任能够逐步从课程的高度和德育功能的视角，去体认主题班会在促进中学生心理品质发展中的重要作用。实践证明，主题班会已经成为班主任开展的更规范、更全面、更系统、更有针对性的班级教育活动，对班主任进行班级管理、实施德育活动和心理健康教育具有重要作用，也是促进班主任专业发展的行之有效的途径。

(三)注重学科教学渗透

积极心理学更多强调的是预防和培育中学生的积极心理品质。在学校教育教学过程中，学科教学是学校教育活动、中学生学习发展最主要的过程和形式；中学生的各种心理品质培养也都是在学科教学过程中实现的。因此将课堂作为主阵地，教师要善于挖掘学科教学中培养中学生积极心理品质的教育资源，探索在学科教学中培养中学生的积极心理品质的新策略和新方法。教师应将心理健康教育始终贯穿于教育教学全过程。教师应自觉地在各学科教学中遵循心理健康教育的规律，将适合中学生特点的心理健康教育内容有机渗透到日常教育教学活动中。教师要注重发挥教师人格魅力和为人师表的作用，建立起民主、平等、相互尊重的师生关系。

教师在课堂教学中处于主导地位，相比中学生来说心理品质更为成熟，是学校心理健康教育的重要成员。教师在传授给中学生学科知识的同时，也影响着中学生人格的发展。这就要求教师学会心理调适，保持积极乐观的心态。只有这样，教师在学科教学过程中才能充分利用自身的积极心理品质潜移默化地影响中学生，渗透培养中学生积极的认知品质、情绪品质、交往品质和意志品质。

二、开展适合中学生心理发展特点的活动

开展团体心理辅导和心理拓展训练，开设心理情景剧和专题讲座等，能够引导中学生心理的积极健康发展，最大限度地预防中学生发展过程中可能出现的心理行为问题；让中学生在积极心理体验过程中正确认识自己，挖掘内在潜能，发现优缺点，培育积极心理品质。积极心理体验的形式有很多，如心理剧、室外拓展、角色扮演等。下面提供一个主题为“在合作中成长”的室外拓展活动的设计，供大家参考。

室外拓展活动：在合作中成长

1. 教学目标

①在活动中进行体验、分享、感受，在合作中成长。

②正确认识自己，相互信任，加强班级的凝聚力。

③增强合作意识，体验团结合作带来的快乐，并能正确面对成功与失败。

2. 教学准备

25个眼罩、8张拼图、胶带、8个气球、8把椅子、木板。

3. 教学过程

(1)暖身活动

师：亲爱的同学们，欢迎大家一起和老师参与到这堂团体心理活动课中来。我们升入高中，又迈上了一个新的台阶，开始了一段新的学习生活。此时，大家正走在成长的路上。我想做个小调查，在新的学习环境里，面对新的要求、新的挑战，那么平时会感到身体疲惫的同学请举手？

师：原来这么多的同学都感受到了成长路上的艰辛和劳累。接下来，我们就通过一个游戏暖暖身，缓解一下身体的疲劳，体验一下成长路上的快乐和幸福，好不好？

生：……

师：请同学们注意听游戏的规则。

①全班同学分为四个小组，请每个小组的成员肩并肩围成圈站立。

②请大家向右转，成前后站立围成圈。

③根据指令，请后面的成员边转圈边为前面的成员敲背、捶肩、捏肩膀。(此时放音乐：甩葱歌)(注意提醒力度要适当，特别是男生、女生之间。)

④然后再请大家向后转，继续为前面的成员敲背、捶肩、捏肩膀。

师：成长路上因身旁这些伙伴们的陪伴而增添了许多快乐和色彩。对于这些伙伴们，你又了解多少？接下来，我们一起来通过游戏的方式，深入了解一下我们身边的这些可爱的小伙伴们。

(设计意图：新集体、新环境，让学生之间存在一定的陌生感。借助简单的暖身活动，快速拉近学生之间的距离，消除陌生感。)

(2)自我介绍

①四个小组不变，各组成员围成一个圆圈，进行自我介绍。

②介绍方法——第一个学生说自己的姓名、优点或特点(能够让别人一下子记住自己的)，向大家送祝福。左边(或右边)的学生继续自我介绍，但要这样说：我是×××(第一个学生的名字)左边(或右边)的×××。接着说自己的姓名、优点或特点，对大家说一句祝福的话。第三个同学说：我是×××(第一个学生的名字)左边(或右边)的×××(第二个学生)左边的×××。介绍内容同上，以此类推下去。

师：这位同学说，他是一个乐于助人的人，大家相信吗？

生：相信。

师：他是一个勤奋的人，大家认为呢？

生：(肯定回答)。

过渡：伴随着同学们之间以及与教师之间的这份信任，我们一同踏上新的旅程，让我们成长的路上遍地开满友谊之花。这也是我们下个游戏的主题：踏上信任之旅，增进你我友谊。

(设计意图：快速认识班集体的所有成员，加强彼此的了解。)

(3)信任之旅

师：介绍游戏规则，全班分为四组，两组作为“盲人”，两组作为“拐杖”。最终两人配对，一位做盲人，另一位做盲人的拐杖，盲人不可随意摘下眼罩，直至游戏结束。一定要注意安全提示。设置四组障碍路线(包括独木桥、高山——用椅子代替，踩气球)，要求盲人不仅要跋山涉水，还要完成一定的任务。在此期间，不准把盲人带入规定路线以外的道路，不得吵闹。违反游戏规则者将取消游戏资格。

游戏过程：

师：请盲人带上眼罩，原地转3圈，暂时失去方向感。我们的旅程只是刚刚开始。此时，请盲人用一个词来形容心中的感受。

生：无助、害怕、紧张、孤独……

师：现在我们再来听一听拐杖们的感受。

生：担心，挺想帮助盲人的。

师：可爱的孩子们，你们身上继承了中华民族乐于助人的优良传统。我在你们身上看到了中华民族的希望。现在，拐杖挽着盲人的一只胳膊，只能做语言暗示，帮助盲人体验各种感觉。拐杖协同盲人走完这一段旅程。到达终点时，请盲人和拐杖分享心中的感受。

师：旅程结束后，换另一半同学，当拐杖的现在是盲人，盲人变成了拐杖。请同学们谈心中的收获。

生：人与人之间要互帮互助……(师点评：人心与人心之间，就像高山与高山之间一样。如果我们真诚地向对方呼喊："让我帮助你！"在我们需要对方帮助时，他的回音一定也是"让我帮助你！")

师：除此之外，你还收获了什么？

生：信任……(师点评：当被蒙上双眼，我们看不到前方，只能用真诚的心去信任对方，走完这段旅程。眼前虽是黑暗，可是我想说当开始相信甚至信赖我们身边这个人时，其实前面纵是更艰难的行程，我们还是可以快乐、幸福地走下去……)

过渡：人生路上，除了彼此信任有助于我们的成长外，我们还需要什么来帮助我们拼出绚丽多彩的人生画卷呢？接下来，我们一同通过拼图游戏来体会，成长路上我们如何拼出绚丽多彩的人生。

(设计意图：通过游戏，学生体验助人与受助的感受，增加对别人的信任与接纳；同时培养乐于助人和接受帮助的意识。)

(4)拼图游戏

①将学生分成两个大的阵营，每个阵营有四个小组，每个小组选一个小组长，每个小组有一个信封(每个信封内装着任意 1 张拼图中的 2 块拼图碎片和其他 3 张拼图中的任意 2 块拼图碎片，共计 4 块拼图碎片)。让学生用 2 分钟的时间观察本组每块碎片的特点。然后让学生通过与同一个阵营的其他 3 个小组进行交换，完成拼图活动。(此时的小组由原先的 4 个小组变为 8 个小组。)

②直到有两个组拼图成功后，游戏结束。小组队员回队，各队展示自己的成果。

③成功的小组和失败的小组分别选出代表分享自己的感受和收获。

涉及的问题：①你们小组是怎样出色地完成拼图的？②请获胜组谈一谈成功的感想。③请失败组谈一谈心中的感受。④请同学谈一谈在这个游戏中自己最大的收获。

游戏启示：①集体中的合作会给我们带来快乐。②这个过程还需要我们掌握沟通的技巧。③个人都需要合作的意识。要有自觉为集体贡献力量的意识。

师：游戏中小组讨论、真诚合作、充分发挥集体的智慧才能更好地完成任务。助人助己，合作共赢，每个人都如同拼图的一个部分，大家团结起来就是一幅美丽的图画。

（设计意图：让学生体会在集体中合作带来的快乐，让学生初步掌握沟通的方法。培养学生在集体中良好的合作意识、自觉为集体贡献力量的意识。团结就是力量，团结产生力量。）

过渡：通过刚刚这个活动，同学们认识到了正确的竞争与合作，同时领会到了合作的重要性，体验到了团结合作带来的快乐。

(5)链接加速

师：全班分成四组，现在给大家1分钟的时间，确定本组的口号。每组后边的人用左手抬起前边的人的左腿，用右手搭在前边的人的右肩形成小火车，最后一名同学也要单脚跳步前进，不能双脚着地。场地上画好起跑线和终点线，其距离为30米(以一篮球场宽为准，来回)。游戏开始时，各队从起跑线出发，跳步前进，绕过障碍物回到起点，最先到达起点的为胜。

游戏过程中队员必须跳步前进，不允许松手(一直保持抬起前边的人的左腿的状态)，以防止出现断裂现象。队伍断裂必须重新组织好，从起点重新开始游戏。如果不重新组织，继续前进，则成绩视为无效，以各队最后一名同学通过终点线为准。

（设计意图：再次通过游戏，培养学生的团结协作精神。）

师：通过这一节课的活动体验，我们收获颇丰。让我们在轻松、和谐的气氛中互相说一下自己的收获。我们可以通过以下三个句式来畅谈自己的成长感言。

成长感言：

成长路上，我学会了________________

成长路上，我明白了________________

成长路上，我知道了________________

师：同学们，这节课上，你快乐吗？

要相信自己，做好每一件事！这才叫作成长！

共同努力，打造有凝聚力的班集体。

……

总结升华：在活动中感悟，在体验中成长，在快乐中学习。或许今天的你们犹如鲜绿的麦苗，因为成长，你们明天就会变成金黄的麦穗；或许今天的你们犹如含苞的玫瑰，因为成长，你们明天就会娇艳地绽放。愿大家一路成长，一路收获！

（活动设计由山东省威海市新都中学李海娇老师提供）

三、加强学校与家庭、社会的联系

（一）加强家校沟通研究，提高家长对子女的教育水平

密切联系家长，共同实施心理健康教育。2021年10月，《中华人民共和国家庭

教育促进法》颁布，明确要求父母或其他监护人要关注未成年人心理健康。学校要帮助家长树立正确的教育观念，了解和掌握孩子成长的特点、规律以及心理健康教育的方法，加强亲子沟通，注重自身良好心理素质的养成，以积极健康和谐的家庭环境影响孩子。同时，学校要为家长提供促进孩子发展的指导意见，协助他们共同解决孩子在发展过程中出现的心理行为问题。

有人通过对积极心理学的学习和研究，总结出基于积极心理学导向的家校沟通模式研究，值得借鉴。①

为促进家校合作，学校把和谐沟通作为工作的着力点，将重点放在沟通模式的优化上。学校通过广泛采集问题发现以往的沟通习惯中存在消极的“五多五少”沟通方式：指责抱怨对方的多，自查反省自己的少；说有利于自己的话的多，说有利于他人的话的少；说出不赞同观点的多，能提出建设性建议的少；下意识推卸责任的多，能主动承担责任的少；凭主观判断来评论的多，能如实描述表达的少。

通过学习，学校基于积极心理学倡导心灵的积极取向，以研究人类的积极心理品质、关注人类的快乐幸福与和谐发展为理念，针对以往在沟通中存在的“五多五少”的问题，通过调研和多轮研讨，集中提炼、归纳出积极语言表达模式的“五多五少”，即少说你字句，多说我字句；少说利我句，多说利他句；少说反对句，多说建设句；少归因于他，多归因于己；少主观评论，多如实描述。借助精选的案例，学校对家长等进行培训，促进了家长和学生互相之间的理解，实现了彼此间的欣赏和尊重，促进了学生的健康幸福和心灵的和谐发展。

（二）充分利用校外教育资源，积极获得社会支持

学校要加强与基层群众性自治组织、企事业单位、社会团体、公共文化机构、街道社区以及青少年校外活动场所等的联系和合作，组织开展各种有益于中学生身心健康的文体娱乐活动和心理素质拓展活动，拓宽心理健康教育的途径。学校应充分利用青少年活动中心（少年宫）、学生教育实践基地、未成年人心理辅导中心、图书馆等公共文化场所，提高中学生的耐挫能力、执着、领导力等积极心理品质。

思考与练习

1. 简述积极心理学的主要内容。
2. 简述心理健康教育的目标、任务和内容。
3. 简述中学生常见的心理问题。
4. 简述如何培养中学生的积极心理品质。

---

① 孙林娜：《基于积极心理学导向的家校沟通模式》，载《教学育人》，2017(23)。

第六章　中学生健康行为与生活方式教育

本章导读▶

健康教育是指通过有目的、有计划、有组织、有系统地纠正个体的不良行为和生活方式，促进个体自觉地采纳健康的行为和生活方式的社会教育活动。对于健康教育而言，健康行为和生活方式的塑造既是教育目的，也是教育手段。本章的学习目标为中学生应该掌握的健康行为和生活方式，同时指出中学生群体中常见的不良行为和生活方式及其危害以及促进学生膳食营养均衡。本章重点关注中学生存在的危险行为，引导并帮助其规避危险因素，引导其改善自身行为和生活方式，做到健康生活。

第一节　中学生的健康行为和生活方式

一、健康行为和生活方式概述

(一)健康行为

行为是指个体为认识和改造世界所产生的内在心理的一种外在表现，充斥着人类生活的方方面面，是人类个体和社会发展不可或缺的成分，是连接个体与外界环境的主要方式之一，可以分为个体行为和社会行为。行为与健康有着密切的关系，随着人类疾病谱的变化，心脑血管疾病等慢性非传染性疾病已经成为“人类杀手”之一。慢性非传染性疾病与吸烟、缺乏运动等不良行为和生活方式有着密切的关系。对于传染性疾病而言，不恰当的行为也会导致疾病的感染和传播。“少成若天性，习惯成自然”，如果能够在少年时期养成良好的生活习惯，不仅可以降低一些疾病的患病风险，也可以在多方面使个体受益终身。

健康行为是一种个体行为，从行为科学观点来看，是个体为了预防疾病、保持自身健康所采取的行为，包括改变危害健康行为(吸烟酗酒、不良饮食以及无保护性行为等)，采取积极健康行为(经常锻炼、定期体检等)以及遵医行为。[①] 根据世界卫生组织 1978 年在《阿拉木图宣言》中对健康的界定，健康行为应包含四部分：有关生理的健康行为、有关心理的健康行为、有关道德的健康行为和有关社会适应的健康行为。健康行为可以帮助人们养成健康习惯，是个体预防疾病，保持良好的身体、心理状态的有效手段。养成健康行为可以进一步促进健康生活方式的形成。

个体或群体表现出的在客观上有利于或促进健康的一组行为被称为促进健康行为。1979 年，D. 哈里斯(D. Harris)与 S. 戈顿(S. Guten)将促进健康行为分为五类。[②] 这五类促进健康行为分别为：①基本健康行为，包括合理膳食营养、适度睡眠等一系列有利于健康的日常生活行为。②预警行为，包括自救、自护等可以预防事故发生以及正确处理事故的一类行为。③保健行为，包括预防接种、定期体检等正确合理的维护自身健康的行为。④避开环境危害，包括积极应对自然环境和不良心理社会因素的行为。⑤戒除不良嗜好。不良嗜好指的是包括吸烟、酗酒和滥用药物在内的对健康有害的个人偏好。

行为和生活方式因素在众多健康影响因素中对健康的作用显著；研究健康相关行为的发展变化规律，帮助人们消除危害健康行为，养成科学、文明和健康的生活方式，是健康教育的核心任务。与健康有关或能对健康产生影响的行为统称为健康

---

① 林丹华、方晓义、李晓铭：《健康行为改变理论述评》，载《心理发展与教育》，2005(4)。

② 转引自张一英、李慧德：《学校健康教育》，148 页，兰州，甘肃人民出版社，2004。

相关行为。其中，对健康有益的行为被称为促进健康行为，对健康有危害作用的行为被称为危害健康行为，能直接导致疾病的行为被称为致病性行为模式。

促进健康行为：如平衡膳食、适量运动、规律作息、讲究个人卫生、定期体检等，这些行为是健康教育所倡导的行为和生活方式。

危害健康行为：如吸烟、酗酒、缺乏体力活动、高脂膳食、过咸饮食、不遵守交通法规等，这些行为是健康教育要纠正的行为和生活方式。

致病性行为模式：根据与特异性健康结局的相关性，致病性行为模式可分为A型行为模式和B型行为模式两种。A型行为模式，即一种与高血压和冠心病的发生密切相关的行为模式，又被称为“冠心病易发性行为”。A型行为模式的特征包括成就渴求、紧迫激惹两个方面。B型行为模式，即一种与肿瘤的发生有关的行为模式，其表现为竞争性和进取主动性弱，情绪好压抑，喜欢自我克制等。

（二）健康生活方式

生活方式是个体的主观能动性与客观环境相结合的产物，是行为模式的具体外在表现。它不再是单纯局限于个体的行为层面，而是涉及衣、食、住、行、作息等多领域，个体、家庭、社会多层面活动的总和。生活方式一旦形成就具有一定的稳定性，个体不需要耗费心力去刻意为之，而需要习以为常地进行一系列的日常活动。《中国公民健康素养——基本知识与技能（2015年版）》指出，健康生活方式主要包括合理膳食、适量运动、戒烟限酒、心理平衡四个方面。健康生活方式不仅有利于提高个体的身体素质和生活质量，也可以降低多种慢性非传染性疾病的患病率和发病率，提高国民的健康素养。随着人类疾病谱的变化，非传染性慢性病与人类的行为和生活方式密切相关。个体的不良行为和生活方式一旦养成往往发生在不经意间，通过日积月累逐渐侵害到个体的健康。对个体进行健康生活方式的引导，可以有效促进个体的健康发展。例如，在美国的一项持续的健康教育项目中，接受健康教育的初中生吸烟率下降37%；参加以学校为基础的健康教育项目的女生肥胖率下降50%；参加以学校为基础的生命技能培训项目的学生，其吸烟、酗酒和使用大麻的比例比不参加的学生低44%。① 根据世界卫生组织的报告，生活方式的改变也可能导致越来越多的人患有眼疾。例如，减少花在户外的时间、增加工作的时间、城市化生活，以及其他因素，可能使全球的近视人数大幅增加。考虑到城市化的推进和人类发展指数，近视的人数将大幅增加。同时，高度近视的人群常常伴随着严重的并发症。

二、中学生健康行为与生活方式教育的内容

中学生的健康行为与生活方式是指在教师和家长的指导下，中学生掌握的增强身体素质、维持心理健康、促进道德和社会适应性发展的各种活动，与个体所掌握

① 王书梅：《学校健康教育与健康生活方式的建立》，载《中国学校卫生》，2003(6)。

的健康知识、对待健康的情感和价值观，以及外界对健康的价值与标准有关。中学生的健康行为与生活方式呈现出阶段性、可塑性强的特点。根据《中小学健康教育指导纲要》的内容，对于中学生来说，健康行为与生活方式的内容包括：膳食平衡有利于促进健康；青春期充足的营养素，保证生长发育的需要。保证充足的睡眠有利于生长发育和健康(小学生每天睡眠时间为10小时，初中生每天睡眠时间为9小时，高中生每天的睡眠时间为8小时)；发现病死禽畜要报告，不吃病死禽畜肉；适宜保存食品，腐败变质食品会引起食物中毒；拒绝吸烟、饮酒；认识到毒品对个人、家庭和社会的危害，吸毒违法，拒绝毒品；了解一定的食品选购基本知识和中国居民膳食指南的内容。

国家卫生健康委员会发布的《中国青少年健康教育核心信息及释义(2018版)》指出，青少年健康文明的生活方式包括合理膳食、科学运动、不吸烟、不饮酒、讲究个人卫生、保证充足睡眠、保持积极向上健康心理状态等。

青少年的健康关乎国家和民族的未来，国家卫生健康委员会发布的《中国青少年健康教育核心信息及释义(2018版)》，对于指导青少年健康习惯的养成具有重要意义。根据我国《中小学健康教育指导纲要》和《中国青少年健康教育核心信息及释义(2018版)》的相关内容，中学生的健康行为与生活方式教育主要包括如下五个方面。

(一)培养健康意识

培养中学生的健康意识是中学生养成健康行为和生活方式的前提。现代健康意识的内涵是指对于健康应从生理、心理、社会、环境等多方面进行综合评价，降低和消除影响健康的不利因素，以达到身心平衡和与环境的协调统一。① 健康意识可以帮助个体了解何为健康、何以健康，以兹减少和消除可能存在的危害健康的因素。中学生应该掌握的健康意识包括：环境卫生和个人卫生意识、适度运动和保持正确姿势意识、合理饮食和膳食营养意识、食品安全和卫生意识、抵制不良行为意识等。中学生健康意识的培养不仅需要提高他们认识论层面对健康内涵的把握，从身体、心理、社会交往、环境等方面对健康有一个整体的认知，而且需要提高他们的文化水平，使他们更容易接受、学习健康知识，培养健康意识。同时，中学生在维护自身健康的同时，也要有关心他人健康的意识。健康意识与健康行为之间存在互动关系，健康意识支配健康行动。人的健康意识一旦确立和形成以后，具有较强的稳定性。② 因此，培养中学生的健康行为先要让他们养成良好的健康意识，从生活和学习等方面促进健康行为的形成。

(二)培养健康文明行为和卫生习惯

养成健康文明行为和卫生习惯，可有效预防青少年健康问题的产生。养成健康文明行为和卫生习惯是预防疾病、促进青少年健康发展的重要手段。《中国公民健康

---

① 张雪、任锐、李莉：《公共卫生与全民的健康意识》，载《医学与哲学》，2005(8)。

② 柏友萍：《现代健康意识培养》，载《中国健康教育》，2004(1)。

素养——基本知识与技能(2015年版)》强调,“青少年处于身心发展的关键时期,要培养健康的行为生活方式,预防近视、超重与肥胖,避免网络成瘾和过早性行为”;中学健康教育重点关注青少年的学习、饮食、网络健康和生理等方面健康行为的养成。健康行为不仅是维护个体健康的主要方式,也是健康教育的最终目标。青少年时期养成的健康行为可以使个体获益终身。一些成年时期的疾病源于儿童青少年时期养成的不良健康行为习惯,如抽烟、酗酒等。中学生健康行为的培养是学校健康教育的核心,能为中学生现在和未来的健康发展打下基础。养成良好的卫生习惯,提高预防食物中毒的基本能力。不购买、不食用变质或过期食品,不采食野果。规范使用药物、杀虫剂、消毒剂等。被犬、猫等动物咬伤、抓伤,应及时接种狂犬病疫苗等。

中学生还要注意合理膳食和科学运动。保持健康体重的关键是合理膳食和科学运动。超重、肥胖危害中学生的呼吸系统及骨骼,甚至对其心理、行为、认知及智力产生不良影响。中学生参加体检,监测身高、体重等生长发育指标,及早发现、科学判断是否出现超重、肥胖等健康问题。积极、主动、科学地安排膳食与运动,是超重、肥胖中学生控制体重增长的主要措施。营养饮食是中学生体质健康发展的基础。中学生的营养饮食既包括养成良好的饮食习惯,如按时一日三餐、细嚼慢咽、不偏食、适度饮食和少食高热量、高脂肪、高糖、高盐食品等,也包括搭配合理的营养膳食结构。中学生正处在青春发育期,是体格和智力发育的关键期,特别要注意膳食平衡。科学运动是指在运动类型、运动强度、运动持续时间和运动频率方面有着合理科学的安排,对于不同年龄阶段、不同身体状况的中学生有着不同的要求。中学生通过学校健康教育应该学会评估自己的身体状况,能够选择适合自身的体育锻炼,每天适量开展体育活动,了解体育锻炼的注意事项,安全、科学、合理地进行运动。

(三)抵制不良诱惑和不健康行为

要抵制烟草诱惑,拒吸二手烟,远离烟草危害。烟草对中学生身体健康有极大的危害。毒品严重危害身体健康。毒品(包括新型毒品和传统毒品)具有很强的危害性,新型毒品对中学生具有更大的欺骗性。毒瘾很难戒除,中学生不应以任何理由尝试毒品。

(四)增强安全和防范意识

增强自身的安全和防范意识,掌握伤害防范的科学知识和技能。中学生主要受到的伤害包括道路交通伤害、暴力伤害、溺水、食物中毒和动物咬伤等。出行时严格遵守交通法规。暴力伤害会给中学生的身体、心理健康及社交会造成严重而持续的影响。中学生要树立正确的人生观,培养乐观、开朗、豁达的生活态度,建立良好的人际关系,积极参加有益的社会活动;不要拉帮结派,盲目效仿一些电影、电视中的暴力场面;学会沟通和控制情绪的技巧,避免过激行为。如发生或发现暴力伤害，应及时向教师或家长报告，必要时可呼救、拨打110报警电话。在正规游泳场所游泳，学习游泳自救常识，防范溺水发生。

中学生要掌握正确的生殖和性健康知识，避免过早发生性行为，预防艾滋病等性传播疾病。接受和参与全面性教育，了解同性和异性生殖器官的构造、特点和相关功能。了解青春期第二性征的发育，以及女性月经的发生、特点，男性的勃起和遗精等知识。性生理发育会使中学生产生心理变化，使他们对异性产生爱慕感。中学生需要理智客观地认识自我和他人，树立正确的恋爱观，认识到恋爱、婚姻与身心成长、成熟程度密切相关。养成并保持良好的卫生习惯。例如，保持外阴卫生，提倡每天清洗外阴；避免穿着紧身裤，应选择柔软舒适、透气性好、易于吸汗的棉质内裤等。中学生要避免过早发生性行为，拒绝性骚扰、性诱惑和性暴力。

(五)保持健康积极的心理状态

心理健康是促进中学生协调内部发展与外部环境、拥有健康行为的重要条件，与身体健康同样重要。中学生处在身心发展的重要时期，在生活、学习、情绪调节和人际交往等方面都会遇到各种心理困扰与问题。而如果这些心理问题得不到及时解决，中学生会在人格、社会交往等方面的发展受到影响，甚至引发焦虑症、抑郁症、神经性厌食等问题，进而导致行为和生活方式方面的消极发展。中学生要正确认识心理问题，保持积极向上、健康的心理状态，热爱生活，珍爱生命。以积极的心态面对互联网，合理、安全使用网络，增强对互联网信息的辨别力，抵制网络成瘾。

三、中学生健康行为与生活方式的影响因素

中学生健康教育的目标是中学生的行为与生活方式改变。影响中学生行为与生活方式改变的因素包括自身因素和环境因素。其中环境因素包括自然环境因素和社会环境因素。这三方面的因素从人的行为的动机、目的和人的需要等方面影响人的行为。

(一)自身因素

影响人类行为的自身因素有遗传因素、生理因素、心理因素等。遗传和生理因素一般是与亲代的基因有关，而心理因素包括认知、情感等心理过程，以及人格倾向、自我意识等个性特征两方面。[①] 基因的稳定性能在一定程度上影响人的行为。人的心理是认知、情感、意志的统一体。人在认识客观事物的变化规律的基础上，能有意识地确定行为目标和事实行为。此外，意志与人的情感密切联系，高尚的情感可以成为意志的动力，而消极的情感往往成为意志的阻力。[②]

---

① 汝骅：《学校健康教育“知信行模式”理论与实践》，24页，北京，中国轻工业出版社，2011。

② 朱启华：《健康教育学基础》，42页，南昌，江西科学技术出版社，2008。

(二)环境因素

人类的行为是对环境适应的结果，人的行为发生在环境中并对环境造成影响。环境中既存在有利因素，也存在不利因素，因此人的行为往往趋利避害。在行为的发展中起重要影响作用的环境因素复杂多样，一般包括自然环境和社会环境。其中自然环境包括地理、生物等生态环境，社会环境包含家庭环境、风俗信仰、人文地理、经济基础、医疗卫生、教育环境制度法规、意外事件等。对于中学生来说，其健康行为主要与学校环境、家庭环境和社会环境因素有关。

首先是学校环境因素。在所有影响青少年健康的领域中，教育是关键。学校是中学生获得相关的健康知识和技能的重要场所，学校的规劝和指导也能够为中学生的身体和精神做出积极引导。学校通过讲座、培训等教育干预手段，对中学生进行专业化、有针对性的行为干预，可以有效地提高中学生的健康意识，改变其不良行为。

其次是家庭环境因素。在"中国儿童青少年健康状况社会深度调查"中，84.09%的家长选择了关心和特别关心，但是每半年到 1 年在专业医院做 1 次身心健康体检者仅占 23.57%；在医院监测性发育的仅占 14.63%；不知道男孩睾丸发育大小的家长占 69.81%；不知道女孩是否乳房发育的家长占 29.59%；不知道孩子是否有行为问题的占 54.42%。① 家庭是孩子生活的主要场所，父母作为孩子模仿和学习的对象，其言行举止很容易对孩子的生活方式培养产生影响。因此家庭环境也是影响中学生掌握保健知识与方法，养成讲卫生、讲文明的健康行为和生活方式的重要因素。

最后是社会环境因素。社会对中学生健康行为的影响无处不在，社会人口、制度、道德、经济发展水平都会直接或间接地影响中学生的健康行为。例如，有学者认为社会经济发展水平与居民健康水平呈正相关，较高的经济发展水平有利于维持人类生存所需要的卫生安全环境，有助于个体维持健康。② 经济发达的地区更有可能为中学生提供良好的教育和卫生服务、清洁的学习和锻炼场所。另外，如果社会能够流行积极、健康的思想意识，则集体中的成员必定会倾向于采取促进健康行为。

第二节 中学生的危害健康行为及危害

危害健康行为也称危险行为，是指偏离个人、他人乃至社会健康期望，客观上不利于健康的一种行为。危害健康行为主要包含四类：不良生活方式和习惯、致病行为模式、不良疾病行为，以及违反社会法律、道德的危害健康行为。③ 本节主要

---

① 转引自王平：《〈中国儿童青少年健康状况白皮书〉发布：青春期须重视这些"槛儿"》，载《河南日报》，2017-05-10。

② 朱启华：《健康教育学基础》，43 页，南昌，江西科学技术出版社，2008。

③ 黄敬亨：《健康教育学》第 3 版，31～32 页，上海，复旦大学出版社，2003。

针对与中学生关系最为密切的几类危害健康行为进行介绍。

一、中学生的不良行为

中学生的不良行为影响个体健康。国外研究发现，吸烟的青少年也更有可能饮酒、参与欺凌，并受到伤害。①

（一）吸烟

1998年，世界卫生组织正式将烟草依赖作为一种慢性病列入国际疾病分类，确认烟草是目前人类健康的最大威胁。对于中学生来说，吸烟会对他们的呼吸系统和心血管系统产生严重危害。烟草中含有的尼古丁会对中学生的脑神经产生毒害，会造成他们记忆力减退、精神不振等。尼古丁具有极强的成瘾性，一旦吸烟成瘾，很难戒断。一些研究发现，个体开始吸烟的年龄越早，成年期成为规律吸烟者的可能性越大，越有可能对尼古丁产生依赖性，而成功戒烟的可能性就越小。②

根据《中小学生日常行为规范》及学校相关规章制度的规定，学生吸烟是严重的违纪行为，学校往往会对吸烟的学生给予较为严厉的处罚。但即使如此，中学生吸烟现象仍然存在。这其中不仅有个人与家庭的原因，也有学校和社会的责任。对于中学生来说，他们的年龄较小，尚未形成完善的价值观，判断是非对错的能力有限，从而产生几种不同的吸烟心理。①攀比心理。进入青少年期，有些中学生往往开始疏远成人而热衷于同伴交往，对于同伴影响的敏感性逐步增强。③ 在同伴的煽动下，有些中学生很容易经受不住诱惑。同时，一些中学生认为吸烟可以提高自己在同伴中的“身份地位”。一项研究发现，27.2%的中学生认为吸烟使人看起来很酷；23.5%的中学生认为吸烟使人成熟；29.5%的中学生认为吸烟可以炫耀自己。④ ②模仿心理。家庭是青少年身心发展最基本的环境，父母的行为和生活习惯会直接影响到青少年行为的塑造。研究发现，中学生的吸烟风险随着5位亲密同伴的吸烟人数、任课教师的吸烟人数的增加呈现增加趋势。⑤ 在青春期，中学生追求成熟，渴望被周围的人视为成年人。在看到家庭中的一些成年人吸烟时，一些中学生可能会产生想要模仿的想法。③逆反心理。逆反心理是青春期个体常见的一种心理现象。调查显示，中学生中经常存在逆反心理的达32.6%，偶尔存在逆反心理的达

---

① De Looze M, Pickett William, & Raaijmakers Quinten, et al., “Early Risk Behaviors and Adolescent Injury in 25 European and North American Countries: A Cross-National Consistent Relationship,” *Journal of Early Adolescence*, 2012(1), pp. 104-125.

② 文孝忠、陈维清、卢次勇等：《中学生吸烟与健康的知识和态度及行为的关系》，载《中国公共卫生》，2005(6)。

③ 转引自董泽松、张大均：《中学生心理素质的影响因素研究》，53页，武汉，华中科技大学出版社，2017。

④ 方晓义、郑宇、林丹华：《友伴关系与中学生的吸烟行为》，载《心理发展与教育》，2002(2)。

⑤ 马洁桃、花晨曦、徐畅等：《依托微信平台调查中学生吸烟行为及其影响因素》，载《中国健康教育》，2018(9)。

89.4%。[1] 逆反心理常见的表现行为就是唱反调。面对教师和家长对于吸烟行为的阻止，一些中学生偏要反其道而行，用吸烟来反抗成年人对自己的管教。除这些吸烟心理外，烟草广告、促销和赞助以及吸烟影视镜头对中学生尝试吸烟都会产生诱导。

2019年，国家卫健委、中宣部、教育部等部门联合发布的《关于进一步加强青少年控烟工作的通知》强调，为实现"2030年15岁以上人群吸烟率降低到20%"的控烟目标，筑牢青少年健康成长的安全屏障，社会要全面开展青少年控烟宣传，规范市场管理，查处中小学校园内和校园周边违规销售的烟草制品，严格查处违法向未成年人销售的烟草制品。此外，增加烟草税收也可以在一定程度上减少烟草的使用。在学校方面，全力推进无烟中学建设，宣传和普及烟草相关健康知识，禁止教师在中学生聚集处吸烟，可以减少中学生染上烟瘾的风险。学校与家庭要引导中学生做自己健康的第一负责人，主动远离烟草。

(二)网络过度使用依赖行为

网络过度使用依赖行为是指中学生在网吧、家庭、同学家中等场所上网，并由此引起对于网络内容过度依赖、一直成瘾的行为。在医学领域，关于网络成瘾的概念存在一定争议，包括网络成瘾、网络成瘾症、病态网络使用等。网络成瘾从20世纪末开始受到心理学界的广泛关注。国外学者对网络成瘾的概念做了详细的描述，认为网络成瘾是一个广泛的概念。成瘾者的问题包括：①网络性成瘾，指沉迷于成人话题的聊天室和网络色情文学；②网络关系成瘾，指沉溺于通过网上聊天或色情网站结识朋友；③网络强迫行为，指以一种难以抵抗的冲动，着迷于在线赌博、网上贸易或者拍卖、购物；④信息收集成瘾，指强迫性地浏览网页以查找和收集信息；⑤电脑成瘾，指强迫性地沉溺于电脑游戏或编写程序。[2] 中学生对网络的依赖不同于以上学者关于成人对网络成瘾的解释，更多地体现在对网络聊天、网络游戏、网络小说等娱乐项目的依赖，属于一种网络过度使用依赖行为。

中国互联网络信息中心发布的《第52次中国互联网络发展状况统计报告》显示，截至2023年6月，在我国网民群体中，10～19岁人群占13.9%。处于中学阶段的14～18岁的青少年是网络使用依赖行为的主要群体，以男孩居多。这一阶段的青少年心智发育尚未成熟，难以抵挡外界诱惑，喜欢冒险和尝试新事物。而光怪陆离的网络世界为他们提供了一个富有新鲜感的虚拟世界。网络过度使用依赖行为会对中学生的身心发育和社会交往产生消极的影响，具体表现在如下几方面。①身体方面。电脑显示器在显示图像的同时会伴有辐射和电子波，长期使用会伤害人眼，诱发青光眼等眼部疾病。在使用电脑时，个体往往需要保持单一的姿势，长此以往会引发腰部、颈部、肩部等肌肉骨骼系统的疾患。此外，电脑屏幕发出的低频辐射和磁场

① 转引自徐峰：《中学生逆反心理的表现成因及对策》，载《学校党建与思想教育》，2012(8)。

② 陈侠、黄希庭、白纲：《关于网络成瘾的心理学研究》，载《心理科学进展》，2003(3)。

容易引发中枢神经失调。同时，电脑还会散发危害呼吸系统的气体。电脑、激光打印机等散发出的臭氧气体不仅有毒，而且会造成人呼吸困难。②心理方面。在使用电脑时，需要保持注意力高度集中，眼睛和手指都得不到放松。尤其是打电子游戏时需要快速思考并及时操作，长期沉溺其中会导致睡眠多梦、神经衰弱、头昏脑涨。电子游戏带来的失败会给中学生带来压力感和挫败感，使他们内心常表现为紧张、焦躁不安，长此以往会出现心理疾病，影响学业发展。③社会交往方面。中学生的网络过度使用依赖行为不仅会造成代际间的关系不睦，也会造成朋友减少。有些家长在看到孩子沉溺于网络游戏、学业成绩下滑时，往往会采用较为极端的方式批评孩子。这会导致出现消极的家庭氛围，影响孩子的发展。对于中学生来说，长期使用网络也会使他们忽视现实世界中与同龄人之间的交往和友谊的形成。

网络过度使用依赖行为对中学生身心方面的负面影响受到广泛关注。为促进中学生的健康发展，创建健康安全的网络环境必不可少。随着信息化时代的到来，手机、电脑和网络的使用已经渗透到中学生的生活、学习中，尤其是网课教学等依托互联网技术开展的教学为中学生的远程学习提供了便利。因此，对于中学生使用网络的引导要趋利避害。一方面，学校和家长要使中学生学会健康安全地使用网络，增强他们的自我保护意识。在连续使用电脑一小时后应该及时休息眼部，进行一定的体育锻炼，舒展身心，缓解长时间使用电脑造成的疲乏感。同时注意使用电脑、手机时的工作环境，不要在过暗或过亮的环境中使用电脑；还要保证室内通风干燥，注意皮肤清洁，保障身体健康。在发现中学生出现网络过度使用依赖行为后，及时对他们进行正确有效的疏导，避免使用过激行为刺激中学生，导致适得其反。另一方面，国家互联网信息办公室及相关部门应带头打造健康安全的网络环境，杜绝虚假和不健康的信息，为中学生提供辨别虚假、不良信息的知识。电子网络游戏产业应遵循行业规定，自觉维护未成年人的健康安全，对于游戏中的暴力、诈骗等内容及时改进。

（三）饮酒

根据世界卫生组织的统计数据，全球因饮酒而死亡的人数超过因吸毒而死亡的人数，是仅次于烟草的人类第二杀手。青少年饮酒是一种危害健康的非正常行为，这是由于白酒中的乙醇本质上是一种细胞原浆毒。[①] 对于中学生来说，由于他们的身心发展尚未成熟，不恰当的饮酒更容易给他们的身体发育造成损伤。同时，中学生相对缺乏自控能力，也更易发展为酒精依赖者。医学界普遍认同，长期饮酒会增加人体脂肪肝、酒精性肝硬化等疾病的发病率，给人体器官的功能，尤其是肝脏的功能带来一定负担。研究发现，青少年对酒精的依赖除了会造成身体上的伤害外，

---

① 夏宣禄、廖建鄂：《现代儿童少年不良行为医学矫治指南》，142 页，武汉，湖北科学技术出版社，2013。

还容易导致其他不良行为的发生，如吸烟、暴力事件等。①

根据中国疾病预防控制中心的报道，全球15～19岁的青少年饮酒人数居高不下，中国青少年人群的饮酒率持续攀升。② 不断增高的饮酒率无疑给中学生的健康发展造成了严重的威胁，具体表现在如下两方面。①经常性地饮酒容易导致人体产生酒精依赖，即酒瘾。个体在长期饮酒后会产生与酒精相关联的行为反应，对于酒精的耐受性增强，需要不断增加酒精摄入量来达到满足。此外，反复过量的饮酒会导致个体的精神成瘾性和躯体成瘾性。所谓精神成瘾性是指个体从心理上对酒的渴求。养成精神成瘾性的个体，在停止喝酒或减少酒量后，身体会出现一系列的特征性戒断症状，如精神萎靡、食欲不振、四肢无力等。②酒精依赖发展到一定阶段后，人体的系统和组织器官会受到损害，并产生饮酒过量导致的相关疾病。酒精依赖所引发的疾病可分为急性疾病和慢性疾病。常见的急性疾病有酒精中毒等，常见的慢性疾病有脂肪肝、酒精性肝硬化、消化道疾病、肿瘤、神经与精神性疾病等。酒精中毒会对中学生的身体发育造成危害。中学生醉酒后会出现心跳加速、心慌、气短、头晕、头昏、恶心、呕吐的症状，同时情绪会变得兴奋且喜怒无常，行为往往难以受大脑的控制。长此以往，酒精还会对消化系统、心血管系统、生殖系统和神经系统造成损害。

中学生饮酒的发生因素与吸烟相似：家长、教师等长辈的影响，个体心理方面的因素，伙伴的影响，大众媒体的负面影响等都会导致出现中学生饮酒现象。根据世界卫生组织的建议，政府应监管酒精饮料的销售，特别是监管向年轻人销售，通过监管来限制酒精的可得性；通过征税和价格机制减少酒精需求，向酒精使用疾患的病人提供容易获得和负担得起的治疗；针对使用酒精广泛实施筛查规划和干预措施。家庭和学校要承担起提高中学生的认知水平、教育中学生学会拒绝饮酒的责任，通过行为干预、心理咨询等方式杜绝中学生的饮酒行为。

二、中学生的极端化行为

除不良行为外，中学生群体中存在的校园欺凌、交往不当、暴力行为等极端化行为也受到全社会的广泛关注。中学生处于青春期，其价值判断、行为和情绪的控制方面都尚未成熟。错误的价值观导向会诱导一些中学生对他人的身心造成侵害。当前学术理论上尚未对校园欺凌或校园暴力有一个标准的定义。2016年4月28日，《国务院教育督导委员会办公室关于开展校园欺凌专项治理的通知》指出，校园欺凌是发生在学生之间蓄意或恶意通过肢体、语言及网络等手段，实施欺负、侮辱造成

① 转引自曹薇、杨媞媞、李荔等：《中国2010—2012年15～17岁人群饮酒状况及影响因素》，载《中国学校卫生》，2017(9)。

② 转引自《全球195个国家18亿青少年健康调查：慢病占青少年疾病负担一半以上，是青年人健康状况每况愈下的主因》。

伤害的行为。该文件不仅对校园欺凌做了一定的阐述，而且认为校园欺凌是有别于“校园暴力”“安全事故”等概念的。有学者指出，校园欺凌局限于校内人员，具有长期性、重复性；包括肢体或言语上的欺侮，欺凌的对象为学生。校园暴力不仅包含校内人员，还包括校外人员，一般是一种偶发性的侵害，多为肢体上的暴力行为；且校园暴力的对象不仅可能是学生，也有可能是教师。①

校园欺凌不是近期才出现的校园问题。一些家长和教师很容易将校园欺凌视为学生间的正常打闹，而这也间接地纵容了一些恶性事件的发生。有学者对不同校园行为的认定依据做了比较，如表 6-1 所示。②

表 6-1　不同校园行为的认定依据

认定	伤口认定	财物损坏	心理伤害	对学业的影响
同学矛盾	无	可能存在，一般不造成所穿着衣物的损坏	无	无
游戏打闹	轻微伤、红肿、瘀血等	存在，如物品、用具被无心损坏，衣服被损坏（弄脏、撕破、丢失等）	基本无	基本无
校园欺凌	轻微伤、红肿、瘀血或其他伤害等，但未致轻伤	存在，如物品、用具被损坏，所穿着衣服被损坏（弄脏、撕破、丢失等）	梦话、失眠、焦虑、抑郁、惊恐、人格障碍等	影响学习成绩，造成厌学、逃学等
校园暴力	轻伤、重伤，甚至致死	存在，如物品、用具被严重损坏，所穿着衣服被严重损坏（弄脏、撕破、丢失等）	痛不欲生、自杀倾向、失眠、抑郁、焦虑、惊恐、人格障碍等	严重影响学习成绩，造成逃学、厌学等

为什么校园欺凌事件会发生？有学者指出四方面的原因。③ 其一，社会失范。当前我国社会还有社会规范与价值存在矛盾的现象，造成了一定程度的价值与道德的“失范”。学校不可避免地受到社会规范与价值的影响。其二，家庭结构失能。一些家长将视线集中在孩子的学业上，忽视对孩子社会化的引导，缺少对孩子价值道德的正确约束，或者采用错误的价值导向来引导孩子。其三，反学校文化影响。中学生由于身体发育和心智发育的不够统一，很容易在找寻自我同一性的道路上受到反学校文化等亚文化的影响。而一些影视作品中对暴力、欺凌的刻画也成为一些中学生的模仿对象。其四，社会规则缺失。随着国家相关政策的出台，校园欺凌逐渐受到学校、家长和社会的广泛关注。在此之前，一些校园欺凌事件没有得到足够的重视。

---

① 任海涛：《“校园欺凌”的概念界定及其法律责任》，载《华东师范大学学报（教育科学版）》，2017(2)。

② 王大伟：《校园欺凌：问题与对策》，北京，中国国际广播出版社，2017。

③ 魏叶美、范国睿：《社会学理论视域下的校园欺凌现象分析》，载《教育科学研究》，2016(2)。

当前学校除了需要开设相关的德育课程外，还应开设有关的生命安全课程，引导中学生珍爱生命和健康，让他们不仅要维护自身的健康安全，还要尊重他人的生命健康。学校应该安排专人和求救电话，及时发现校园或学校周围存在的校园欺凌现象，以救助为主，以惩戒为辅，及时将中学生的情况反馈给家长。家长应更加关心孩子的健康安全，不能一味地只关注学业。家长应关心孩子的心理健康状况，帮助他们养成谦和、坚毅的品质，并告诉他们在受到伤害时及时告诉长辈，由长辈来处理，尽量避免与施暴者产生正面冲突。在发现孩子被欺凌时，家长不要忍气吞声，应与学校方协作合理解决这一问题，积极引导孩子走出阴霾。当发现自己的孩子可能是欺凌者时，家长要反思是否过于溺爱孩子，或者家庭教育中是否缺少了对孩子共情能力、谦让品格的培养。在发现问题后，家长要及时加强孩子的品格教育，避免他们一错再错，最后酿成大祸。除了以上情况外，有些中学生可能会充当旁观者的角色，稍有不慎可能会变成被欺凌者或欺凌者。对于他们，教师和家长应正确引导，让他们掌握一定的价值判断能力，在培养他们礼让品质的同时培养他们的共情能力和爱心。

三、中学生的不良生活方式

不良生活方式的潜伏期长，不易察觉，并且一旦养成习惯后就难以改变。因此，中学生的不良生活方式往往比其他危害行为对他们的健康危害更大。中学生常见的不良生活方式有运动不足、睡眠不足等。

(一)运动不足

运动不足是指缺乏体力活动，尤其是缺乏体育锻炼的一种不良生活方式。对于中学生来说，在进入中学尤其是高中后，随着学业压力的加重，有些中学生参加适当的体力活动的观念淡薄。生命在于运动，过少或过量的运动都不利于健康。

根据国家规定，中学生每天应保持一小时以上的体育锻炼。运动最直接的益处在于可以提高中学生的免疫力，使他们精神饱满，学习效率高，在增强和改善个体的心血管系统、神经系统、呼吸系统、运动系统等功能方面大有裨益。同时，长期参加体育锻炼有助于中学生磨砺意志，培养品格，在集体活动中提高与他人合作的能力。研究表明，成年人肥胖症有80%～86%始发于儿童，运动不足是主要原因。① 有人曾研究过肥胖儿童与正常儿童膳食的摄入热量，结果是大致相同，差别在于肥胖儿童存在明显的运动不足。② 现代人的肥胖多源于热量摄入过多，这是由严重运动不足所致的。

我国中学生存在运动不足现象。2010年的一项调查研究显示，全国仅有22.7%的汉族中小学生平均每天参加体育锻炼超过1小时，16～19岁年龄段的学生平均每

① 许丽丽、王志春、石武祥等：《儿童超重、肥胖的影响因素》，载《现代预防医学》，2008(18)。

② 吴光驰：《少年儿童肥胖与膳食营养》，载《中国食物与营养》，1997(1)。

天体育锻炼 1 小时以上的报告率仅为 12.5%。[1] 2015 年中国青少年研究中心的研究显示，在“00 后”中，休息日运动不超过 1 小时的中小学生高达 46.3%，学习日运动不超过 1 小时的高达 66.3%，分别有 7.6%、8.3%的学生在学习日、休息日基本没有运动。[2]

运动不足的主要原因在于学校对体育锻炼重视不足。当前我国有些学校存在占地面积、运动场面积、建筑面积不足以及功能教室和仪器设备不足的现状，有些教师、家长对于运动的认知存在偏差，将中学教育等同于文化课教育，将中学生的学习简化为文化课学习，过于强调学业成绩的重要性，对中学生体育锻炼和体质发展关心不够。此外，有些中学生没有养成良好的作息习惯和合理的学习时间安排规划，在学习时不能集中注意力，从而导致长时间的伏案学习和较低的运动量。运动不足不仅会对中学生的心肺功能产生影响，也会使中学生长期陷入疲劳的状态，不能积极高效地完成学习任务。

我国对中学生在校体育锻炼时间和体育课安排都有一定的规定。学校应严格按照国家的有关规定，合理安排中学生的学业学习和体育锻炼，在没有体育课的学习日也为中学生提供运动场地和器材，设置有吸引力的课外活动，调动中学生参加运动的积极性。教师与家长应秉持科学的运动观，帮助中学生规划学习任务，让他们掌握一定的运动项目，不将学业压力强加给他们，让他们在学习之余能劳逸结合，培养兴趣爱好。

(二)睡眠不足

合理的作息规律与人类生产生活密切联系在一起，使人体养成了一套适宜生存的昼夜节律。对于中学生来说，充足的睡眠不仅有利于他们的生长发育，也有利于他们的记忆力和学习效率的提高。睡眠是否充足，主要依据个体自身醒后是否感觉头脑清醒、精力充沛。如果醒来后感到头昏脑涨、萎靡不振甚至浑身酸痛，则说明睡眠不充足。

根据国家规定，初中生每天的睡眠时间应保证 9 小时，高中生应保证 8 小时。

睡眠是影响中学生生理和心理健康的主要因素之一，睡眠不足最直接的危害就是导致中学生在体力和思维上处于抑制状态，使中学生的认知能力受到限制，思维不活跃，记忆力降低。根据临床研究，睡眠对于学生学习记忆的维持和巩固有着重要意义，慢性睡眠不足可能会对学生学习记忆功能产生隐匿和不可逆的损伤。此外，随着睡眠时间的减少，学生的肥胖风险增加。[3]

---

① 宋逸、张芯、杨土保等：《2010 年全国中小学生体育锻炼行为现状及原因分析》，载《北京大学学报(医学版)》，2012(3)。

② 苏婷：《中国青少年研究中心发布报告显示 我国中小学生每天平均睡眠不足 8 小时》，载《中国教育学刊》，2011(6)。

③ 沈晓明、江帆、李生慧等：《睡眠对儿童生长发育影响的研究及其应用》，载《上海交通大学学报(医学版)》，2012(9)。

良好的学习习惯和作息规律的养成是解决中学生睡眠不足问题的关键。在学习习惯方面，中学生需要学会做好自己的时间安排，对预习、听课、复习、检查等各个环节有一定的把控能力，合理安排学习时间，高效学习，合理用脑。在作息规律方面，中学生需要养成早睡早起的行为习惯，保证每天 8 小时的睡眠，中午合理安排午休时间。这样才能够有效保障下午和晚上的学习效率。学校应谨遵国家的有关规定，有效安排中学生的课业学习和课外活动时间。同时，学校不应鼓吹中学生重视学习而轻视睡眠和锻炼，应向中学生传达科学的作息观。家长作为孩子的监护人，在以身作则的同时要重视孩子的健康发展，不强加给孩子过多的学习压力，让他们能够在家庭中得到有效的放松和休闲。

第三节　中学生的膳食营养均衡

一、中学生膳食营养均衡的重要性及基本原则

（一）中学生膳食营养均衡的重要性

1. 膳食营养均衡有利于促进健康

饮食伴随着人的一生，为人类维持生存和发展提供了基本的营养，也是人体保持健康、促进身体内部物质代谢平衡的基本手段。合理膳食是构成健康生活方式的四大基石之首，饮食主要有三方面功能作用于人体：①供给机体基础代谢活动和劳动所需的热量；②构成机体的成分；③调节生理功能。[①] 膳食营养均衡不仅有助于个体从饮食中获取自身所需的主要营养素，促进个体的生长发育，同时有利于使自身获取的外界能量与消耗的能量大体平衡，降低体重异常的风险。而不合理的饮食习惯是导致肥胖的危险因素之一。世界卫生组织的统计数据显示，1975—2016 年，全球 5～19 岁的超重或肥胖儿童和青少年的患病率从 4%增长到 18%。到 2016 年，中国青少年(10～19 岁)人群中，超重的男、女性个体分别为 31.5%和 17.9%，呈现逐年增长的趋势，超重和肥胖已经成为中国面临的一个严重的公共健康问题。[②]国务院 2017 年印发的《国民营养计划(2017—2030 年)》明确指出，“营养是人类维持生命、生长发育和健康的重要物质基础，国民营养事关国民素质提高和经济社会发展”。膳食营养均衡是维护人体健康的一道重要防线。

2. 青春期充足的营养素保证生长发育的需要

饮食是人类生存之必需。在中学阶段，中学生的身体会有巨大的变化。有些进入青春期的孩子每年甚至可以增高 10 厘米，体重增加 4～5 千克，心脑等各大器官

① 翟向阳：《健康教育学》，105 页，重庆，重庆大学出版社，2018。

② World Health Organization，“Global Monitoring Framework”，2013。

会迅速生长，第二性征也会出现并不断发育。中学时期作为长知识、长身体的关键时期，膳食营养是保障中学生身心发育的基础。因此，保障中学生青春期的成长发育需要合理营养、平衡膳食、科学用餐，不仅要吃饱，还要吃好。随着我国经济的飞速发展、人民生活水平的不断提高，“吃不饱”的问题已经不再是我国当前面临的主要问题，“吃好”问题更值得关注。所谓“吃好”是指中学生的日常饮食要合理、均衡。而如果饮食结构不合理，蛋白质、维生素、微量元素、矿物质等营养成分的摄入比例失调，以及部分过量或不足，则就会导致饮食不均衡，从而不利于中学生的健康成长。在当前的天然食品中，没有哪一种能够提供人类所需的各种营养素，因此中学生的日常饮食要注意各类食物之间的膳食平衡。

(二)中学生膳食营养均衡的基本原则①

青少年时期对各类营养素的需求达到一个峰值，随着机体的成熟这种需求呈下降趋势。中学生所需蛋白质的能量占所需总能量的12%～14%，所需脂肪的能量需求占所需总能量的25%～30%，所需碳水化合物的能量占所需总能量的55%～65%。与此同时，中学生的骨量增加占成年期的45%。因此，中学生的钙摄入量应为1000毫克/天。此外，中学生还需要摄入铁、磷等微量元素，以及各类维生素。这就要求中学生不但要一日三餐的食物质量高，且品种全。

中学生膳食营养均衡的基本原则如下。

1. 多吃谷类，供给充足的能量

中学生的主食应尽量多以谷类为主。谷类中含有8%～10%的蛋白质、70%～80%的碳水化合物，是人体能量的主要来源。谷类中还有丰富的B类维生素，以及占1.5%～3%的无机盐。大部分谷类蛋白质所含的必需氨基酸中苏氨酸和赖氨酸较低，玉米中的色氨酸含量较低，小米中的色氨酸和蛋氨酸含量较多。因此，中学生不仅要注意多食粮谷类食物，且要注意食用杂粮来保证各类营养素的摄入。中学生还应适量摄入粗粮。粗粮的加工过程简单，保存了许多细粮中没有的营养成分。尤其是相较于精白米和精白面，粗粮中含有丰富的维生素和膳食纤维，能够促进人体口腔的咀嚼功能和唾液分泌，促进牙齿的坚固和人体消化；并且在进入肠道以后，促进肠道蠕动，排除毒素，预防便秘和其他多种疾病。粗粮的摄入要有限制，因为中学生的消化系统尚处于发育阶段。过量的粗粮不仅会妨碍其消化吸收，同时可能会损害其肠胃。

2. 保证蛋、肉、鱼虾、奶、豆类和蔬菜的摄入

除粮谷类食物作为主食外，中学生的生长发育不能缺少鱼、肉、蛋、奶、豆类和蔬菜的摄入。首先，鱼、肉、蛋、奶类食物属于动物性食物，富含丰富的蛋白、脂肪、脂溶性维生素、B类维生素和矿物质元素等。例如，鸡蛋黄中富含维生素A、维生素D、核黄素，以及钙、磷、铁等微量元素。肉类食品中的蛋白质含量高达

---

① 翟向阳：《健康教育学》，114～121页，重庆，重庆大学出版社，2018。

10%～20%，赖氨酸等氨基酸含量都高于谷类。肉类中含有大量的脂肪，以饱和脂肪酸为主，为10%～30%；无机盐的含量为0.8%～1.2%，是铁和磷的良好来源；维生素以B类维生素为主，动物肝脏中富含维生素A和维生素D。鱼虾类产品中的蛋白质含量为12%～22%，必需氨基酸的比值接近肉蛋类食品。一般鱼类的脂肪含量为1%～5%，多为不饱和脂肪酸、鱼肝中富含维生素A。奶类食品中含有的营养素种类齐全，且各类营养素的比例适宜，易于消化。鲜奶中的蛋白质为3%左右，消化率高达92%，可以有效地为中学生的成长发育提供乳糖、钙和磷等微量元素，以及维生素B_2、维生素A和维生素D。

3. 参加体力活动，避免盲目节食

除了在食物种类和质量上进行适宜的选择外，适度的锻炼和体力活动会使身体摄入的能量得到适度的消耗，保障多余的能量不会积攒形成脂肪导致中学生肥胖。中学生一旦体重过重，会导致日常行动变缓、慵懒，进一步造成摄入能量得不到有效消耗，造成恶性循环。青春期的女生群体中存在一类现象：有些女生为了追求身材苗条而过度节食。女性在进入青春期后，在分泌不断增加的雌性激素的作用下，会呈现出明显的第二性征，乳房发育、体内脂肪增多。有些女生在面对青春期略显丰腴的体型时会杞人忧天，担心这种“肥胖”会一直伴随自己，从而导致过度节食，造成体内新陈代谢紊乱、心理性厌食、缺乏营养、抵抗力下降，严重者甚至出现低血糖等症状。中学生正确保持身体健康的方法是合理饮食、适度锻炼，通过适度的体力活动达到摄入和消耗能量的平衡。

二、中学生常见的饮食营养问题

（一）膳食营养不均衡问题

1. 经常吃快餐食品

快餐食品一般是指那些传统的厨房烹调工序已经基本完成，不需烹调或稍加烹调就可以食用，而且能够随时供应，便于运输和保存的食品。快餐食品最早从国外兴起，现代快餐食品的含义很广，不仅包括汉堡包、比萨、盒饭等速食食品，也包括罐装、瓶装、袋装、浓缩食品、烹调冷冻食品等主食、副食、饮料等各类各色食品。中学生常接触的快餐食品主要来自学校周围的快餐摊位。为保证口感，这些摊位中的食物往往属于高盐、高油和高糖的食品，多吃容易引发中学生肥胖。为保证快餐食品的出餐率，人们需要提前将食物做成半成品，通过冷藏等手段加以保存。这样难以保证食材的新鲜度，导致食材中的水分和营养物质在保存中容易流失。快餐食品的种类往往比较单一，多油脂、蛋白质、糖类的供给，使人体很容易超过自身需求，但又相对缺乏维生素等营养素，造成营养不均衡。

2. 经常吃零食

有些中学生将吃零食当成一种饮食习惯，在吃正餐时不能正常摄入营养。一项

对重庆市中学生的研究调查发现，选择每周吃 5 次至 6 次零食的中学生的比例高达 50%。① 经常吃零食不仅会对人体产生一定的危害，破坏胃消化酶分泌的正常规律，导致胃得不到休息而积劳成疾。同时由于零食的卫生性和安全性得不到保障，因此极其容易引起急性肠胃炎等肠道传染病。

（二）不良饮食习惯

当前我国中学生群体存在的不良饮食习惯主要包括：①偏食、挑食。由于中学生的味觉系统处于发育期，当品尝过一种自己喜爱的口味后，会偏爱某种食物，甚至偏食、挑食，只吃自己喜爱的几种食物，其他的一概不吃。偏食和挑食在一些中学生群体中较为常见。一项对农村中学生饮食习惯的调查研究发现，67.3%的中学生存在挑食、偏食的现象，女生挑食和偏食的现象比男生更明显。② 北京大学儿童青少年卫生研究所对 18 个省市青少年的健康危险行为调查表明，男生和女生群体中有 37.1%和 39.8%的个体存在偏食问题。③ 挑食、偏食会在一定程度上导致中学生营养摄入不均衡，导致某些营养成分的缺失，从而影响中学生的生长发育。②暴饮、暴食。一些中学生由于学业繁重，往往会为了节约时间而提高吃饭速度。吃饭速度过快会导致个体没有充分咀嚼食物，食物不能充分与唾液混合，在进入胃后会给消化系统带来一定的负担，不能够被胃很好地吸收。快速饮食既不利于个体有效地吸收食物中的营养，也可能会导致大脑中枢不能及时反应饱感，而导致个体饮食过量。

三、如何促进中学生膳食营养均衡

中国健康知识传播激励计划推出了“步行日”，并在全国十几个城市进行了健康知识共享和落地活动，取得了非常好的效果。2011 年，该激励计划进行了创新性的拓展，在每年一个慢性病主题的基础上，推出“吃动平衡 走向健康”专题项目。

根据《国民营养计划 2017—2030 年》，学校、家庭和社会各方应采取多方合作，指导中学生营养就餐。鼓励地方因地制宜制定满足不同年龄段在校中学生营养需求的食谱指南，引导中学生科学营养就餐。制定并实施集体供餐单位的营养操作规范。

针对中学生的超重、肥胖进行干预。采取针对中学生的“运动＋营养”的体重管理和干预策略，对中学生开展均衡膳食和营养宣教，增强中学生的体育锻炼。加强对校园及周边食物售卖的管理。加强对中学生超重、肥胖情况的监测与评价，分析家庭、学校和社会等影响因素，提出有针对性的综合干预措施。

开展中学生营养健康教育。推动学校加强营养健康教育。结合不同年龄段中学生的特点，开展形式多样的课内外营养健康教育活动。

中学生处于生长发育的关键时期，饮食与他们身体的成长发育关系紧密。学校

---

① 宋泰霞、向泽鑫、田考聪等：《重庆市中学生饮食行为调查》，载《中国学校卫生》，2015(6)。

② 邱烈峰：《农村中学生饮食习惯的调查研究》，载《体育科技》，2016(4)。

③ 季成叶、陈天娇、黄丽巧等：《中国城市中学生不健康饮食行为及其聚集状况》，载《中国学校卫生》，2009(2)。

和家庭在为中学生提供膳食时应当注意平衡营养，使一日三餐能够满足中学生身体所需要的能量和营养素。除了食物要富含营养外，食物原料的安全性、烹调方式的合理性都值得注意。学校和家长应为中学生选取卫生安全的食材，并尽量减少烹调对食物营养的破坏。

政府及有关部门应整肃学校周围的餐馆、商铺、流动摊贩，健全食品安全监管制度，对食品的安全、环境的卫生等方面进行规范，与学校和家长一起引导中学生养成健康意识和辨别意识，拒绝“三无”食品，提高自我防范和安全意识。

思考与练习

1. 什么是健康行为与生活方式？
2. 中学生应采取哪些健康行为与生活方式？
3. 中学生存在哪些危害健康行为？
4. 简述中学生在遇到校园欺凌时该怎么做。
5. 简述中学生膳食营养均衡的基本原则。

第七章　中学生科学运动与健康教育

本章导读

中学生正处于生长发育的最佳时期，适当的运动和体育锻炼能够促进中学生的身体健康。教会中学生科学的运动方式，也应是基础教育中的重要一环。本章的学习目标是了解国内外中学生体育运动发展现状，以及我国中学生体育运动存在的问题；了解导致运动损伤的原因及体育运动误区。本章应重点掌握适合中学生的运动项目，如力量运动、耐力运动、柔韧运动、灵敏运动、速度运动，以及相关注意事项；掌握中学生常见运动损伤的处理与预防方法。

第一节　中学生体育运动发展的现状及问题

一、我国中学生体育运动发展现状

学校体育是我国教育强国和体育强国建设的重要领域，是全民健身的重要组成部分，是提升学生综合素质的基础性工程。中学生处于身体发育和智力发展的重要时期。但是，在课业压力下，有些中学生对于体育锻炼则缺乏重视，随之带来一系列体质问题。研究发现，1991—2010 年，我国中小学生在速度素质、爆发力素质、耐力素质、肺活量水平、力量素质方面总体上均有下降的趋势，肥胖检出率和视力不良检出率则呈上升趋势[①]；2010—2014 年，我国中学生中的男生体质健康及格率仍然持续下降，但女生及格率表现出上升趋势[②]；2017 年，我国城市中小学生的超重肥胖检出率为 23.4%。[③] 以山东省为例，2018 年青少年的体质健康状况整体优于2014 年全国平均水平；2018 年 16～18 岁青少年在身体形态和机能方面整体优于全国平均水平，但整体呈现出随年龄增加而下滑的趋势。[④]

针对以上中学生体育运动发展状况，国家高度重视并出台了一系列相关政策。

2006 年 12 月 20 日，《教育部 国家体育总局 共青团中央关于开展全国亿万学生阳光体育运动的通知》提出，要“在全国各级各类学校中广泛、深入地开展全国亿万学生阳光体育运动”，以激发学生体育锻炼的热情，切实推动学生体质健康水平的提高。

2007 年 5 月 7 日，《中共中央 国务院关于加强青少年体育增强青少年体质的意见》指出：增强青少年体质，促进青少年健康成长，是关系国家和民族未来的大事，充分体现了国家对广大青少年学生体质健康的高度关怀。

2020 年 10 月 15 日，中共中央办公厅、国务院办公厅印发的《关于全面加强和改进新时代学校体育工作的意见》明确提出：“坚持健康第一的教育理念，推动青少年文化学习和体育锻炼协调发展，帮助学生在体育锻炼中享受乐趣、增强体质、健全人格、锤炼意志，培养德智体美劳全面发展的社会主义建设者和接班人。”

中学生健康素质的提高关系到民族的未来，为中学生创造良好完善的体育锻炼

---

① 马德浩、季浏：《我国中小学生体质健康中存在的问题、致因及其对策》，载《西安体育学院学报》，2017(2)。

② 杨忠平、董彦会、王政和等：《中国汉族中学生 2014 年与 2010 年体质健康比较》，载《中国学校卫生》，2017(6)。

③ 王璐璐、杨媞媞、赵栋等：《中国城市中小学生营养状况认知现状分析》，载《中国公共卫生》，2019(9)。

④ 白慕天、王素珍、李伟等：《山东省 16～18 岁青少年体质健康状况分析》，载《现代预防医学》，2019(16)。

环境是全社会共同的责任，需要学校、社会、家庭等各方面共同为之努力。

二、我国中学生体育运动存在的问题

我国中学生的体育锻炼可分为课上锻炼和课外锻炼。课上锻炼主要借助于体育课。《教育部关于落实保证中小学生每天体育活动时间的意见》明确规定，各地中小学要开齐并上好体育课，规定初中每周开设 3 课时的体育课程，高中每周开设 2 课时的体育课程。在没有体育课的当天，学校要组织学生参加 1 小时的课外体育活动。课外锻炼是我国中学体育课程的延续和补充，对提高我国中学生的体质水平、健康水平和培养中学生的体育锻炼习惯具有重要意义。因此，中学生课外体育锻炼的质量在一定程度上决定了我国中学生身体健康的水平。目前，我国中学生在体育运动中还存在单次运动时间过长、运动时机选择不合理、健身方式不科学、准备活动不充分等问题。

（一）单次运动时间过长

适当时间的中等强度运动可以有效地提高人体的免疫力和抗病能力。但是长时间无节制的高负荷运动反而会使人体的免疫机能下降。而且在这种情况下，运动强度越大，时间越长，免疫机能下降越明显。在假期，中学生群体中会出现因运动时间过长而导致的流行病、中暑以及其他生病症状。由于假期的自由时间较多，有些中学生特别是男生会形成与平时不相同的运动负荷，而且运动后不注意进行运动疲劳的缓解。这样很容易引起肌肉胀痛，也容易造成运动损伤。因此，中学生单次运动时间不宜过长，运动量需适中，从而养成正确锻炼的习惯。

（二）运动时机选择不合理

受学习时间的限制，有些中学生习惯选择在夜间进行自主的体育锻炼，多以中、长跑为主。有些中学生认为晚上锻炼后能提高睡眠质量。这种观念是错误的；夜间锻炼不仅不能提高睡眠质量，而且会降低睡眠质量。因为在进行体育锻炼时，通过神经系统的调节和控制，人体肌肉会进行规律而协调的收缩。此时，大脑皮层会呈现出较高的兴奋性，从而导致个人在夜间难以入睡，甚至出现多梦等症状。睡眠质量不好，会进一步降低人体第二天的精力和体力，引起疲劳感。实际上，人体最佳的体育锻炼时间是下午 4～6 点。因此，中学生要树立正确的运动观念，选择科学合理的锻炼时间。

（三）健身方式不科学

近年来，我国学生群体中肥胖的比例在增加。在青少年时期，中学生基本形成了对美丑的判断和态度。基于对体型美的追求，有些中学生会进行以减肥为目的的体育锻炼。在日常生活中，常见的减肥运动方式包括持续慢跑、越野跑、骑自行车、做健美操和游泳等。但受场地的限制，跑步是中学生最常见的减肥方式。目前有些中学生经常采取猛跑一段，然后休息，再猛跑一段，再休息的健身方式。但是，“猛跑+休息”的健身方式不能消耗脂肪，而会消耗糖原。这种健身方式不但达不到减肥瘦身的目的，而且还会因运动引起血糖浓度降低，进而导致食欲增加，反而增加了体重。因此，中学生要学习并掌握正确的健身方法，养成科学的健身习惯。

(四)准备活动不充分

准备活动不充分很容易造成运动损伤，忽视准备活动也是有些中学生参加课外体育锻炼普遍存在的问题之一。究其原因在于这些中学生未能养成正确的体育锻炼习惯。在课上时间，教师一般都会引导中学生做准备操，伸拉关节等；在课下时间，没有教师的监督，有些中学生的自我保护意识就较为缺乏。对于技术性较高的，如足球、篮球等运动，运动时对身体素质的要求很高；如果事先不进行准备活动热身，就很容易造成人体肌肉、肌腱、韧带的损伤。对于田径类赛事，做好准备活动能够有效减轻和缓解运动“极点”状态。因此，中学生要正确认识准备活动的作用，增强对准备活动的重视，进而养成良好的运动习惯。

中学时期是学生养成良好健康习惯的关键时期。课外体育锻炼不仅是中学体育的重要组成部分，也是丰富校园文化生活、建设精神文明生活的重要手段之一。因此，广大中学体育工作者应该成为引领中学生健康运动的导师，在帮助中学生形成良好锻炼习惯的同时，也要加强对中学生科学锻炼理论知识的教授，提高他们课外体育锻炼的质量。

三、中学生体育运动的影响因素

(一)自身因素

1. 中学生的体育兴趣与爱好

中学生对体育的兴趣与爱好是影响其参加体育运动的主要因素。中学生的兴趣与爱好是其参与体育运动的内在驱动力，会使其自发、积极地参与感兴趣的体育活动。因此，要创新体育教学方法，加强教师的引导作用，使中学生在体育运动中树立自信心。中学生要养成积极参加体育运动的习惯，逐渐培养更多的体育兴趣与爱好。

2. 中学生的体育价值观与体育态度

我国中学生对体育运动呈现积极向上的态度，认为参加课外体育活动可以增强体质，促进同学间的交流，对体育活动具有正确的价值观导向。大部分中学生只要在身体条件允许的情况下，都会主动组织参加体育活动。因此，中学生应正确认识体育及其功能，并通过家庭、学校、社会等多方面的引导形成正确的体育价值观与体育态度，全面提升自身素质。

3. 中学生的运动技能掌握水平

中学生参加课外体育活动的积极性在很大程度上取决于运动技能掌握水平。中学生对一项体育运动的擅长程度决定其是否选择该项体育运动，男生表现更为突出。

因此，应充分重视中学生的运动技能掌握水平。中学生应学习正确的运动方法，不断提升自己的运动技能水平。

（二）外界因素

1. 学校领导对课外体育运动重要性的认识

学校领导对课外体育活动的认识、支持、重视程度对开展课外体育活动具有十分重要的影响，会在中学生参加课外体育活动的时长和人数上有所体现。若学校领导对体育运动非常重视，学校体育工作便开展得更好，体育教师会更积极开展体育活动，体育器材设备会更齐全，中学生就有更多时间、更便捷的场所和更充足的体育器械参与体育运动。

2. 新闻媒介宣传对中学生参加课外体育活动的影响

一般来说，新闻节目中较受中学生欢迎的是体育新闻。通过新闻媒介的传播，中学生在成长过程中潜移默化地受到了影响。体育资讯、体育节目使中学生更加了解体育活动、体育竞赛，提高了他们对体育运动的兴趣，使其更积极主动地参与课外活动。

3. 同辈群体对中学生参加课外体育活动的影响

中学生十分重视同伴对自己的认同感，在日常生活中会受朋友和伙伴的兴趣爱好的影响。他们很乐意与朋友一起参加各种活动，因此，同辈群体所发挥的作用对中学生参加课外体育活动具有重要的影响。

4. 体育教师对中学生参加课外体育活动的影响

体育教师可以调动中学生参加课外体育活动的积极性。大多数参加课外体育活动的中学生是因为体育教师有序的组织。所以，体育教师应增加组织课外体育活动的频率，发挥自己的专业特长，使中学生融入体育活动。

5. 父母对中学生参加课外体育活动的影响

父母如果自身热爱体育运动，则他们的孩子会受到他们的影响，对体育运动产生兴趣。我国大力倡导青少年全面发展，大部分父母对孩子参加课外体育活动表示支持。但还有部分父母认为参加课外体育活动会减少孩子的学习时间，持不支持的态度。因此，父母的态度会对孩子参加课外体育活动产生一定影响。

第二节　中学生科学运动的作用

中学时期作为学生身心成长和各项身体素质发展的关键时期，必须要重视科学运动。科学运动是促进中学生全面发展的重要方式之一，对磨炼中学生的坚强意志、培养中学生的坚韧品质和优良品德有着不可替代的重要作用。具体来说，中学生科学运动具有提高身体素质水平、促进神经发育、促进骨质发育、提升动商、增强社会适应能力、促进健康教育的开展的作用。

一、提高身体素质水平

身体素质是指人体活动时的一种能力，指人体在运动、劳动与生活中所表现出来的力量、耐力、柔韧、灵敏、速度等机能。① 一个人的身体素质会随着生长发育而有所提高。对于中学生来说，他们根据自身身体素质的发展特点，运用科学的方法和手段开展体育锻炼活动，能够有效提升身体的整体素质水平。

力量素质指的是整个身体或身体部分肌肉在工作时克服阻力的能力。力量素质是人体进行体育运动的基本素质之一，同时也是其他身体素质发展的重要因素。中学生处于力量素质发展的敏感期，由于肌纤维较细，蛋白质含量较少，中枢神经系统的协调功能还有待完善，肌肉群的活动有待不断协调。另外，中学生长度的发育领先宽度和体重的发育，所以力量素质较差。② 科学运动不仅能够锻炼中学生的肌肉的力量，使身体变得更加强壮、更结实、更健康，而且还有利于中学生掌握各项体育运动技能和技巧，从而减少运动损伤，更好地保护自己。

耐力素质指的是人体长时间进行肌肉活动的能力，也称为抗疲劳能力。常见的耐力运动有 800 米耐力跑、1000 米耐力跑等。科学地进行这些运动能够有效改善和提高呼吸系统和心血管系统的功能，加快身体新陈代谢的速度，增强抗疲劳的能力，还可以培养坚持不懈、顽强奋斗等优秀品质。

柔韧素质是指人体各个关节的活动范围及肌肉、韧带的伸展能力，即人体一定关节大幅度完成动作的能力。③ 中学生关节的软骨较厚，关节囊和韧带的伸展性大，关节的运动幅度大于成年人，所以日常生活中应注意柔韧素质的锻炼。④ 如果中学生的柔韧性较差，学习相关运动技能则会比较吃力并且容易受伤。而科学运动可以提高中学生关节的灵活度，增强身体的柔韧性，具有预防运动损伤、提升动作美感和协调性、保持肌肉弹性等作用。

灵敏素质是指人体在复杂多变的条件下对外界刺激能够做出快速、协调、准确、灵活反应的能力。多参与足球、篮球等运动，能够有效刺激中学生的大脑皮层，锻炼大脑的灵活性，还可以培养良好的观察力和判断力，提高身体的反应速度。尤其是在危险状况下，能够促使中学生大脑迅速、协调地指挥身体，避免意外的发生。同时，灵敏素质的锻炼对其他各项身体素质的发展具有良好的促进作用。

速度素质是指人体(或身体的某部分)进行快速运动的能力，包括移动速度、动作速度和反应速度。青少年时期，由于大脑皮层兴奋性和提高过程灵活性高、反应

---

① 答英娟、包静波、王锋：《体育与健康》，53 页，北京，北京邮电大学出版社，2018。

② 商宁：《身体素质》，1 页，石家庄，花山文艺出版社，2013。

③ 曾理、曾洪林、李治：《高校体能训练理论与训练教学指南》，234 页，北京，新华出版社，2018。

④ 刘文通：《浅析高职体育教学方式的创新与改革》，载《体育时空》，2017(16)。

快，是发展速度素质的良好时期。[①] 科学运动可以提高大脑皮层的反应能力，继而提升对身体的指挥协调能力，使身体变得更加轻快、灵活。值得注意的是，我们在发展速度素质的同时，还要注重发展力量素质、耐力素质和柔韧素质等。除此之外，提高肌肉的放松能力也很重要。

二、促进神经发育

神经系统是人体活动的指挥中心和联络网，人的身体就是在神经系统的统一控制和调节下进行各种协调运动的。因此，中学生在进行科学运动的同时，其神经系统本身也会受到较好的锻炼。

一方面，科学运动能够加快中学生脑部的血液循环，使大脑处于兴奋状态，促进脑细胞的成长，从而增强中学生的学习和记忆能力，有助于提高中学生的学习效率，提升学习效果。另一方面，科学运动可以提高中学生大脑的反应能力。在面对外界环境时，经常进行体育运动的人的神经系统应激反应会更快，分析能力以及协调能力也会更强。譬如，人体从感受外界刺激信号（如见到光或听到声音），到传入大脑皮层指挥中心做出反应的时间称为反应潜伏期（反应时）。一般人需 0.3～0.5 秒，而经常锻炼的运动员只需 0.12～0.15 秒，优秀的运动员只需 0.1 秒甚至更短。[②]

三、促进骨质发育

中学生处于身体中骨骼生长发育的关键时期。科学进行体育运动，可以使骨骼变得结实、坚固，促使骨质增强，同时可以增强骨骼抗压和抗扭曲等方面的性能，降低发生骨折等意外伤害的可能性，以对中学生起到更好的保护作用。此外，科学运动可以加快中学生的血液循环，刺激他们骨骼的生长。据调查，经常参加体育锻炼的人要比不常参加体育锻炼的人在身高方面可以高出 4～8 厘米。[③]

四、提升动商

动商，英文叫作 Motor Quotient，是由王宗平提出的继智商、情商之后的全新概念。通俗来讲，它就是指一个人的运动天赋和运动潜能，既与生俱来，也可后天培养。而现在的一些中学生，智商普遍很高，情商一般，动商最为缺乏。[④]

中学生通过科学运动来发展动商，不仅可以有充足的体力来适应生活和学习，增强身体素质，培养终身锻炼的习惯，养成健康的生活方式和饮食习惯，还可以在

---

① 李平、王翠云：《青少年中长跑运动员身体素质训练方法》，载《中国电力教育》，2008(S3)。

② 刘彬：《体育与健康》，35 页，上海，上海财经大学出版社，2012。

③ 转引自王容华：《生命在于运动——谈体育锻炼对增强中学生体质的作用》，载《集宁师专学报》，2000(1)。

④ 转引自张红兵：《动商理念助力学校体育——王宗平教授访谈录》，载《中国学校体育》，2017(8)。

运动中学会与其他人相处，提高社交能力，面对新的环境、新的困难能够勇敢无畏，为未来快速适应社会打下较好的基础。

五、增强社会适应能力

（一）提高协作能力

科学进行体育运动能够提高中学生的协作能力。体育运动中有许多集体性体育项目，如足球、篮球、排球等运动。这些运动不是单人所能完成的，要求队员们相互合作、相互配合，以最佳的战术赢得比赛的胜利。因此，体育运动能够让中学生学会如何处理好个人与集体的关系，从而有效地锻炼他们的团队意识和协作精神。

（二）培养竞争观念

当今社会是一个充满竞争和挑战的社会，竞争观念的培养对中学生来说是非常重要的。竞争是体育的特征之一，想要获得优秀的成绩必须通过激烈的竞争。正是激烈的竞争才能彰显最终成绩的价值，使中学生体验到运动后的获得感和成就感。同时，体育运动具有严格的规则，在公平、公正原则的引领下，可以有效培养中学生的竞争意识，锻炼他们不怕吃苦、不怕困难的坚强意志以及努力拼搏奋斗的顽强精神。

（三）磨练耐挫力

耐挫力是克服挫折、积极解决问题、培养坚强意志的能力。中学生普遍面临的升学的压力，再加上家长或教师的期望等诸多因素的影响给中学生带来更多的压力。而体育活动总会有输赢，参与者会经常面对胜利和失败。面对胜利，中学生可以增强自信；面对失败，中学生可以反思自身的不足，找到差距，然后有目的地进行刻苦练习，进而在失败中提升自己。因此，失败对中学生锻炼自身的意志、增强抗挫折能力具有重要的作用。

六、促进健康教育的开展

2016 年，中共中央、国务院印发《“健康中国 2030”规划纲要》，提出要加大学校健康教育的力度，“以中小学为重点，建立学校健康教育推进机制”。《“健康中国 2030”规划纲要》的发布，为学校开展健康教育提供了基本遵循和指导原则。体育运动是健康教育的重要组成部分，学校健康教育的发展离不开科学运动的支持，把课堂教育与运动实践相结合，将会不断提高中学生的健康素养，培育中学生良好的生活习惯，从而推动健康教育的开展，推进健康中国的建设。

第三节　适合中学生的运动项目

根据中学生五大身体素质（力量、耐力、柔韧、灵敏、速度）的发育特点，推荐以下适合中学生的主要运动项目，以期增强中学生的体魄、促进中学生身心的全面健康发展。

一、力量运动

适度的力量训练能够促使中学生骨骼和肌肉的生长发育，还能提升学习效率，促进身心健康发展。如排球和仰卧起坐作为很多省份的中考项目，是中学生易接触和易操作的运动项目。这里主要以排球运动和仰卧起坐为例介绍中学生进行力量运动时的注意事项。力量运动部分主要介绍排球运动。

(一)排球运动

1. 排球运动简介

排球运动于 1895 年在美国诞生。美国马萨诸塞州霍利沃克市的基督教青年会干事威廉·G. 摩根在经过一段时间的摸索之后，创造了一种运动量适当，又富有趣味性，男女老少都能参加的室内娱乐项目——排球运动。① 通过百余年排球工作者的努力，排球运动在中国得到快速普及和飞速发展，已经成为人民群众非常喜爱的体育项目之一。

2. 排球运动的基本规则

现代排球运动为 5 局 3 胜制，每局 25 分，决胜局 15 分。排球运动由两队各 6 名队员组成，每队的队员都有自己固定的位置，3 名网前队员和 3 名靠近底线的队员。每一方击球过网不得超过 3 次。队员不得持球，不得连续击球两次，身体的任何部分不能触网。但他们可以用身体的任何一个部位击球，若球从队员身上的某一部位弹到另一部位时，将被认作两次击球，按违例计算。

3. 排球运动的基本技术

发球、传球、垫球、扣球、拦网是排球运动的 5 项基本击球动作，这些直接触碰到球的动作技术也称为有球技术。

(1)发球

发球意味着排球比赛的开启，同时也是不可忽视的进攻手段。有攻击力的发球甚至能够直接得分，起到震慑对方、鼓舞本方士气的作用。如果发球的攻击力不强，将失去直接得分的机会，增加本方的防守压力。

(2)传球

传球是排球比赛得以进行的基础，也是组织进攻战术的前提。比赛过程中，传球能够充分调动场上的热烈气氛，激发队员的积极性。一个好的传球能为队友创造得分的机会，为取得比赛的最终胜利打下良好基础。

(3)垫球

垫球是排球运动中最简单的一项技术，也是初学者应先学习的技术动作。垫球

---

① 赵子建、谢国臣：《排球》，3 页，重庆，重庆大学出版社，2017。

是指用手臂或身体其他部位的迎击动作，使来球从垫击面反射出去的击球技术动作。它主要用于接发球、接扣球、接拦回球，是防守的主要手段。① 垫球在排球比赛中占据重要地位，是保证本方得以进攻的前提。

(4)扣球

扣球是排球运动中比较难掌握的技术，但也是最直接、最有效的进攻得分技术，与一个队伍实力的强弱有着重大关系。扣球要求队员跳起将高于球网的球有力地击入对方区域内，对个体的弹跳力、手臂力量都有着较高的要求。

(5)拦网

拦网主要是指队员在球网上空阻挡对方击过来的球，能够有效限制对方的进攻，是排球运动中重要的防守技术动作。拦网技术若是运用得当，能够直接得分，使本方获得发球权，掌握主动权。

4. 排球运动的注意事项

排球运动中，扣球、拦网等技术动作要时常用到，身体不可避免地要经常跳跃，手臂也要不断挥动，很容易受伤。对此，进行排球运动时最好戴上护膝、护踝、护腕、护肘等，保护容易受伤的关节。运动前一定记得热身，使关节和肌肉获得足够的活动，预防肌肉拉伤。运动后应伸展一下四肢，减轻运动带来的肌肉酸痛。

(二)仰卧起坐

1. 仰卧起坐简介

仰卧起坐是很多省份的中考项目，也是我们日常生活中较为基础的一种运动方式之一，对人的身体健康发展具有重要作用。经常做仰卧起坐能对腰部肌肉形成刺激，促进肌肉生长，使力量变得更强。如果长时间坚持，还能锻炼出腹肌，让锻炼者能够更好地控制自己的身体；而且强壮的腹肌能够很好地支撑背部，使得锻炼者在日常生活中有较强的体力。

2. 仰卧起坐的动作规范

锻炼者全身仰卧于垫上，两腿稍分开，屈膝呈 90°左右，两手指交叉于脑后；另一同伴压住其踝关节，以便固定下肢；动作应规范至 90°方为有效；锻炼者躯干超过 90°完成一次等。② 中学生应该根据国家标准进行规范的锻炼。

3. 仰卧起坐的注意事项

第一，在初期锻炼的时候一定要注意强度和速度，以逐渐提升次数为宜，避免速度过快、强度过大等问题。因为这样容易拉伤腰部肌肉，而且让腰部变得酸痛。

第二，为了提高动作的质量，还必须掌握技巧。做仰卧起坐时应配以合理的呼吸，坐起时应呼气，仰卧时应吸气。但如果机械地在仰卧时完成整个吸气过程，会不利于

---

① 杨建文：《排球》，43 页，兰州，甘肃人民出版社，2014。

② 《国家学生体质健康标准解读》组委会：《国家学生体质健康标准解读》，125 页，北京，人民教育出版社，2007。

动作的完成。因此，向后仰卧的过程开始吸气，肩背部触碰到垫子的瞬间屏气收腹，上体逐渐抬起，当上体抬起至腹部有胀感时快速吸气，向前引体低头完成动作。

第三，仰卧起坐的动作应该标准，尽可能做到位。有些中学生在做仰卧起坐的时候，身体会向某一个方向偏离，会让腹部肌肉锻炼得不均匀。应该控制仰卧起坐的方向，尽量保持直线，来锻炼腹部肌肉的控制能力。

二、耐力运动

耐力运动主要包括有氧耐力运动和无氧耐力运动。有氧耐力运动有长跑、游泳等；无氧耐力运动有短跑、跳远、跳高等。其中女生 800 米及男生 1000 米的耐力跑，更是伴随中学生成长的考试项目。了解学习这两项运动能够有效促进中学生耐力素质的发展。这里主要介绍耐力跑。

(一)耐力跑简介

跑步是中学生非常重要的考试项目，一般分为 800 米和 1000 米测评。女生主要是测 800 米，男生主要是测 1000 米。

测试方法：受试者至少两人一组进行测试。站立式起跑时，受试者听到“跑”的口令后开始起跑。计时员看到旗动开始计时，当受试者躯干部位到达终点线的垂直面时停表。以分、秒为单位记录测试成绩，不计小数。[①]

(二)耐力跑的动作要领

1. 着地方式

正确的着地方式是应该以脚后跟和脚中部着地，然后快速向前滚动脚掌。对于初、中级跑步者来说，脚中部着地是最好的方式，可以减少震动，缓解对小腿肌肉和跟腱的压力，同时为下一个迈步做好准备。有些人在跑步时习惯全脚掌着地，这种着地方式由于缺乏缓冲和过渡，很容易造成“蹲脚”和震伤颈椎的后果，而且长此以往还容易引发胫骨骨膜炎和 O 形腿。[②] 耐力跑要求中学生学会均匀分布体力，不要随意打破自己的节奏，前期要避免跑得过快，最好保持匀速，在最后的 100 米左右可以进行冲刺。

2. 呼吸方法

800 米跑和 1000 米跑对身体能量的消耗较大，对氧气的需求量也大。若想减轻跑步过程中的不适感，有效提高跑步成绩，掌握正确的呼吸方法是至关重要的。有的中学生在跑步时常感觉到气不够用，就开始用嘴呼吸，其实这样的做法是不正确的。正确的呼吸方法应该是用鼻子吸气，用嘴巴出气。正确的跑步呼吸需要与步伐协调起来，把握好节奏。一般情况下，可采取二步一吸、二步一呼或者三步一吸、

---

① 《国家学生体质健康标准解读》组委会：《国家学生体质健康标准解读》，33～34 页，北京，人民教育出版社，2007。

② 丛林、朱静华：《浅谈跑步姿势与运动损伤》，载《田径》，2016(6)。

三步一呼的方法。

（三）耐力跑的注意事项

第一，做好跑前热身和跑后放松。耐力跑很容易造成肌肉拉伤和关节损伤，跑步前要充分做好准备活动，使得身体迅速进入状态，减少受伤的可能性。跑步过后，还应做好拉伸运动，以缓解疲劳，放松肌肉和韧带。

第二，跑前记得适量饮水。在跑步的时候，人体加速挥发水分，水分被大量消耗后将引起人体的缺水。因此，跑步前适宜喝一些温水或淡盐水，若过度饮用，但也不能喝太多，会增加胃肠的负担，能够保持喉咙湿润就可以。

第三，避免内外八字跑步。跑步过程中，如果脚是以“内八字”或“外八字”的姿势落地，会影响跑步速度，增加身体的承受负担，长期下来容易造成膝关节等部位的损伤。

三、柔韧运动

青少年时期是发展柔韧素质的关键时期。增强柔韧素质的运动有很多，如游泳、举重、瑜伽等运动。其中游泳不仅仅是一项体育运动，更是每个中学生都该熟练掌握的求生技能。本部分主要介绍游泳运动。

（一）游泳运动简介

游泳运动是一种凭借自身肢体动作和水的相互作用力，在水上漂浮前进，或在水中潜游的有意识的技能活动。游泳是在水环境中进行的运动项目，是与生产、生活、实践十分接近的一种实践活动，也是人类对抗恶劣环境的生存技能。①

中学生学习游泳具有很多好处。首先，长期游泳可以使自己保持很好的体力，并且游泳不对肌肉和关节等造成额外负担，能够有效避免受伤。其次，在游泳的过程中，身体的心肺功能得到锻炼，肺活量增加，呼吸系统的机能得到提高。最后，游泳还是一项生存技能。中学生掌握游泳技能，可以在很大程度上减少溺亡事故的发生。

（二）游泳运动的种类②

游泳运动主要分为竞技游泳、实用游泳和大众游泳三大类。

竞技游泳是指有特定技术要求，按游泳竞赛规则规定进行竞赛的游泳运动项目。它主要包括蝶泳、仰泳、蛙泳、自由泳四种泳式。其中，蛙泳因为呼吸方便，动作省力，最适合初学者学习。

实用游泳分为侧泳、踩水、潜泳、水上救护、反蛙泳等，具有经济实用等特点。例如，侧泳方便水中拖带；踩水可在水中用作水中观察和积极性休息；潜泳用于水中打捞和隐藏等，具有较强的实用性。

大众游泳是以增强体质为宗旨，以丰富人们的日常文化生活为目的的游泳活动。

---

① 黄东怡、李光华：《大众游泳训练指导教程》，1页，北京，北京邮电大学出版社，2017。

② 谷金波、邢春燕：《大众游泳自学与健身导读》，3页，成都，电子科技大学出版社，2015。

因其目的主要为健身娱乐，所以形式多样且简便。例如，水中游戏、康复游泳、冬泳、娱乐游泳、健身游泳已经在世界各地获得蓬勃发展。

（三）游泳运动的注意事项

第一，初学者必须要在家长（监护人）的带领下去游泳。下水前要先进行热身运动，热身时间以 10～15 分钟为宜，通过活动身体关节和肌肉，减少运动损伤。

第二，游泳前感受下水温，水温过冷或过热都不适宜游泳；还需要注意保护眼睛、做好防晒等。

第三，身体患病者忌游泳。比如，感冒、发烧或者有传染病的人都不应该去游泳，易发生意外甚至感染他人。

第四，饭后、空腹时不能游泳，并且要注意游泳后不能立刻进食，否则会增加胃肠的负担，造成肠胃不适。

四、灵敏运动

篮球运动是中学生非常喜爱的运动项目之一。对于中学生来说，经常打篮球会有效提升其灵敏素质。本部分主要介绍篮球运动。

（一）篮球运动简介

篮球最早是 1891 年由美国马萨诸塞州斯普林菲尔德（旧译春田）市基督教青年训练学校体育教师詹姆斯·奈史密斯博士创造的，至今已经走过了 100 多年的历史。篮球运动已经成为全世界参与人数较多的运动项目之一。[①] 1896 年，篮球运动传入中国。随着学校体育的发展，篮球已成为中考体育测试项目之一，很多中小学积极发展校园篮球运动项目。

（二）篮球运动的基本要求

篮球运动是由两个互为对方的队在一块标准的篮球场地上进行同场竞技，每队出场 12 名队员，但每个队伍上场比赛的队员只能是 5 个人的运动。每个队伍的目标就是向对方球筐里投进尽可能多的球，尽可能多得分，比赛期间可以暂停和换人。篮球比赛的净时间为 4×10 分钟＝40 分钟，也就是 4 节，每节 10 分钟，1 和 2 节为上半场，3 和 4 节为下半场，上、下半场之间休息 10 分钟。在比赛时间结束时，得分多的队获胜。若分数相同，会有一个 5 分钟的决胜期，也就是加时赛。决胜期结束仍然相等，再有一个 5 分钟的决胜期，直到决出胜负为止。

（三）篮球运动的基本技术

练习者若想提升篮球运动水平，需要有较好的控球能力，从而能够高度完成运球、传球、投篮等动作，达到灵活应对场上各种变化的境界。这需要练习者拥有一定的控球性，即对篮球控制的熟练程度。各种姿势的拨球、运球、绕球、抛接球以

---

① 夏卿：《青少年篮球发展与研究》，1 页，武汉，华中科技大学出版社，2017。

及篮球游戏等多种练习方式可以有效地培养练习者的控球性。①

(四)篮球运动的注意事项

第一，做好热身运动。在比赛过程中，球员之间碰触频繁，经常会出现碰伤、摔伤，甚至可能出现骨折、肌肉拉伤等后果。因此，在上场比赛以前，球员需要进行充分的热身，防止肌肉或关节受伤。

第二，最好佩戴护踝、护膝以及护腕等护具。护具能通过在关节部位加压、支撑，起到预防保护的目的，还能缓解关节疼痛，起到加快恢复的作用，也可以避免关节在冬天受寒，起到保暖作用。因此，球员上场最好佩戴护具，避免身体出现严重受损的现象。

第三，及时补充水分。高温天气下剧烈运动会大量出汗，导致身体处于缺水状态。这时应适当地休息，及时补充温水或盐水，可以有效缓解身体疲劳，维持身体机能，但是切勿狂喝冷水。

五、速度运动

速度运动主要考验人体的爆发力。发展速度素质要与发展力量素质、耐力素质和柔韧素质等结合起来，注意提高肌肉的放松能力。速度运动有短跑、速滑、冰球等，其中短跑对速度素质的要求显著高于其他素质。本部分主要介绍 50 米跑。

(一)50 米跑简介

短跑是中学体育教学的重要组成部分，也是提升中学生身体素质的重要途径。50 米跑是许多地区中考的必考项目，主要衡量中学生的速度、爆发力及反应速度。要想提高成绩，应该先掌握良好的跑步技术，而良好的技术必须通过一系列的练习才能实现。

(二)50 米跑的测试标准及要求

1. 50 米跑的测试标准

根据《国家学生体质健康标准(2014 年修订)》的规定，中学体育考试男生和女生 50 米跑单项评分如表 7-1 所示和表 7-2 所示。

表 7-1　男生 50 米跑单项评分　　单位：秒

等级	单项得分	七年级	八年级	九年级	高一	高二	高三
优秀	100	7.8	7.5	7.3	7.1	7.0	6.8
	95	7.9	7.6	7.4	7.2	7.1	6.9
	90	8.0	7.7	7.5	7.3	7.2	7.0
良好	85	8.1	7.8	7.6	7.4	7.3	7.1
	80	8.2	7.9	7.7	7.5	7.4	7.2

① 郎松亭、李坚:《体育与健康》，74 页，北京，高等教育出版社，2016。

续表

等级	单项得分	七年级	八年级	九年级	高一	高二	高三
及格	78	8.4	8.1	7.9	7.7	7.6	7.4
	76	8.6	8.3	8.1	7.9	7.8	7.6
	74	8.8	8.5	8.3	8.1	8.0	7.8
	72	9.0	8.7	8.5	8.3	8.2	8.0
	70	9.2	8.9	8.7	8.5	8.4	8.2
	68	9.4	9.1	8.9	8.7	8.6	8.4
	66	9.6	9.3	9.1	8.9	8.8	8.6
	64	9.8	9.5	9.3	9.1	9.0	8.8
	62	10.0	9.7	9.5	9.3	9.2	9.0
	60	10.2	9.9	9.7	9.5	9.4	9.2
不及格	50	10.4	10.1	9.9	9.7	9.6	9.4
	40	10.6	10.3	10.1	9.9	9.8	9.6
	30	10.8	10.5	10.3	10.1	10.0	9.8
	20	11.0	10.7	10.5	10.3	10.2	10.0
	10	11.2	10.9	10.7	10.5	10.4	10.2

表 7-2　女生 50 米跑单项评分　　　　**单位：秒**

等级	单项得分	七年级	八年级	九年级	高一	高二	高三
优秀	100	8.1	8.0	7.9	7.8	7.7	7.6
	95	8.2	8.1	8.0	7.9	7.8	7.7
	90	8.3	8.2	8.1	8.0	7.9	7.8
良好	85	8.6	8.5	8.4	8.3	8.2	8.1
	80	8.9	8.8	8.7	8.6	8.5	8.4
及格	78	9.1	9.0	8.9	8.8	8.7	8.6
	76	9.3	9.2	9.1	9.0	8.9	8.8
	74	9.5	9.4	9.3	9.2	9.1	9.0
	72	9.7	9.6	9.5	9.4	9.3	9.2
	70	9.9	9.8	9.7	9.6	9.3	9.4
	68	10.1	10.0	9.9	9.8	9.7	9.6
	66	10.3	10.2	10.1	10.0	9.9	9.8
	64	10.5	10.4	10.3	10.2	10.1	10.0
	62	10.7	10.6	10.5	10.4	10.3	10.2
	60	10.9	10.8	10.7	10.6	10.5	10.4

续表

等级	单项得分	七年级	八年级	九年级	高一	高二	高三
不及格	50	11.1	11.0	10.9	10.8	10.7	10.6
	40	11.3	11.2	11.1	11.0	10.9	10.8
	30	11.5	11.4	11.3	11.2	11.1	11.0
	20	11.7	11.6	11.5	11.4	11.3	11.2
	10	11.9	11.8	11.7	11.6	11.5	11.4

2. 50 米跑的测试要求

受试者至少两人一组进行测试。站立式起跑时，受试者听到“跑”的口令后开始起跑。发令员在发出口令的同时要摆动发令旗。计时员视旗动开始计时，在受试者躯干部位到达终点线的垂直面停表。受试者参加测试时最好穿运动鞋或平底布鞋，可以赤足，但不得穿钉鞋、皮鞋、塑料凉鞋。发现有抢跑者，应当即召回重跑。如遇风时一律顺风跑。①

(三)50 米跑的技巧

第一，跑前双脚应前后开立，两脚前后间距是一个脚的距离，惯用脚在前，左右间距是与肩同宽或微比肩宽。身体要微微前倾，屈膝降低重心。以右脚在前为例：左侧臂屈肘在前，右侧臂屈肘于身后。

第二，听到“跑”的口令后，两脚应用力蹬地，迅速向前冲出去，起跑后注意不要突然抬头或提高重心。临近终点时，不能放松，应继续保持最快速度。撞线前，上体应迅速前倾，用胸部或肩部撞线，跑过终点后再逐渐减慢速度，但不可立即停止以防跌倒或产生重力性休克。

第三，50 米跑对腿部和臀部的爆发力有着较高要求。若想提高短跑能力，可以对这些部位进行专项训练。日常生活中进行篮球、足球、排球等运动，或者在课间休息时进行跳台阶、高抬腿、深蹲、蛙跳等动作，都有助于提高速度素质。

(四)50 米跑的注意事项

跑前要做好准备活动，将全身的各个关节、韧带充分活动开，让全身的肌肉和循环系统充分预热，使身体可以适应高强度的运动。短跑前可以进行 3～4 次 30 米的加速跑，让身体迅速进入状态。

① 《国家学生体质健康标准解读》组委会：《国家学生体质健康标准解读》，117～118 页，北京，人民教育出版社，2007。

第四节　中学生体育锻炼的监测和常见的运动损伤

一、中学生体育锻炼的监测指标

《“健康中国 2030”规划纲要》指出，到 2030 年，国家学生体质健康标准要达到优秀率 25%以上。《第七次全国人口普查公报》表明，在我国，0～14 岁的人口占总人口的 17.95%。在基本普及了义务教育的基础上，我国中学生在总人口上占有的比例非常可观。中学时期的健康是人一生健康的重要基础，因此，提高中学生的体质健康、判定中学生体育锻炼监测指标对实现国家学生体质健康标准目标具有重要意义。

(一)运动负荷检测指标

心率、脉搏、心脏恢复率是运动负荷的重要监测指标，把握好脉搏、心率、心脏恢复率等运动负荷的监测能够更好地对身体状况进行掌握，进而规划运动强度。

1. 心率与脉搏

心率是指个人在安静状态下所检测的心脏每分钟跳动的次数，健康人的心率一般在 60～100 次/分。但也会因年龄、性别以及其他生理因素形成个体差异。一般情况下，年龄小的人会比年龄大的人心率快；同龄情况下，女性比男性的心率快。成人安静时的正常心率为 70～80 次/分，初中生为 80～90 次/分。

心脏是推动血液运行的重要“动力装置”，它像一个“水泵”，为血液流动全身提供助力。心脏每跳动一下，就会进行有节奏的收缩和舒张，血液的心脏循环就是在这一收一张中不断进行的。脉搏是指动脉的搏动，一般可在人体体表处触摸到。血液受到心脏左心房的收缩后，会被挤压流入主动脉。此时，大量的血液流入会使动脉压力变大而产生管径扩张。在个人的体表较浅处，如手腕，就能够感受到动脉的跳动，这就是脉搏。

每分钟脉搏的次数与心率相同，二者都可以体现心脏的健康程度。体育锻炼有利于提升循环系统的机能，经常进行体育锻炼能够增加心肌细胞内的蛋白质合成和血管壁的弹性，能够增粗心肌纤维、增厚心壁、增强心肌力量，更可以降低血脂含量、血压，起到舒缓心搏、预防心血管疾病的作用。①

经常进行体育运动的人，心脏机能会得到提高。因此，在承受相同的运动负荷时，其脉率会比不经常参加锻炼的人低，而且能够在较短时间内恢复到正常水平。

---

① 谭晓兰：《体育与健康》，8 页，北京，北京理工大学出版社，2017。

2. 运动脉率

运动脉率即个人在进行运动时保持的心率状态。由于运动脉率也受个人体能的影响，因此每个人最为适宜的运动脉率是存在差异的。对此，我们可以通过掌握测定方法，运用公式为自己计算适宜的运动脉率。

(1)适宜运动脉率的判断

一般情况下，青少年的最高脉率为200次/分，而身体素质较好的青少年最高脉率可达220次/分。适宜的运动脉率范围应保持在最高脉率50%～80%的范围内。计算适宜自己的运动脉率，要分别测量出自己的最高脉率和安静时的脉率，再运用以下公式进行计算。

适宜运动脉率=(最高脉率—安静时脉率)×65%+安静时的脉率

(2)脉率的测定方法

①准备一块秒表。

②找到能摸到脉搏的部位。

③先进行一定的体育锻炼，在运动停止时即刻测定6秒钟的脉搏跳动次数。

④将测量的6秒脉动次数乘以10，就可以计算出此时的脉率。

(3)脉率测定的注意事项

心率在运动停止后会快速下降，如若掌握不好测量的时机，很容易引起测量误差。因此，在测量适宜运动脉率时，应提前进行必要练习，熟练掌握方法，避免延迟测定即刻脉率所造成的测定结果不准。

3. 心脏恢复率

心脏恢复率是评估运动负荷的有效指标之一，可以鉴定人的心脏功能，也是一个重要的健康指标。它是指运动后的心率恢复到安静心率这一过程的效率。

当一个人在长时间持续运动之后，停止运动时，心率会经受急剧下降—维持稳定状态—恢复安静心率这一过程。运动结束后的一分钟内是心脏恢复的重要时期，恢复越快，证明心脏功能越好。

测定心脏恢复率时，可先在运动结束后即刻测定6秒钟的脉率，运动结束1分钟后再测定6秒钟的脉率，然后用以下公式计算。

心脏恢复率=(运动心率－恢复心率)/10

一般，心脏恢复率的数值在3以上，说明心脏功能比较好；数值低于3，则意味着心脏功能一般或较差。

(二)体质运动检测指标

在《国家学生体质健康标准(2014年修订)》中，检测的主要类别包括身体形态、身体机能和身体素质。目前，各年级学生的共性检测指标包括身高、体重、肺活量、50米跑、坐位体前屈等。其他指标根据年级不同做简要调整，各年级体质运动检测单项指标与权重对比如表7-3所示。

表 7-3　各年级体质运动检测单项指标与权重

测试对象	单项指标	权重(%)
小学一年级至大学四年级	体重指数	15
	肺活量	15
初中、高中、大学各年级	50 米跑	20
	坐位体前屈	10
	立定跳远	10
	引体向上(男)/1 分钟仰卧起坐(女)	10
	1000 米跑(男)/800 米跑(女)	20

注：体重指数=体重(千克)/身高^2(米^2)。

本检测标准的学年总分包括标准分和附加分，满分为 120 分。表 7-4 为学生学年总分评定等级。标准分由各单项指标得分与权重乘积之和组成，满分为 100 分。附加分则根据实测成绩确定，即对成绩超过 100 分的加分指标进行加分，满分为 20 分。初中、高中和大学的加分指标为男生引体向上和 1000 米跑，女生 1 分钟仰卧起坐和 800 米跑，各指标加分的幅度均为 10 分。①

表 7-4　学生学年总分评定等级

等级	优秀	良好	及格	不及格
分值	90.0 分及以上	80.0～89.9 分	60.0～79.9 分	59.9 分及以下

1. 身高体重的测量工具、测量方法与注意事项

(1)身高体重的测量工具

身高体重的测量工具为身高体重测量仪。

(2)身高体重的测量方法

为避免测量误差，测量时，受试者应穿着轻便的衣服，赤足、挺直站立在身高体重测量仪上。上肢保持自然下垂，脚后跟并拢，足尖分开成 60°左右，足跟、骶骨部及肩甲区与立柱相接触，头部正直，两眼平视。在准备好后，测试人员按下“确认”键，让水平压板轻轻沿立柱下滑，水平压板在触及受试者的头顶时，会停止下滑并反弹向上。此时，测试仪就可显示出测试者的身高体重。

(3)身高体重测量的注意事项

①放置测量仪时，要选择平坦靠墙的地方，使其平稳。

②受试者要身着轻装，赤足挺直站立。女生不要扎高辫子、戴饰物等，让头发自然下垂。

---

① 孙卫华、户良斌：《体育与健康》，60～62 页，西安，西北大学出版社，2017。

2. 肺活量的测量工具、测量方法与注意事项

(1)肺活量的测量工具

肺活量的测量工具为电子肺活量测试。

(2)肺活量的测量方法

受试者面对仪器自然站立，用手拿住吹嘴，深吸气，后对准吹嘴，慢慢吹气，直到不能吹出。此时仪器上显示的数值就是肺活量的毫升值。

(3)肺活量测量的注意事项

①吹气时，要保证口部与吹嘴吻合，以防因漏气导致测量结果不准。

②在测试过程中，必须一口气吹到不能吹出，禁止换气或重复吹气。

3. 坐位体前屈的测量工具、测量方法与注意事项

(1)坐位体前屈的测量工具

坐位体前屈的测量工具为坐位体前屈测试仪。

(2)坐位体前屈的测量方法

受试者应脱鞋坐在仪器的底板上，双脚分开相距10～15厘米，平蹬在仪器的纵板上，保持双腿挺直，将两手掌心向下，水平并拢，使两只手与手臂保持水平伸直状态，使身体上部慢慢向前屈身，用两只手的中指抵住移动标尺，使其慢慢向前滑动，直到上身部位和手臂不能进一步前伸。

(3)坐位体前屈测量的注意事项

①在测试前，要做好热身运动，防止出现拉伤等运动损伤。

②在测试时，双腿和手臂要始终保持伸直状态，不能弯曲。

③两手在推动游标时，身体上部要慢慢屈身，不能突然发力。

4. 立定跳远的测量工具、测量方法与注意事项

(1)立定跳远的测量工具

立定跳远的测量工具为立定跳远测试仪或沙坑、米尺。

(2)立定跳远的测量方法

测试时，受试者将两脚自然分开，站在起跳线的位置，不可踩线或越线。准备好后，将两手上、下摆动助力，两脚在起跳处同时发力，同时落地，此时的落地处就是跳远的距离。如果是在沙坑测试，要注意沙面应与地面保持平齐，起跳处的地面要平坦，起跳线的位置与沙坑起点端的距离要大于或等于30厘米。

(3)立定跳远测量的注意事项

①受试者应着运动装或宽松服饰，穿平底鞋。

②起跳落地后不得有垫步或连跳动作。

③不可踩线或越线，否则视为犯规。犯规时，成绩无效，应重新测试。

5. 引体向上(男生)的测量工具、测量方法与注意事项

(1)引体向上(男生)的测量工具

引体向上(男生)的测量工具为高单杠或高横杠。单杠的适宜粗度应以手能握住为准。

(2)引体向上(男生)的测量方法

受试者跳起后，用双手正握杠，使两手保持与肩同宽，且成直臂悬垂。静止后，两臂同时发力，向上引体，上拉到下颌超过横杠上缘为完成一次，记录引体次数。

(3)引体向上(男生)测量的注意事项

①受试者跳起时要双手正握杠，等到身体静止后才能正式开始测试。

②测试时，受试者必须将身体上拉到下颌超过横杠上缘，才算完成一次动作。

③引体向上时，受试者的身体应避免过大摆动，也禁止借助其他动作助力。

④两次引体向上的间隔时间不能超过 10 秒，否则停止测试。

6. 一分钟仰卧起坐(女)的测量工具、测量方法与注意事项

(1)一分钟仰卧起坐(女)的测量工具

一分钟仰卧起坐(女)的测量工具为仰卧起坐测试仪或体操垫子、秒表(定时器)。

(2)一分钟仰卧起坐(女)的测量方法

受试者仰卧于垫子上，将两腿稍分开，屈膝呈 90°左右，用两手指交叉于脑后。另一同伴压住受试者的踝关节，固定其下肢，避免发生摇摆。受试者坐起时，两肘触及或超过双膝才为完成一次。一般测试时间为 1 分钟，测试结果精确到个数。

(3)一分钟仰卧起坐(女)测量的注意事项

①要将测试垫子放在平坦干燥的地面上。

②受试者仰卧时，两肩甲必须触垫；坐起时两肘触及或超过双膝为完成一次。

③测试时，受试者应在听到“开始”命令后做动作，抢做不计入个数。

④1 分钟到时，受试者虽已坐起但两肘未触及或超过双膝不计该次数。

(三)主观运动强度等级量表

主观运动强度等级量表(Rating of Perceived Exertion，RPE)是布罗格(Brog)等人提出的一种推测运动强度的方法。目前，已提出的几种主观运动强度等级量表分别用于不同的运动测试。关于产生主观疲劳程度的原因，布罗格认为，RPE 反映了来自身体不同方面的信息，如来自骨骼肌、关节、心血管及呼吸系统，以及中枢神经系统等方面的信息传至大脑皮层，并通过感知和体验的综合而形成的主观感觉的轮廓。①

---

① 梁飞：《RPE 量表在监测散手比赛强度中的应用》，载《韶关大学学报(自然科学版)》，1999(4)。

大量研究发现，RPE 不仅与心率，而且还与许多代谢指标(如乳酸)呈高度相关，这就为 RPE 在实践中作为心率等强度评定指标的辅助或替代指标提供了依据。[①②③] 按自我感觉划分，RPE 分为 6～20 等级，如表 7-5 所示。

表 7-5　主观运动强度等级量表

自我感觉	等级
非常轻松	6，7，8
很轻松	9，10
尚轻松	11，12
稍累	13，14
累	15，16
很累	17，18
精疲力竭	19，20

二、中学生常见的运动损伤

(一)运动损伤的概念与分类

1. 运动损伤的概念

运动损伤是在进行体育活动过程中，因受到外部力量、内部力量或暴力，而形成的机体损伤。[④] 运动损伤会因各种专项运动性质、技术等的不同而导致损伤部位不同。有些运动损伤也与运动训练安排、水平以及运动环境、条件等因素有关。[⑤]

2. 运动损伤的分类

我们可根据损伤程度、损伤病程、损伤性质、损伤组织对运动损伤进行分类，如表 7-6 所示。

① Bruce J. Noble, Borg G. A., & Jacobs I., et al., "A Category-Ratio Perceived Exertion Scale: Relationship to Blood and Muscle Lactates and Heat Rate,"*Medicine & Science in Sports & Exercise*, 1983(6), pp. 523-528.

② K. L. Moreau, M. H. Whaley, & J. H. Ross, et al., "The Effects of Blood Lactate Concentration on Perception of Effort during Graded and Steady State Treadmill Exercise,"*Sports Medicine*, 1999(20), pp. 269-274.

③ Do herty M., Pawl Smith, & Michael Hughes, et al., "Rating o f Perceived Exertion during High-Intensity Treadmill Running,"*Medicine & Science in Sports & Exercise*", 2001(11), pp. 1953-1958.

④ 谭晓兰：《体育与健康》，31 页，北京，北京理工大学出版社，2017。

⑤ 孙卫华、户良斌：《体育与健康》，37 页，西安，西北大学出版社，2017。

表 7-6 运动损伤的分类

运动损伤分类标准	损伤名称	损伤解释
按损伤程度	轻度损伤 中度损伤 重度损伤	轻度损伤是指不会影响训练计划和工作能力，仍可进行日常活动的损伤 中度损伤是指需要停止或减少受伤部位的体育活动，并且接受治疗的损伤 重度损伤是指完全不能参加活动，且需住院治疗的损伤
按损伤病程	急性损伤 慢性损伤	急性损伤多指在瞬间直接或间接受到外力或暴力打击所造成的损伤 慢性损伤是指损伤后未及时恢复而形成的劳性损伤和陈旧伤
按损伤性质	开放性损伤 闭合性损伤	开放性损伤是指体表伤处皮肤组织破裂，伤处裸露 闭合性损伤是指体表伤处皮肤组织完整，未出现破裂
按损伤组织	皮肤损伤、肌肉与肌腱损伤、关节软骨损伤、滑囊损伤、骨损伤、神经损伤、血管损伤、内脏器官损伤	顾名思义，此处运动损伤都是以受到损伤的组织部位进行命名的

(二)导致中学生运动损伤的主要原因

在中学体育教学中，导致运动损伤的原因是多方面的，可能与运动者自身的锻炼意识、体质素质、运动基础有关，也可能与运动项目的难易程度、技术高低以及周围的锻炼环境有关。具体原因可分为以下几种。

1. 思想认识因素

在思想认识方面，安全意识的缺乏是导致运动损伤的重要原因之一。一方面是教师缺乏安全意识。一些体育教师由于安全意识不强，缺乏责任感，在教学过程中放任中学生自由活动，不对中学生的体育活动进行全方位细心的指导，从而导致中学生的安全意识淡薄，扭伤、拉伤、碰伤等运动损伤时有发生。另一方面是中学生缺乏安全意识。这不仅来源于教师缺少对中学生安全知识的教导，而且与家长的文化素质水平有较大关系。比如，当中学生有不安全行为发生或者从事危险性游戏时，教师和家长未及时制止并进行正确的引导和教育。另外，有些家长自身的安全意识较为薄弱，中学生从小耳濡目染，从而导致中学生在思想上缺乏预防运动损伤的意识。

2. 运动技术因素

运动技术的不规范也是导致运动损伤发生的重要原因之一。它主要是指个体违反体育运动的规律和要求，出现技术动作错误。若中学生所进行的体育运动违反了身体器官的活动规律或不符合人体结构的特点，极易造成运动伤害事故的发生。目前，有些中学生存在运动前准备活动不充分、不规范的问题。有些中学生甚至在进行体育运动前，不做准备活动，这样会极易造成肌肉损伤、韧带拉伤等运动损伤。有的中学生则是准备活动过量，从而导致身体疲劳，身体功能下降。

3. 运动强度因素

根据日常锻炼的程度强弱不同、锻炼的专业性高低不同，人体所形成的身体素质也有所差异。例如，专业运动员在平时正规的锻炼计划下，身体素质会比普通人要强许多，而且身体能够承受的运动强度也大。运动是一个循序渐进的过程，超过自身运动强度的体育锻炼不仅不会对身体有益，反而会引起个人身体机能和器官系统的不良反应，对健康有害。此外，人体在不同的状态下，所能承载的运动强度也不同。特别是在身体功能状态和心理状态不良的情况下，强行锻炼特别容易发生运动损伤。如在生病时，身体会较为虚弱，此时锻炼可能会加重病情，甚至由于注意力不集中导致受伤。在运动情绪低下的状态下锻炼，则容易因为畏难、害怕、害羞、紧张的情绪造成肌肉僵硬，进而发生事故。

4. 环境因素

进行体育锻炼时，要选择正确的锻炼天气和锻炼场所。目前，有些中学生在课外锻炼时较为缺乏对锻炼环境的安全辨别意识，使得环境因素也成为产生运动损伤的一大原因。在进行体育锻炼时，要避开多雨、高温、严寒、大风等恶劣天气。多雨时，空气湿度大，地面潮湿，易滑倒；高温时运动，容易造成中暑；低温时容易造成肌肉僵硬，严重情况下甚至能产生冻伤；大风天气下进行户外锻炼，容易扰乱锻炼时的呼吸节奏，如跑步时容易产生岔气。此外，空气污浊(如雾霾)、光线暗淡的环境下，也不适于进行体育锻炼。除了天气因素外，锻炼场地的选择也要注意。场地狭窄，地面凹凸不平，设施老旧都是造成运动损伤的隐患，而且运动要避开噪音过大、人流车流较多的地点。如有些中学生喜欢在马路边进行路跑，如果是在早高峰时期，不仅人流、车流、噪音大，而且车辆排放的废气量也大，空气质量差，对体育锻炼不利。

(三)运动损伤的一般处理原则

在运动急性损伤的最初48～72小时内，所有的软组织损伤一般都应采用RICE原则处理，特殊情况除外，如骨折。RICE原则，即“休息”(Rest)、“冰敷”(Ice)、“压迫”(Compression)、“抬高”(Elevation)。①

休息：受伤后，中学生应立即停止运动，特别是受伤部位的运动，选择合适的地方休息。

冰敷：对受伤部位进行冰敷处理。低温能够收缩血管，减少出血量，也能缓解

① 孙卫华、户良斌：《体育与健康》，39页，西安，西北大学出版社，2017。

疼痛、肿胀。一般冷敷时间在 20 分钟左右，患者有局部麻木感觉时即可停止。需要注意的是，不可直接将冰袋覆于伤处，应用毛巾或绷带等间隔物包裹，以防冻伤。有血管疾病、老化、糖尿病以及在其他血液循环受到威胁的情况下，不应使用冰敷法。

压迫：冰敷结束后，要及时对患处采用弹性绷带进行包扎，避免再次受伤。包扎加压也能有效地减少受伤处的肿胀和出血，但要注意，包扎不宜过紧。

抬高：受伤部位处理完毕后，休息时要将患处抬高，减少患处的血液流动，从而控制肿胀和出血。

(四)常见的运动损伤与处理

1. 骨折

骨折就是身体骨骼的完整性和连续性遭到破坏。①

(1)骨折的原因

我们可根据断裂骨头是否刺破皮肤，将骨折分为闭合性骨折和开放性骨折。骨折属于较为严重的运动损伤，通常引起骨折的原因除了外来暴力(如撞击、砸伤、摔伤等)所造成的外伤性骨折外，还包括一些病理性骨折。在中学生运动损伤中，外伤所导致的骨折损伤较为常见。

(2)骨折的征象

受伤后局部有疼痛、压痛、纵向叩击(或挤压)痛、畸形、功能障碍，关节活动及移动肢体时有骨摩擦音。② 对于较为严重的骨折损伤，如多发性骨折、骨盆骨折、股骨骨折、脊柱骨折、开放性骨折等，患者会因出现广泛的软组织损伤、大量出血、剧烈疼痛或并发内脏损伤等而引起休克，还可能会因为感染引起发热。

(3)骨折的处理

骨折的处理要谨慎。对于开放性骨折，要注意不可直接用手接触固定，以免造成细菌感染，引起骨髓炎。对于闭合性骨折，要先掌握其具体伤处，及时固定骨折部位，避免受伤骨骼发生移动，造成其他损伤。如对于脊椎骨折者，要始终保持脊柱的伸直状态，将身体平托搬运；而对于颈椎骨折者，则需扶持其头颈部，使头部与身体成直线位置不摇动。对于骨折患者，要尽快送医救治。

2. 关节扭伤

关节扭伤是指关节部位在受到突发性过猛的扭转时所导致的关节韧带损伤、撕裂等。③ 中学生常见的关节扭伤有踝关节扭伤、膝关节扭伤、腕关节扭伤。

(1)关节扭伤的原因

人体在受到突发性过猛的扭转或外力时，关节、韧带部位会因承力太大而发生

---

① 谭晓兰：《体育与健康》，34 页，北京，北京理工大学出版社，2017。

② 王茂利：《大学体育与健康》，57 页，西安，西北大学出版社，2019。

③ 谭晓兰：《体育与健康》，33 页，北京，北京理工大学出版社，2017。

扭伤。日常中，易导致关节扭伤的原因有跑跳和从高处意外跌落、热身不充分、穿不合适的服装以及技术性扭伤等。踝关节扭伤是运动中常见的一种运动损伤。受特殊生理特点的影响，踝关节在跖屈时比较容易发生内翻或外翻导致扭伤。膝关节是一个屈戌关节，在体育活动中，韧带和半月板的损伤最为常见，多是外力导致小腿相对股骨发生内外旋。此外，膝关节过屈、过伸或股骨与胫骨直接撞击也是容易引发膝关节扭伤的原因。腕关节扭伤的常发原因是突发性的用手撑地。因为人在跌倒时，用手撑地是下意识的动作。在运动中，腕关节突然用力旋转、过度背伸、掌屈、内收或外展，会使得关节韧带、筋膜撕裂，造成腕关节的损伤。

(2)关节扭伤的征象

扭伤后，血液及滑液会流向关节囊，引起关节肿大；伤处会出现肿胀的疼痛，皮肤表面有瘀青。踝关节扭伤后，患处会即刻出现疼痛和肿胀，随后出现皮肤瘀斑，严重时患者甚至不能活动。外踝扭伤后，患者在尝试行足内翻时疼痛症状加剧。内侧三角韧带损伤后，患者在尝试行足外翻时疼痛症状加剧。膝关节扭伤后，半月板损伤患者多有外伤史，急性期疼痛定位大多不准确，后期才会出现特定部位疼痛，伤后还会出现关节积液。韧带损伤患者会出现肿胀、瘀血，有撕裂感、异常关节间隙开口感等，有的甚至伴随腓骨小头骨折。腕关节扭伤一般会出现关节疼痛、关节肿胀、屈伸活动受限以及手部抓握无力等症状。

(3)关节扭伤的处理

在扭伤后，应停止活动，抬高受伤部位，先进行冷敷，利用低于人体温度的冰袋、冷水等处理患处，使血管收缩，降低伤处的出血速度，缓解疼痛，进行消肿。冷敷法适用于急性闭合性软组织损伤，如挫伤、关节韧带扭伤、早期肌肉拉伤等。在受伤 48 小时后，再进行热敷。热敷能够促使局部血管扩张，改善血液和淋巴循环，进而促进瘀血吸收。具体方法为：将毛巾浸入热水后，置于患处，每次敷 30 分钟左右。热敷法适用于急性闭合性软组织损伤的中期、后期和慢性损伤。扭伤后还可利用绷带或支持带进行固定，避免发生重复扭伤。

3. 关节脱位

关节脱位俗称脱臼，是指身体某部位在受到外力作用后，关节面失去了正常的连接作用。① 常见的关节脱位有肘关节脱位、肩关节脱位等。

(1)关节脱位的原因

在突发性外力作用下，关节的骨关节面失去正常的互相连接关系，关节的基本结构等遭到破坏，关节功能失常，造成关节脱位。一般来说，关节处韧带先天松散的人经常容易摔倒，经常参加激烈体育运动的人容易造成关节脱位。肘关节脱位的原因与腕关节扭伤相似，多发生于青少年群体。肘部系前臂和上臂的连接结构，暴力的传导和杠杆作用是引起肘关节脱位的基本外力形式。肩关节处的肱骨头大，关

① 易礼舟、戴彬：《大学生体育与健康》，28 页，重庆，重庆大学出版社，2018。

节盂浅而小，关节囊松弛，其前下方组织薄弱，关节活动范围大。正因肩关节处特殊的生理特点，因此遭受外力作用的机会较多。这也是关节脱位中最常见的损伤。

(2)关节脱位的征象

受伤后，患处会产生关节畸形，如关节轮廓变形，骨突标志改变，肢体保持在特殊畸形位置等。如果被动活动伤肢时，感觉到了弹性阻碍，而且被动活动停止后，患肢立即弹回原有的特殊畸形位置。此时说明关节弹性固定，可以判断为关节脱位。此外，还会发生关节功能障碍、肿胀、剧烈疼痛及压痛等。① 如肘关节脱位后，关节会置于半屈曲状，伸屈活动受限；肩关节脱位后，伤肩会肿胀、疼痛，活动受阻，患肢弹性固定于轻度外展位，肩三角肌塌陷，呈方肩畸形，在腋窝、喙突或锁骨下可触及移位的肱骨头，关节盂空虚。

(3)关节脱位的处理

在关节脱位后，停止一切活动，不可轻易对患处进行修正和揉搓。紧急处理方式是用三角巾、夹板、绷带等在脱位所形成的特殊畸形姿势下固定伤处。

处理肩关节脱位时，可采用两条三角巾，分别对前臂进行固定。先把第一条三角巾在颈后打结，让患肢的肘关节成 90°悬挂于胸前；把另一条三角巾绕过上臂，在健侧腋下打结，把上臂固定在躯干上。

处理肘关节脱位时，可准备一个铁丝夹板，将其弯折成 135°的托板，置于肘后，用以托住前臂；同时用绷带扎好，再用三角巾把前臂悬挂在胸前。

处理指间关节脱位时，用绷带或布带将患指直接固定于健指上即可。紧急处理后，要将患者及时送医，接受医院的进一步判断治疗。

4. 挫伤

挫伤是指人体皮肤表面因受到钝性外力或暴力而引起的组织损伤。

(1)挫伤的原因

运动时所产生的碰撞和意外摔打都可能会形成挫伤。当身体部位撞击坚固物时，如运动器械，也可能让该部位的毛细血管破裂，产生瘀青等症状。挫伤多发生于接触性运动项目中，损伤的程度与作用力的大小及组织器官的结构特性有关。

(2)挫伤的征象

挫伤常表现为皮内或皮下及软组织出血。单纯的肌肉挫伤的受伤部位局部会有肿胀、皮下瘀斑、压痛和功能障碍等症状。严重的复杂性挫伤常常伴有并发症，甚至出现全身症状或某些特殊体征，特别是像头部、胸背部、腰腹部等身体较为重要且易受伤的部位。严重的头部挫伤会出现脑震荡、剧烈头痛和喷射性呕吐等症状；严重的胸、背挫伤会出现呼吸困难以及血胸和气胸等症状；严重的腰、腹挫伤合并内脏损伤可能出现休克症状。

---

① 王茂利：《大学体育与健康》，58 页，西安，西北大学出版社，2019。

（3）挫伤的处理

对于轻度挫伤，如皮下组织损伤，不需特殊处理，让身体机能进行自主恢复即可。或者可以进行冷敷，缓解疼痛和出血，冷敷方法同关节扭伤。受伤 24 小时后可服用活血化瘀、消肿止痛的相关药物，进行辅助治疗。但对于重度挫伤以致器官受到损害的情况，应及时前往医院就医。

5. 肌肉拉伤

当人在剧烈运动时，肌肉会随着运动进行收缩和牵引。如果肌纤维在此过程中出现撕裂，就会引起肌肉拉伤。

（1）肌肉拉伤的原因

运动前未进行充分的热身活动，使得肌肉的生理机能不能承受运动的强度；运动强度超过了训练水平，肌肉的弹性和承受力较弱；运动疲劳或过度负荷会导致人体的协调性下降，肌肉能力减弱；技术动作不规范或运动过程中注意力不集中等都容易导致肌肉拉伤。天气以及运动环境也是引发肌肉拉伤的隐患因素，如低温天气下肌肉较为僵硬；场地器械的质量不良导致运动中的拉伤等。

（2）肌肉拉伤的征象

根据肌纤维损伤程度的不同，可将肌肉拉伤分为损伤、部分断裂、肌纤维完全断裂三级。一级拉伤时，肌肉在抗阻力收缩或被动牵拉时有疼痛，在开始的 24 小时内可见到轻度肿胀。二级拉伤会有较多数量的肌纤维断裂，筋膜可能也有撕裂，肌与肌腱连接处有部分断裂，有肌肉拉断的感觉，并可听到“啪”的断裂声，常可摸到肌与肌腱连接处略有缺失与下陷。三级拉伤时有剧痛，并能摸到明显的缺失，拉伤的肌肉功能丧失。

（3）肌肉拉伤的处理

肌肉拉伤后，应停止运动。对伴有肌痉挛的患者，可以用针刺疗法进行局部治疗。对于肌纤维部分断裂者，在早期可以按照闭合性软组织损伤的处理方式处理，即进行冰敷、加压包扎，将患肢抬高，48 小时后结合按摩进行治疗。对怀疑有肌纤维完全断裂者，应在局部加压包扎固定患肢的情况下，立即前往医院就诊，必要时还要进行手术。

三、中学生运动损伤的预防

凡事应“防患于未然”，“防”就是预防、提前准备的意思。减少运动损伤的有效方式之一便是做好运动前的预防工作，如运动前进行热身，做准备健身操等。有效的预防训练可以减少运动损伤率。因此，做好运动损伤的预防至关重要，只有进行正确的运动损伤预防工作，才能够有效地降低中学生的运动损伤率。

（一）加强安全教育，提高自我保护意识

降低中学生的运动损伤率，先要从思想上加强对运动损伤预防的重视。中学阶

段是学生迈向成熟、走向成人的过渡时期，了解安全防护知识，提高运动安全意识是对自身健康状况负责的表现。学校应加强对中学生运动安全课程的开设，重视体育教师运动防护素质的提高，从教师做起，让教师引导，增强中学生对运动损伤和预防的认识。因此，中学生应积极参加学校举办的运动安全教育课和运动安全竞赛等活动，丰富自身的运动预防知识，提高自我保护意识。

(二)重视运动准备活动，科学合理进行热身

科学合理的运动热身是减少运动损伤的重要环节。利用准备活动对运动前的身体进行预热，提高体温，降低肌肉黏滞性，提高关节伸展性，加强内脏器官功能活性，使其尽快适应运动强度。在教学期间，教师应督促中学生认真完成运动前的热身活动，增强其热身意识，养成运动前热身的运动习惯。同时，中学生运动前需做好准备活动，重视课堂热身动作的练习，养成运动前热身的好习惯。在日常运动中，中学生要进行热身运动，加强自我保护意识，减少意外事故的发生。

(三)完善体育教学体系，强化动作练习

学校应重视对体育教学体系的构建，做好中学生课上、课下运动知识的衔接，将运动损伤的预防意识深化到中学生的校园日常生活中。在教学期间，教师应充分把握中学生的运动负荷检测，制订合理的运动负荷计划。此外，中学生需重视基本运动动作的练习。以中学生日常运动的项目——篮球为例，中学生要加强对篮球标准动作的练习和掌握，注意脚背外侧、拇指的根部等习惯性易伤部位的保护，灵活使用保护带。

(四)重视运动环境安全，制定运动损伤紧急预案

对于校内场地的运动设施，学校应定时定期进行检查、维修和更新，做好安全排查工作，降低因设施因素所导致的运动损伤。此外，对一些具有可预见性的运动损伤，学校应根据此类运动的特点，制定一定的运动损伤紧急预案，完备学校的紧急医疗救助资源，降低在紧急情况发生时的损失率。学校应多为中学生开展有关预防运动损伤的讲座，给予中学生学习运动与预防急救知识的机会，让教师和中学生多了解一些关于运动损伤急救方面的知识。

第五节　中学生体育运动的误区

“流水不腐，户枢不蠹。”对健康而言，运动可谓是无害之药。按照中医的说法，多进行运动，能使人的全身血脉畅通，还能锻炼肌肉、发育骨骼。因此，运动是预防疾病的一项健康处方，而且目前国家大力提倡的医养融合、全民健身也间接揭示了国家对运动“治”病的认可。但任何事物都有其两面性，合理的运动锻炼习惯有助于人们的健康，过度或不正确的运动反而会伤害我们的身体。中学生体育运动误区

多体现在饭后即刻运动，运动中不注意补水以及带伤运动等。

一、饭后即刻运动

有些中学生为了适应快节奏的学习生活，常常利用饭后的时间参加体育锻炼，以期消除疲劳，丰富课余文化生活。这种想法是好的，但是做法却不科学。

其一，饭后即刻运动会减少消化系统的血液分配，影响营养物质的消化和吸收。所谓血流分配是指心脏血液流向身体各器官的量的比率。这种比率的变化与饮食和运动有关。刚吃完饭时，为了消化食物，吸收营养，胃和肠均积极工作，因此必须输送很多血液到胃和肠；同时，肝脏能耗增大，需血量相应增加。人在饮食后立刻运动，会使食物在胃内产生晃动，牵拉肠系膜，极易引起腹痛。饭后即刻运动也不利于食物的消化吸收，因为运动时血液会以供应肌肉为主。此时，供应消化的器官处的血流量就会减少，影响消化系统的正常工作。长此以往，这会造成消化不良和肠胃疾病。

其二，饭后即刻运动会打乱自律神经的平衡。自律神经包括交感神经和副交感神经，它主要起调节人体机能的作用。两种神经具有相反的作用，正如御马时的马缰一样，是通过一张一弛来进行调节的。为了维护正常机能，保持健康体魄，两种神经必须有规律地交叉反复作用。饭后，交感神经缓和，副交感神经紧张。此时专管血糖调节的胰岛素的激素作用活跃起来，从食物中吸取糖并合成肝糖作为能源进行储存。运动时则相反，副交感神经缓和，交感神经紧张。此时循环系统的机能很活跃，且会将储存起来的肝糖分解，释放能量。如果饭后立即运动，会导致身体同时保持两种状态，从而产生打乱身体自然节奏的危险。

由此可见，饭后即刻运动不但无益，而且对身体健康极为不利。因此应合理选择运动的时间。

二、运动中不注意补水

中学生在进行体育锻炼过程中很容易口渴缺水，但喝水也存在一定讲究。如果不恰当饮水，很可能会对健康造成伤害。

首先，为了缓解在运动中或者运动后脱水的状况，建议在运动开始前半小时饮水。运动前适量饮水可以提高身体的热调节能力，有助于降低运动时的心率。

其次，在运动强度较低或运动时间较短的情况下，人体营养元素的流失量比较少。此时不必刻意补充水分，只需在有渴感时饮水即可。若进行高强度的体育训练或运动时间超过 1 小时，则应补充适量的淡盐水；也可每运动 15～20 分钟，饮用适量的运动饮料，以补充人体排汗后所需的营养元素，维持人体正常的机能。

另外，运动结束之后，需等到脉搏和心率恢复到正常水平后再适量补水。补水应少量多次，切忌一次大量饮水。

三、带伤运动

随着学校体育的不断改革、终身体育意识的不断深入，越来越多的中学生愿意投入体育运动。然而，运动损伤的发生却始终阻碍着中学生的积极参与。另外，身体出现受伤就说明运动已经超过了身体的负荷，在此基础上若继续忽视身体的警告最终会导致“伤上加伤”。带伤运动还可能会导致急性损伤转慢性损伤，轻度损伤变重度损伤，不利于身体的恢复。

对于这些情况，教师应积极引导中学生养成运动安全意识，纠正错误的运动观念。对于带伤运动的中学生，教师要对其伤势做出正确的判断，给予中学生合理的建议，为其制定适合的伤后康复锻炼方案。要降低运动损伤率，中学生应培养正确的运动观念，规避运动误区，减少带伤运动，合理安排运动时间，使自己在健康的状态下安全地运动。总之，中学生应在学校、教师和家长的正确引导下积极主动地学习运动预防损伤知识，增强自我保护意识，提高运动技术技巧。

思考与练习

1. 简述我国中学生体育运动发展现状。
2. 简述我国中学生体育活动安排面临的问题。
3. 简述中学生身体素质的发展规律。
4. 简述适合中学生的运动有哪些。
5. 简述中学生常见的运动损伤有哪些。
6. 简述中学生体育锻炼有哪些误区。

第八章　中学生性教育

本章导读▶

中学生进入青春期，随着身体和心理的变化，不免产生对性的好奇与冲动。学校性教育应阳光、客观、科学，对中学生起到积极正确的引导作用。性教育包括对中学生传授生殖健康知识、性法律知识以及自我保护知识，帮助中学生掌握正确处理青春期中各类人际关系的技巧，正确看待两性关系。本章的学习目标在于掌握性的相关概念，明确性教育的目标与意义。本章应重点掌握如何帮助中学生了解与处理好各种人际关系；引导其正确看待性的相关问题，主动和父母等进行沟通，并在遇到性问题时勇于寻求帮助；引导其正确认识性别，树立男女平等的价值观。

第一节 中学生性教育概述

一、中学生性教育的相关概念界定

(一)性

目前关于“性”有两种解释，分别是 sex 和 sexuality。第一种“性”(sex)主要是指人类男女在解剖、生理方面的两性差异，即性生理。第二种“性”(sexuality)是指伴随着人的生理发育和成熟而变化的一系列心理现象的总称，即性心理。除上述两者之外，社会学方面的性指的是受社会道德、伦理、法律等的规范和制约而表现出的性角色和性行为。总的来说，性的存在是生物、心理、社会经济、文化、伦理等诸因素相互影响的结果。①

(二)性教育

性教育是指涉及儿童对性的理解的教育，不仅涉及性的结构(解剖学、生理学等)，也涉及性关系相关的人和道德问题。《教育大辞典》第三版认为，性教育是指对青少年进行的性知识教育和性道德教育。其一般包括关于男女生殖系统的结构和生理、性心理因素的发展及其处理、对恋爱和婚姻的正确态度、怀孕和分娩过程以及防治性病的知识等。②

(三)青春期性教育

青春期少年精力充沛，兴趣广泛，自身的独立意识和敏感度都很强，但是缺乏社会经验，心理上也不够成熟。因此必须加强对青春期少年的教育和引导，在帮助他们发展智力、强健体魄的同时，进行青春期性教育。

青春期性教育是在青少年性萌发到性成熟的过程中，通过教育手段传授科学的性知识和性道德，并纠正他们在认识和行为中的偏差，建立健康的性意识，确立正确的性爱观。③ 本章中的“性教育”主要指“青春期性教育”，其目的是教导中学生正确认识并主动调节自己的性意识，掌握性生理和性保健的相关知识，同时树立起正确的性别意识和性价值观念。青春期性教育主要在 12～15 周岁的初中阶段(性的萌发期)和 15～18 岁的高中阶段(性的成熟期)实施。全面且有计划的性教育不仅能令中学生从中获取事实信息，形成积极的态度、信念和价值观，还能发展中学生相应的技能来应对人生中来自“性”的生物、心理和社会方面的挑战。

青春期性教育应当包括生殖系统的解剖结构和生理功能、疾病预防、生殖与避

---

① 潘绥铭、黄盈盈：《性社会学》，37 页，北京，中国人民大学出版社，2011。

② 顾明远：《教育大辞典》第三版，179 页，上海，上海教育出版社，1991。

③ 姚佩宽、王德芬、张影梅等：《青春期的教育》，137 页，南宁，广西科学技术出版社，1989。

孕、性心理的发展以及性法律等知识的教育；人际关系、亲密关系、沟通与拒绝的技巧以及决策能力等技能的教育；认识自己并明确自己在社会生活中的责任、权利和义务的教育等知情选择的教育等。它横跨自然科学和社会科学两大基础学科，是涉及德、智、体、美、劳全方位的教育。

二、中学生性教育的目标

中学生性教育必须包含以下 3 个重要目标。

（一）为中学生提供准确实用的信息

性教育要为中学生提供有关人类成长和发育、性解剖和生理学、性传播疾病、家庭生活和人际关系、性别角色等准确信息。

（二）使中学生遵循社会规范并形成科学的价值观

性教育要以宽容、尊重和平等为原则，给中学生提供机会去探讨关于性行为、性健康的相关话题，在探讨中认同并遵循相关的社会规范，进而形成科学的态度和价值观，学会尊重自己和他人。

（三）使中学生建立健康的人际关系

全面恰当的性教育不仅能为中学生树立自信心，还能促进其决策、沟通和拒绝等相关技能的发展。这些技能可以帮助中学生与家人、同学、朋友等形成更好的人际关系，进而促进他们未来更好地适应并融入社会。

三、中学生性教育的意义

在我国，性教育是以人为本的，旨在增进人的性健康，培养性方面的良好素质。从内容层面来说，性教育是为了帮助人们认识性器官、了解性生理、掌握性卫生常识、明确性别角色意识、造就健康的性心理并树立正确的性道德观念。从社会意义层面来说，性教育的目的是维护社会的稳定和秩序、维护个人通过性来获取幸福安康的权利。总体来说，性教育的目的不仅是向受教育者传授性知识，而且要培养受教育者适应社会与文化的性价值观念和道德、法律意识，同时还要形成受教育者各种良好的卫生习惯，最终促成受教育者的性健康发展。

第二节　中学生性教育中的关系处理

一、初中生需要认识或处理的关系

（一）了解家庭成员间的关系

1. 了解与接纳特殊情感需求

随着身体的发育，初中生开始发展性意识，产生对“性”的迷茫与好奇。这种特殊的情感需求需要被其他家庭成员了解与接纳。这种了解与接纳能够鼓励初中生在家庭中勇敢表达性困惑，获得科学的性知识。因此，其他家庭成员都应认真学习科学的性知识，树立健康的性观念，以客观积极的态度对待初中生的特殊情感需求。

2. 创造与维持良好的家庭关系

除理解与接纳初中生的特殊情感需求外，家庭成员保持彼此之间的良好关系对初中生性教育也是至关重要的。“家庭关系是家庭教育的侧面表现。”①不良的家庭关系不仅会使父母无暇顾及对子女的性教育，而且会使处于青春期的子女更加抵触父母的教育。而良好和谐的家庭关系可以促进性教育的发展，使初中生勇于表达性困惑、接受教育。但如何才能创造与维持良好的家庭关系呢?

首先，家庭关系要以爱为基础。初中生作为重要的家庭成员，要懂得爱自己，爱父母，爱其他家庭成员，为创造与维持健康的家庭关系贡献自己的力量。其次，家庭关系要以平等为基础。每个家庭成员都具有独立性，彼此之间是平等的。这种平等表现在多方面，如理解并尊重彼此不同的行为方式与需求，关心彼此的身体状况与情绪状态，包容彼此的缺点等。

3. 理解与承担家庭责任

理解与承担家庭责任会影响初中生性责任感的树立。初中生需要认识到：每位家庭成员都要承担家庭责任；不同成员承担的责任不同；每位成员虽各司其职，但彼此要相互帮助和关心。初中生在理解家庭责任的基础上应承担起家庭责任，学会独立，孝敬长辈，分担家务，在这个过程中体会并形成性责任。对于初中生的性教育，父亲和母亲要共同承担责任，关心子女的性发展，及时给予子女疏导和建议。

4. 解决家庭问题

关系良好的家庭也会或多或少地存在矛盾和问题。对于性教育而言，这种问题体现在多方面，如父母给予子女的性教育不能满足子女的需求，青春期子女的反叛心理使性教育无法顺利进行等。这些问题可能通过亲子之间的沟通无法完全解决，此时要考虑向外界寻求帮助。心理咨询机构等能够为家庭解决问题和完成对子女的性教育提供帮助。

(二)形成同伴关系

1. 友情的重要性

随着初中生独立意识的发展和对友谊的进一步理解，他们会更乐于向朋友倾诉而非师长。因此，同伴关系是影响初中生性观念建立的重要因素。

友情是人世间真挚的感情之一，没有贫富贵贱之分。② 无论经济和社会地位如何，只要彼此志趣相同，都可以发展友情。友情不仅能够为初中生带来情感上的需求，如共享快乐、获得安全感等，也会提高其社会生活能力和交往能力。在初中生

---

① 王永永：《家庭教育对中学生心理健康的影响》，载《文化创新比较研究》，2019(13)。

② 吕迎风：《中学生心中的亲情和友情》，载《二十一世纪教育思想文献》，2007(1)。

性教育中，友情起着重要作用。首先，朋友是初中生倾诉性困扰的重要对象。其次，由于初中生群体可能会产生同样的性困扰，朋友之间的沟通有利于使初中生认识到自己的困扰是普遍现象，从而克服羞怯心理。

2. 友情的建立

既然友情对于初中生的发展如此重要，建立友情需要注意什么呢？

首先，同性友情和异性友情均要建立。异性友情泛指异性之间的友谊关系。部分教师和家长认为初中生发展异性友情会导致早恋等不良后果，便禁止初中生发展异性友情。但若仅建立同性友情，对于初中生的发展也是不利的。

其次，友情应建立在彼此独立、相互尊重和关爱的基础上。朋友之间可以分享快乐、倾诉烦恼，但每个人都是独立的个体，都有自己的生活。当朋友暂时不能回应或陪伴自己时，不要过分焦躁和愤怒。

3. 友情的界限

虽然友情对初中生的发展十分重要，也能使初中生获得愉快体验，但友情必须有一定的界限和约束。同性朋友若发生心理和行为越界，可能会导致对同伴的过度依赖。异性同伴若发生心理和行为越界，可能会导致早恋等。因此，教师要引导初中生在同伴交往中不要发生越界。

4. 异性友情的保护

友情越界会产生不良后果，特别是异性友情，但不能为避免可能导致的消极后果而选择不发展异性友情。因此，教师要引导初中生在发展异性友情时建立积极健康的交往方式。

第一，交往要光明正大。[①] 异性友情属于正常友情。初中生只要端正态度，自然进行即可。第二，交往要把握一定的分寸。[②] 异性朋友交往要注意时间、地点和场合。初中生要懂得自尊、自爱和自重，更要懂得为对方考虑，不要让对方在交往中感觉到不被尊重。第三，要树立正确的异性交往观念。初中生在进行异性交往时要吸收异性同伴的良好品质，从而促进自身发展，完善自身人格。

(三)建立人际关系

1. 人际关系的重要性

人际交往是人们运用语言或非语言进行信息互动和情感沟通的过程。初中生的身心尚处于发展阶段，良好的人际关系有利于其更好地认识自我，获得身心发展。人际关系缺失会对初中生学业、生活及性观念的建立产生不良影响，可能会使初中生出现自闭、多疑、过度自卑等心理问题。

2. 人际关系的建立

人际关系的建立在良好的沟通之上。初中生应学会沟通的技巧，建立良好的人

---

① 莫晓宇：《发展友情，暂缓爱情——从性心理角度看青少年的异性交往》，载《中国性科学》，2007(5)。

② 田书义、蔺桂瑞、刘晓晴：《性教育学》，78页，北京，首都师范大学出版社，1998。

际关系。同性交往与异性交往的共同点在于交往双方均要相互平等、彼此尊重，不同之处在于交往体验、原则和方法上的不同。例如，在异性交往中，初中生可以通过吸收异性特质建构性别认知，且要尽量进行集体交往。

二、高中生需要认识或处理的关系

（一）了解家庭成员间的关系

1. 父母地位及关系

父母双方在高中生性教育中均是不可替代的。而父亲在子女性别发展中的作用更为重要，但对不同性别子女的影响有所不同。男孩可以通过观察和模仿父亲，逐渐发展对男性角色的认知并发展为成熟的男性；女孩可以通过感受父亲的男性特质体会性别差异，强化性别意识。母亲能够给予子女无微不至的照顾，帮助子女养成良好的行为习惯，在与子女的沟通中向其传递科学的性知识与性观念。

父母关系是高中生最易接触、观察和感受到的两性关系。父母关系和谐有利于高中生的发展。男孩会因父亲对母亲的尊重和呵护而潜移默化地建立起尊重和爱护女性的观念，也会因母亲眼中父亲的积极形象而更乐于模仿父亲，学习其优点。女孩会通过模仿母亲而逐渐成长为成熟的女性，会因父亲眼中母亲的积极形象以及父亲对母亲的爱而乐于模仿母亲。此外，夫妻关系良好的家庭能够使子女更多地感受到父母之间的爱，也会给予子女更多的爱，从而使之产生对爱的向往和懂得如何去爱。

2. 学会建设亲子关系

除父母之间的关系外，亲子关系作为一种最基本和最重要的家庭关系①，也是影响高中生性教育的重要因素。高中生的智力水平已接近成人，但心理发展水平还不成熟。他们有时会把父母的关心视为对自己的束缚，这无疑会阻碍性教育的进行。而高中生的自控能力尚未达到成人水平。若性教育不能顺利进行，可能会导致不良后果。因此，教师需要引导高中生学会建设亲子关系。

首先，高中生应学会分析自己与父母的关系，形成正确的认知，认同父母对自己进行的性教育是不能缺少的。其次，高中生应学会建设亲子关系。高中生已经具备一定的情绪控制能力，行为动机的目的性也相对增强，因此要能够主动与父母进行良好沟通，避免误会的产生，及时化解矛盾。

3. 理解家庭关系与家庭责任感

高中生在家庭中会接触到除父母之外的其他家庭成员，各家庭成员之间的关系会影响高中生的性教育。随着智力的发展，高中生已能够更加深刻地理解家庭关系与家庭责任感。高中生对家庭中平等与尊重的理解有利于其理解性关系中的平等与尊重。高中生对家庭责任感的理解有利于其更加清晰地认识自己的家庭定位和形成

---

① 张进辅等：《家庭与人格》，195 页，合肥，安徽教育出版社，2013。

勇敢承担责任的意识。

4. 学会求助家庭成员

家庭在高中生性危机的应对中起着重要作用。家庭其他成员不仅可以提供化解危机的建议与方法，还能够给予高中生精神上的支持与尊重。因此，教师应引导高中生学会求助，在面临性危机时主动求助家人。

(二)形成同伴关系

1. 同伴关系的影响

高中生对同伴关系的理解进一步加深，认为同伴能够为其提供多方面的支持，交往热情进一步增强，更乐于与同伴交流。因此，同伴关系对高中生的影响不容小觑，在高中生的人格、适应能力和自我概念等方面的发展均发挥着重要作用。良好的同伴关系有利于高中生发展健康的身心，塑造健全的人格，形成良好的自我概念。不良的同伴关系则可能会导致其形成不当的性观念，甚至导致性犯罪的发生。因此，教师要引导高中生学会建立良好的同伴关系，并尽量降低不良的同伴关系带来的不利影响。

2. 异性同伴交往的原则

良好的同伴关系需要双方遵循一定的原则。高中生的生理发展水平已经接近成年人，心理发展水平虽然与成年人还有一定差距，但也已经有了提升。他们大多已经能够建立异性友情，并且在公共场合较为内隐地与异性同伴交往。但因高中生的控制能力还未发展成熟，教师要引导高中生在与异性同伴交往时遵循以下原则。

一是平等原则。在与异性同伴进行交往时，如果双方是不平等的，受压制的一方会因感到压力而无法进行正常的交流交往，于双方来说均无法建立良好的异性同伴关系。因此，异性同伴交往时要把彼此放在平等的位置上，使双方都能以良好的心态去交往。

二是尊重原则。在与异性同伴进行交往时，既要尊重自己，也要尊重对方。只有相互尊重异性同伴，才有利于个体的健康成长。

3. 同伴关系中的自我保护

不良的同伴关系会对高中生产生消极影响。虽然高中生的交友水平逐渐提升，在同伴交往时能保持一定的理性，但高中生面临着高考压力，情绪上存在一定的不稳定性。有些高中生可能会用一些不当行为释放压力。若出现这些行为的高中生将不正确的性观念与性道德传递给同伴，将会给同伴带来不良影响。因此，教师要引导高中生学会在同伴交往中进行自我保护。

第一，学会在同伴中坚持正确的性观念。当同伴传播不良的性观念时，不要为了维持同伴关系而被动接收，要学会适当“缺席”。第二，学会拒绝。若同伴欲对自己有不当性行为，要勇敢说“不”。第三，学会用法律武器保护自己。第四，学会选择同伴。要选择与自己持有相同性观念的同伴交往，避免与性观念不健康的同伴交往。

4. 家庭关系对同伴关系的影响

虽然高中生更乐于与同伴进行沟通，与家庭成员的交流相对减少，但家庭亲密关系的体验会影响其发展同伴关系。温暖有爱、关系和谐的家庭会使高中生感受和体验到家庭成员间良好和谐的亲密关系，使其在潜移默化之中形成对友情的美好向往并获得发展友情的技巧。

(三)建立人际关系

1. 建立丰富健康的人际关系

高中生需要应对高考，身心压力都比较大，高考之后也将面临更加复杂的人际交往。丰富健康的人际关系不仅能够有效缓解高中生的学习和生活压力，促进其身心健康发展，而且也为高中生之后处理复杂的人际关系打下基础。

高中生已经具备了一定的辩证思维能力，但还未达到成年人水平，在看待问题时会出现不全面、不灵活的特点。丰富健康的人际关系能够使高中生学会与不同性别、不同年龄的人进行沟通，获得相应的技能技巧，发展人际交往能力。因此，教师需要引导高中生在备考之余学会主动地建立丰富健康的人际关系。

2. 理解健康性观念的重要性

健康的性观念影响着高中生良好人际关系的建立、发展和维持。它可以使高中生客观地看待“性”，坦诚地与父母师长交流性问题；可以使高中生在与异性同伴的相处中保持自然和界限，更加尊重对方等。

健康的性观念影响着高中生积极自我概念的树立。拥有健康性观念的高中生在同他人的观念比较中感受到自己的观念是正确的，会因在他人那里得到肯定而加深这种感觉，从而树立起积极的自我概念。

3. 学会求助

良好的人际关系能够帮助高中生解决这一时期面临的各种问题，如学业压力、对未来的迷茫、渴望独立但又依赖父母等。这些问题会导致情绪问题，如易怒、自卑等，但高中生自己可能无法解决。所以，教师需要引导高中生学会主动求助信任的人，如父母、教师或同伴，以顺利度过这一时期。

第三节 中学生性教育中的沟通

一、初中生性教育中的沟通

(一)初中生对性问题的沟通

对性问题的沟通是初中生获得性知识、解决相关问题的有效途径。但初中生的心智尚不成熟，对性问题或羞于开口，或存在误解，因此在性问题的沟通方面存在问题。教师要引导初中生认识到沟通的重要性，积极地就有关性问题进行沟通。

1. 初中生有效沟通性问题的策略

受传统文化的影响，“性”在我们的生活中可谓是一个敏感的话题。受这种文化的影响，有些初中生对有关“性”的话题常常是避而不谈的。对性问题的有效沟通能帮助他们了解自身的发育情况，促进其健康成长。因此，教师要引导初中生转变观念，学会与他人沟通，寻求帮助和指导，从而健康度过青春期。

(1)学会及时与父母沟通

父母是孩子的第一任老师。在性教育方面，作为与孩子朝夕相处、对其身体发育极其了解的父母可以发挥重要作用。因此，初中生认识到父母是这个世界上最爱自己的人，学会信任父母；在面对一些难以解决的性问题时，要学会及时与父母交流，相信作为过来人的他们能够提供一定的指导。

(2)学会主动与教师沟通

初中生要转变对教师角色的认识，消除对教师的恐惧心理，认识到教师是学识渊博的长者。面对数量较多的学生，教师通常不能及时关注到每一位学生。因此，初中生要学会主动与教师沟通，及时向教师倾诉生活中遇到的性问题，相信教师有能力提供有效的帮助。

(3)学会积极与同伴沟通

同伴作为年龄相仿、共同语言较多的人，不会给初中生带来与父母、教师沟通时产生的类似压力。因此，初中生在遇到性问题时，要积极与值得信任的同伴交流，获得相关建议；也可以与同伴互相分享性知识，共同成长。

2. 初中生有效沟通性问题的意义

①有效的沟通可以减轻初中生由于出现性冲动而带来的心理压力，使初中生意识到这是青春期的正常现象，是人一生中的必经阶段，从而减轻自身的心理负担，正常地学习和生活。

②有效的沟通能增强初中生明辨是非的能力，消除同伴压力带来的不良影响。

③有效的沟通可以增强自我保护意识。具备一定的性知识能够让初中生知道什么是性侵，什么是别人对自己做出的不正当的行为，从而更好地避免来自别人的侵害。

④有效的沟通有利于遭到侵害的初中生及时得到来自家长、教师的帮助，获得必要、科学的心理疏导，更快地恢复正常的学习和生活。

(二)初中生遇到性问题时寻求帮助和支持的途径

遇到性问题时积极寻求帮助是十分明智的决定。教师要引导初中生摆脱对性的羞耻感，主动寻求帮助、获得知识，健康地生活成长。

1. 向值得信任的成年人寻求性保护

成年人的经验阅历较为丰富，遇到问题时可以冷静思考。因此，初中生在遇到性骚扰或性侵害等相关性问题时，可以选择向成年人寻求帮助以减轻伤害。但所要求助的对象要谨慎选择，最好选择自己的父母、教师等值得信任的成年人。

2. 向心理咨询师寻求帮助

心理咨询师的专业知识丰富，可以科学地、有针对性地为初中生出谋划策、排解其心中的疑虑，解决相应的性问题。同时，向心理咨询师寻求建议时，不必担心自己的身份信息被暴露。因此，在遇到性问题或性困惑时，初中生可以选择向可靠的心理咨询师求助。

3. 借助媒体获得信息

在信息高度共享的时代，初中生可以通过网络等媒体获得各种所需信息。通过媒体，初中生可以知道如何获得性生殖健康支持，知道有关性传播疾病咨询、检测和治疗的方法，获得针对性虐待、强奸以及性羞辱等问题的社会支持与法律帮助。因此，当羞于开口时，初中生可以通过网络等媒体获得信息，从而寻求解决问题的方法。总之，积极的求助可以帮助初中生及时解决问题，获得心理支持。但是初中生在寻求帮助时要注重隐私的保护。初中生需要明确，在信息化时代，互联网在提供帮助的同时也可能会带来隐私曝光、二次伤害等风险。同时，面对同伴的求助，初中生也要学会尊重求助者，为求助者保密。

二、高中生性教育中的沟通

(一)高中生对性问题的沟通

对于同样处于青春期的高中生来说，对性问题的沟通也是十分必要的。有些高中生由于学业繁忙，通常不重视性问题的沟通。通过有效的沟通，高中生可以规避一些性问题，树立正确的异性交往观。那么，如何引导高中生对性问题进行沟通呢？

1. 重视性问题的沟通

高中生作为即将备战高考的学子，在重视学业的同时也要重视生活中出现的性问题。对性问题处理不妥当不仅会影响自身的学业发展，也会影响身心健康。沟通是处理性问题的有效手段。因此，高中生要加强对性问题的沟通，及时解决相关问题。

2. 掌握沟通技巧

高中生与初中生相比更接近成年人，在与父母、教师进行性问题的沟通时难免会出现尴尬局面。因此，高中生要掌握一定的沟通技巧，可以在合适的场合选择向同性家长或教师求助。

3. 敞开心扉，主动与他人沟通

随着年龄的增长，处于青春期的高中生在情感表达方面更加内敛。在遇到性问题时，有些高中生通常选择闭口不谈。但由于经验不足，这些高中生无法独立解决相关性问题，导致身心不能得到健康发展。因此，高中生要学会信任他人，敞开心

扉，主动与他人沟通。

总之，高中生对性问题的沟通能够增加其对性的了解，从而增强自我保护意识。

(二)高中生遇到性问题时寻求帮助和支持的策略

教师要引导高中生在面对性困惑或性问题时积极主动地寻求帮助和支持。

1. 寻求专业人士的帮助

专业人士能够就相关性问题提供有针对性的帮助，有效地解决高中生面对的问题。因此，高中生要学会寻求专业人士的帮助。一方面，高中生可以通过专家讲座获取帮助；另一方面，高中生可以通过网络平台获得相关专家学者的帮助。

2. 拿起法律武器保护自己

法律是高中生获取帮助的有力武器。当遇到性侵害时，高中生要勇于拿起法律武器保护自己。“一定要设法留下、保护好犯罪证据，记住犯罪分子的体貌特征，到公安机关报案，让犯罪分子受到应有的惩罚。”①

3. 注意隐私的保护

高中生在寻求帮助时要注意保护自己的隐私，选择正规的途径及值得信任的人获取帮助；同时要学会尊重他人的隐私，当受到其他同伴的求助时要为他人保密，避免泄密给同伴带来的二次伤害。

4. 寻求帮助时要有信心

高中生一定要树立信心，明确寻求关于性问题的帮助是正常需求。只有这样，高中生才会更加清晰地向被求助者表述出遇到的问题，从而获得切实的帮助。

第四节　中学生对性别的认识

人的性别分为“生理性别”和“社会性别”两部分。生理性别是指男、女两性与生俱来的在生理结构机能方面的差异。而社会性别则是指两性在社会文化的影响下所形成的对男、女差异的理解，以及不断分化的两性群体特征和行为方式。一般来说，个体在 18 个月到 3 岁期间就已完成自我性别的辨认，有了“我是男孩或女孩”的意识。② 在以后的发育进程中，随着生理结构逐渐成熟和社会文化的不断熏陶，个体逐渐形成一套符合自身性别的行为规范和模式，即性别角色。一个人必须接受并认同自己在社会中所扮演的性别角色，形成恰当的性别观念，才能悦纳自己，实现身心的和谐发展。

既然性别发展对我们有如此重大的意义，那不同年龄阶段青少年的性别角色发展会有哪些不同？又会受到哪些因素的影响呢？

---

① 《中学生健康教育读本》编写组：《中学生健康教育读本》，44 页，南京，南京出版社，2005。

② 孙云晓、张引墨：《藏在书包里的玫瑰》，112 页，北京，作家出版社，2014。

一、初中生性别角色的发展

我国的初中生是指年龄在12～15周岁的正在初级中学(普通初中和职业初中)学习的学生，也泛指处于青春期早期的学生。这个时期的学生因激素水平变化，在生理和心理方面均会表现出诸多不同。这些变化不仅重塑了初中生的外部形象，而且对其性心理的发展也有着十分重大的影响。“这一时期所接受的有关‘性’的培养和教育，无疑将决定少年甚至以后一生有关‘性’的种种方面。”①

因此，教师应引导初中生进行性别训练，即通过知识补充、行为模仿和认知调节等方式，不断地学习影响性别认知的因素、社会认可的两性行为方式以及如何认识自己，从而做到正确审视自己的性别角色，学会更具适应性的行为模式。

影响初中生性别角色形成的因素主要有三方面：生物因素、文化因素和媒体因素。生物因素主要指青春期生理发育进程对个体性别角色的影响；文化因素是指初中生所处的社会环境、接受的家庭教育、学校教育和同辈群体以及不同的社会时代对个体性别角色的影响；媒体因素着重强调书籍、广告、网络等对个体性别角色的影响。

(一)性别与个体发育

1. 性别与生理发育

性染色体的存在决定了人的性别。在人的婴儿期和童年期，外貌上的性别差异并不显著。但到了青春期，性激素的大量分泌在促使青少年身高突增的同时，也会令其性生理特征表现出明显的差异。比如，男生长出胡须、出现遗精；女生乳房发育，出现月经。他们往往会对自己身体的变化充满好奇，在明显意识到自己和异性差异的同时，性冲动也会更加强烈。这些都是性发育发展过程中的自然现象。

2. 性别与心理发育

男生、女生在性心理方面也存在差异。第二性征出现后的男生往往具有易冲动、易动摇的性格特点。他们在前期选择同伴时往往不愿与女生亲近，以至于与女生说话也感到难为情。到了后期，男生会慢慢产生对异性的兴趣，开始对异性有好感，为获取对方青睐常常在其面前故意将自己表现得阳光、豪爽、无畏。第二性征出现后的女生相对男生来说会更加含蓄、内敛，她们同样对异性有非常强烈的好感和好奇心，但在面对异性时又多表现为惊恐、羞涩和不知所措。在面对自己的形体变化时，女生也相对更容易出现自卑的情绪。

应当明确的是，初中生对异性好奇并不可耻。这促使着他们去主动学习性知识，进而更好地了解自己、认识异性，学会控制自己的言行举止……总之，教师应该引导初中生主动地去获取科学的性知识，让他们在悦纳自己的同时悦纳他人。

---

① 周圆：《从青少年性别角色现状反思中小学性健康教育问题》，载《思想理论教育》，2011(22)。

(二)性别与文化

1. 文化因素对于初中生性别认知的影响

(1)家庭因素

家庭是一个人最早接触的生活场所，也是获取性别知识最初的来源。家庭成员，尤其是父母对于孩子的性别教育理念将会影响孩子一生。导致初中生性别教育缺乏的家庭因素主要包括：家庭环境不健全，如父母关系不和谐；父母观念不正确，如父母缺乏正确的性别角色观念；父母教养方式不科学。父母是孩子的榜样，在和谐而自由的家庭环境中长大的孩子会不自觉地模仿父母的性别特质：男孩往往表现得更加坚毅、勇敢，而女孩往往表现得更加温婉、细致。当然，女孩也可以坚毅勇敢，男孩也应当细致体贴。做好性别教育并不是让所有父母将孩子按照固定的性别模式培养，而是让他们教会孩子如何爱自己和爱他人。

(2)学校因素

学校是初中生性别角色社会化的主要场所，是除家庭以外影响初中生性别角色发展的重要因素。导致初中生性别教育缺乏的学校因素主要包括：性别角色教育缺失，教师性别角色教育观念薄弱，教师性别结构失衡，教育方式和评价方式不科学。

(3)同伴因素

同伴关系对初中生性别角色的形成有重要影响。影响初中生性别角色的同伴因素如下：一是伙伴群体的划分。初中生划分伙伴群体时常以性别为重要标志。男生很难融入女生的小团体，反之亦然。二是集体游戏的选择。男生的群体游戏多以运动为主，而女生的群体活动多以谈话为主。三是同伴的评价。同龄人的负面评价往往会对有些初中生造成很大的心理压力。为了得到同伴的赞赏，有些初中生会调整自己的行为，使之更符合其性别角色规范。①

2. 性别刻板印象及其危害

初中生若要实现性别健康发展，需要得到家庭、学校和同伴的支持和正确引导。而作为引导者的教师，也应避免矫枉过正，导致性别刻板印象的出现。性别刻板印象是人们对男性或女性在行为、人格特征等方面的期望、要求和笼统的看法。② 比如，与男性联系在一起的往往是豪爽、勇敢、主动等特质，与女性联系在一起的往往是温婉、顺从、被动等特质。这种刻板印象不仅不利于人的自由发展，而且其本身已经是一种性别歧视。初中生应当接受的是“双性化”的性别教育模式。“即在一个人的性别角色表现中既有男性特征又具有女性特征，鼓励男孩可以刚中带柔，而女孩可以柔中见刚，摆脱以往的性别角色刻板印象的束缚，促进男女两性各自潜能的充分发挥和健康发展。”③

---

① 宋岩：《影响性别角色形成的因素分析》，载《淮南职业技术学院学报》，2011(5)。

② 佐斌、刘晅：《基于 IAT 和 SEB 的内隐性别刻板印象研究》，载《心理发展与教育》，2006(4)。

③ 周圆：《从青少年性别角色现状反思中小学性健康教育问题》，载《思想理论教育》，2011(11)。

(三)性别与媒体

除了上文介绍的生物因素和文化因素外，书籍、广告、网络等媒体因素对初中生性别角色的形成也起着重要作用。一方面，有些媒体信息本身是带有个别性与渲染性特征的，它们塑造的形象不一定充分代表现实社会所认可的主流规范。另一方面，处于青春期的初中生往往具有极强的好奇心与模仿心理，他们的人生观和价值观还没有完全建立，极易受到媒体的引导和渲染。

教师应该引导初中生学会寻求恰当的性信息的来源，如教师、父母、报刊、书籍和正规的科普栏目等。与此同时，初中生要学会独立思考：我得到的信息一定是科学的吗？媒体所塑造的“美”真的是美吗？他人对我的评价是中肯的吗？我又应当以何种标准去评价自己？……在不停追问与回答中，初中生应形成自己认可并且符合社会规范的性别角色，并在悦纳自己和他人的过程中发现真正的美。

二、高中生性别角色的发展

我国的高中生是指年龄在15～18周岁的正在高级中学(普通高中和职业高中)学习的学生，也泛指处于青春期中、后期的学生。在本时期，高中生的性生理会继续发育直至成熟，但速度会相对减缓。与此同时，高中生的性意识却在急剧发展，性生理与性心理发展不均衡的矛盾也由此凸显。此时若得不到恰当的引导和疏解，有些高中生可能会有敏感、抑郁等表现。因此，高中生的性别教育更加不可忽视。

我们需要进一步掌握影响高中生性别角色发展的深层因素，了解生理、心理、社会三者的交互作用，让高中生在正确理解性别角色的基础上，与异性和同性建立适应性的人际关系。

(一)性别与个体发育

1. 性别与生理发育

高中阶段处于性征发育的后期，体格生长明显减慢，但仍有增长，直至骨骺完全融合。性器官和第二性征持续发育至成人水平，社会心理发展加速，通常持续2年左右。与初中阶段相比，高中阶段的学生更加凸显出性生理发育成熟与性心理相对幼稚的矛盾。

2. 性别与心理发育

在自我意识发展方面，因身体更加趋近于成人，高中生的自尊心、独立性和成人感会进一步增强。面对父母与教师对其进行的管教，有些高中生往往表现出更加强烈的抵触心理，倾向于相信自己的经验和判断。

对于高中生来说，进行性别教育的关键不在于讲道理，而在于给予他们充足的资料和获取相关信息的合法路径，在引起他们的探索兴趣的同时引导他们进行辩证分析，得出自己认同的结论，进而树立平等的同性及异性审美视角，学会处理各种社会关系。

(二)性别与文化

在现实生活中，男女两性性别角色的形成和认同是一个复杂的过程。“这一过程来自多个因素的影响，其中特定的社会历史条件和文化背景又是两个极为重要的因素。”①因此，进行性别教育需要了解逻辑和辩证思维发展是如何影响个体性别观念的形成以及性别角色的社会化的。

由于影响性别角色发展的因素是复杂且交互的，因此国际上有着众多的性别角色发展理论。仅在文化影响方面，就有精神分析理论、社会学习理论、认知发展论和性别图式论等。

以上几个理论分别强调了个体心理、模仿强化以及自我认知对于性别角色发展的作用。每种理论都有其合理之处，也有其争议所在。由此可以看出，生理因素、社会学习过程以及个体的认知都在个体的性别角色发展过程中扮演着重要的角色。片面强调任何一个因素的影响都不利于个体正确认识性别角色。现代社会中的两性应当在生理、心理、文化、经济、社会参与乃至政治上进行合乎科学、合乎道德、合乎时代要求的全面角色认同。②

(三)性别与媒体

高中生较初中生具有更为广博的知识，对于是非善恶的判断也往往更加公正。因此，教师应该引导高中生客观、有选择地接受媒体信息中所包含的性别信息，进而建立正面的审美观。

哲学上对美的定义是，美是具体事物的组成部分，是具体的环境、现象、事情、行为、物体对人类生存发展具有的功利性能、正面意义和正价值，是人们在接触具体事物的过程中受其作用、影响和刺激时产生愉悦、满足等美好感觉的原因，是人们通过反思和寻找美感产生的原因，从具体事物中发现和抽取出来的有别于丑的相对抽象事物或元实体。越能体现人性尊严的快乐，越是一种真正的快乐。我们之所以读书、行路，其实就是希望我们能够不断地去享有一种高级的快乐。

思考与练习

1. 中学生性教育的目标与意义是什么？
2. 如何引导中学生处理人际关系？
3. 如何引导中学生在遇到性问题时学会求助？
4. 影响中学生对性的认识的因素有哪些？
5. 怎样引导中学生对性别形成正确认识？

① 杨杏：《青少年性别角色心理社会化发展及相关研究》，载《咸阳师范学院学报》，2002(4)。

② 宋岩：《影响性别角色形成的因素分析》，载《淮南职业技术学院学报》，2011(5)。

第九章　中学生生殖健康与自我保护

本章导读▶

本章承接第八章，主要介绍中学生健康教育中有关于生殖健康与自我保护的内容。生殖健康是影响个人生理、心理、行为的十分重要的健康内容之一，生殖健康教育也是不可或缺的学校教育内容。本章的学习目标在于了解中学生生殖健康相关内容；重点掌握如何指导中学生进行自我保护。

第一节 中学生生殖健康

对于中学生来说，青春期正是身体发育和成熟的关键期，是此后人格发展成熟的基石。生殖健康教育不仅可以引导处于青春期的中学生预防危害健康的行为，促进中学生的生殖健康，而且能够对其成年期产生积极的健康促进效果。另外，中学生的生殖健康状况会对下一代产生直接的影响，他们对待性与生殖健康的态度也会影响下一代的成长。因此，在中学教育阶段，学校应根据中学生的性别和身心发展特点，加强生殖健康教育工作，帮助中学生树立正确的青春期健康与公共卫生意识，掌握生殖健康知识和技能，正视自己的生理变化，并学会解决有关生殖健康的问题。同时，学校应促进中学生养成健康的行为和生活方式，减少或消除影响中学生生殖健康的危险因素，并让其形成正确的性观念和性态度，为其良好的道德品质培养、完美的人格塑造和一生的生殖健康奠定坚实的基础。

一、中学生生殖健康的定义与现状

（一）生殖健康的定义

1994年，联合国在开罗第五届国际人口与发展会议（ICPD）上正式确认了生殖健康这一概念并指出："生殖健康是指于生殖系统及其功能和过程所涉一切事宜上身体、精神和社会等方面的健康状态，而不仅仅指没有疾病或不虚弱。"同时，ICPD提出了"2015年人人享有生殖保健服务"的全球性奋斗目标，并正式将生殖健康的概念、策略与行动等列入了《国际人口与发展会议行动纲领》的第七章"生殖权利和生殖健康"。这标志着国际社会将生殖健康作为人类发展优先关注的领域。生殖健康水平的提高有利于妇女地位的提升和生殖保健服务、性传播疾病预防等的全面进步。

（二）我国中学生生殖健康的现状

生殖健康包括各个年龄阶段的保健，而青少年的生殖健康涉及特殊目标人群的保健内容。从全球来看，青少年生殖健康的问题比较突出。比如，他们欠缺性与生殖健康方面的知识，忽视自己面临的风险；医疗保健机构不适宜青少年就诊，生殖健康服务提供不足等。

从我国青少年性与生殖健康的现状看，中学生对青春期生理变化的总体认知水平较高，对青春期卫生保健常识的总体掌握情况较好。初中生的生殖健康知识水平相对低于高中生。随着年龄的增加，中学生的生殖健康知识水平逐渐提升。但相对来说农村学生的生殖健康知识水平低于城市学生。值得注意的是，有些中学生非但对性病、艾滋病等不甚了解，更不具备协商、拒绝以及自我保护的能力。因此，中学生在性与生殖健康方面的认知、态度、行为能力还有待加强，需要家庭、学校、社会共同关注。在中学校园普及生殖健康教育已刻不容缓。

二、学校中的生殖健康教育

身体健康是联合国教科文组织核心素养指标体系的七大领域之一，健康素养同样也是我国学生发展核心素养中的重要组成部分。对于处于青春期的中学生来说，生殖健康教育是重中之重。在教育目标方面，学校应把生殖健康教育作为健康教育体系的重要组成内容，以提高中学生的生殖健康素质为根本的出发点，注重面向全体中学生，关注每一位中学生的健康成长和健康问题的解决。学校应注重从生殖健康知识、生殖健康心理和行为以及生殖健康意识的培养方面全面开展健康教育，尤其注重引导中学生养成良好的青春期卫生习惯和科学的防范行为，预防生殖器官感染、性传播疾病等对生殖健康不利的健康问题产生，以及发展防止性侵犯等自我保护的意识和行为。学校还可以借助中学生体质调查收集有关中学生生殖健康现状的数据，或通过调查访问了解中学生的生殖健康指导需求，从而有针对性、有重点地进行正确引导。

在生殖健康教育的学校资源方面，首先，组建健康教育团队或共同体，整合相关师资力量，鼓励教师积极参与到生殖健康教育中，并结合相关学科课程内容开展生殖健康教育。比如，中学生物学课程中人体的结构和生理内容、人体免疫、“健康的生活”主题的相关内容是开展生殖健康教育的重要资源。思想品德与法律、体育、文学艺术和其他学科课程内容也是引导中学生重视生殖健康、对中学生进行健康引导的良好资源。另外，可以建立生殖健康相关的公众号、微博等专题教育网络平台，为中学生精选和推荐报刊、网络等大众传播中专业性强、科学性高的优质资源，同时保障中学生学习的隐私性、灵活性和针对性。除此之外，可以开发家长、专业医师和校医等家庭和社会中的教育资源，集合多方力量和强化共同配合，构建多位一体的优化育人网络。

教学手段上可以采用线上、线下相结合的方式，如线上以专家讲座的形式针对中学生的身体发育和变化、可能面临的问题等来开展，还可以邀请中学生的家人参与在线学习和交流；线下可以通过发放宣传材料、电话热线等方式来开展，也可以根据需要分为男生、女生的面对面主题式生殖健康讲座、座谈等。同时，同伴教育也是很好的生殖健康教育方式，并已被广泛应用于艾滋病预防和性健康教育领域。同伴因素是决定人的行为的重要因素。同伴教育的优点不仅在于能通过教育者的言传身教和生动、活泼、通俗的语言举止以及教育者与受教育者的互动过程强化教育效果，还在于能让受教育者将一些敏感或切身攸关的问题开诚布公地坦露出来，再加以讨论或接受指导，从而强烈地影响他们自身的观念、态度、意向和将来的行为。其效果是教师、专家、家长等说教式的教育方式所难取得的。同时，同伴之间都有心理上的认同感。如果教育者在教育过程中能结合自己的亲身经历、体验或亲身感受来传授知识和观点，受教育者将会得到更为强烈的影响。鉴于此，如果能在学校建立性与生殖健康同伴教育社团组织(如协会)，从中学生中择优选用一批同伴教育者，经培训后对各班级进行同伴教育，不仅能取得很好的教育效果，而且能减少有关教师的教学负担，同时也为这批中学生提供了绝佳的锻炼机会。

另外，可以进行案例教学，通过精选生殖健康方面的真实案例，引导中学生参与分析和讨论，进而掌握生殖健康知识，获得生活技能，提高自我保护意识和能力。

三、中学生生殖健康的正确引导

伴随着生理的发育，处于青春期的中学生的心理开始发生急剧变化。他们处在一个心理敏感时期，尤其是各种与生殖和性相关的心理问题会逐渐显露出来。比如，他们因月经、遗精、性别角色而苦恼，或内心时时产生无名的烦躁、苦恼、娇羞、多愁善感的情绪，并可能产生性兴趣、性冲动、性梦幻等系列心理问题。在异性关系方面，他们在心理上会经历异性疏远期、异性接近期和异性爱恋期的发展过程；在与异性交往中，他们表现出一定程度的矛盾心态，特别是对于与异性保持一种什么样的交往关系感到困惑。

上述这些状况如果处理不当，不仅会影响中学生的学业、交友和社会适应，还会影响其成年后的恋爱、择偶、婚姻生活质量。如果教师能够通过观察中学生的言行与神色，敏锐地察觉和探明他们的心灵秘密，适时适度地给予他们暗示、点拨，并教给他们适当的心理调节方法，给予他们必要的心理辅导，使其理智地对待这些心理问题并及时做出调适，就能起到良好的教育效果，促进其形成健康的心理。另外，教师需帮助中学生了解自身的心理发展过程，正确认识自己在不同时期表现出来的行为，减少心理健康问题的发生。

另外，中学生正值青春发育期，性器官逐渐发育成熟，开始出现性意识、性萌动。有研究表明，中学生存在早恋现象，且男生比女生更渴望与异性交往，男生早恋的比例高于女生；年级越高，发生早恋的比例越高。① 早恋对中学生有危害，因为中学生的生理、心理都不够成熟，他们不能正确地面对恋爱，不能很好地平衡恋爱、生活与学习的关系。有感情烦恼的中学生更容易分散注意力，跟家人的关系也会变差，还有可能因为不懂得处理感情而导致日后出现抑郁症等。

因此，中学生需要教师和家长在感情上的关怀、理解和尊重。教师和家长要引导中学生学会用自己坚强的意志控制异性间的感情，培养自己的自我控制能力。同时，教师和家长及早警惕中学生异性间有早恋倾向的交往。因为这种交往一般不是突然发生的，总会有一个发展过程。产生这种交往的原因有：开始往往是兴趣和好

---

① 高函青、付梅：《初二学生早恋行为的调查与分析——基于 CEPS 数据分析》，载《现代中小学教育》，2019(12)。

奇心；或缺乏家庭温暖，感到心理紧张、情绪不安；或在学校学习不理想，与教师、同学的关系不佳，造成不少烦恼。因此，教师和家长要防患于未然，及早发现，及早关心指导，并切实地帮助他们解除烦恼。在具体教育时，尽量做到理解他们并与他们保持良好的心理接触。特别是对待女生，教师和家长要细致地引导，使她们感受到关爱，切忌去损伤她们的自尊心，而要促使她们产生发自内心的认同。

四、培养高雅情趣

对于正处于心理发展过渡时期的中学生，如果他们把握不好审美尺度和价值标准，会容易受到一些品位不高、格调不雅、旨趣落后的活动的影响，进而可能产生一些不良行为。这些不良行为还会扼杀中学生求知、求新的欲望，限制中学生身体素质和情智的健康和谐发展。要培养中学生健康多样的生活情趣，除了社会和家庭为中学生创设积极向上、充满正能量的外部环境，以及中学生自身主动养成健康情趣外，学校也承担着立德树人的重要使命，在培养中学生健康的、丰富多彩的情趣上起着核心作用。

(一)注重素质教育和核心素养的培养

学校应对中学生进行德智体美劳“五育并举”的教育，开展全方位、多维度的评价。要保障中学生有更多的时间去发展自己的兴趣爱好及特长，丰富他们的课余生活，提高他们的人文艺术修养和综合素质，使他们品德高尚、言行文明、仪表大方、气质高雅、与时俱进，使他们养成富有品位、和谐向上、健康文明且科学的生活情趣，拥有健康的身心。

(二)创新教育教学方式，渗透高雅情趣教学

丰富的具有趣味性、开放性的课堂活动是陶冶中学生高雅情趣的重要途径。教师在课堂教学中可以根据学科特点和价值，结合中学生的身心发展需求，注重创新并渗透生活情趣要素，使中学生能够在一种轻松愉悦的学习环境中体验学习。久而久之，中学生自会培养高雅生活情趣。比如，在课堂教学过程中，教师可以引导中学生阅读经典和写作、欣赏音乐和自然风光、分享旅行见闻、通过绘画表达学习收获和情感等，使他们受到具有高尚品德的人物的影响，从而增长他们的见识，丰富他们的想象，开发他们的智力，提高他们的道德文化修养，陶冶他们的情操。

(三)净化与美化校园环境，丰富校园文化与活动

学校的环境包括自然环境和人文环境。在一所整洁宜人、环境优美且友好安全的学校中生活，中学生会养成良好的习惯和情趣。文明展牌、宣传橱窗、文化走廊、名言警句、课外广播、板报校报以及中学生团体打造的校园文化，不仅为中学生形成健康向上的情趣提供了物质保障，还影响着中学生多样健康情趣的形成。学校开展的丰富的精神文化活动，如举办文艺、体育、竞技、感恩教育活动等，一方面可以激发中学生参加活动的积极性，让他们去探寻自己的所喜所好，发掘自身潜能；

另一方面可以为中学生培养多样化的生活情趣提供舞台，让他们在活动中尽情展现自己的才能。

(四)打造优良班集体，发挥班主任的家校合作纽带作用

班主任是学校教育的主体力量，要最大限度地发挥自身的作用。首先，班主任有责任创设一个良好的班集体，使中学生能够在集体中相互学习、相互帮助、相互感染、增进友谊，让中学生增强集体荣誉感和责任感，享受集体的生活情趣。同时，借助班主任这个纽带可以实现家校合作，共同致力于中学生健康情趣的养成。其次，班主任可以通过收集生活情趣正、反面的案例来引起家长的重视，还可以通过主题班会等活动让中学生在活生生的例子中得到启示，从而启迪中学生自觉追求健康高雅的情趣。

第二节　中学生自我保护

在社会群体中，中学生作为未成年公民，知识和社会阅历不够丰富、在体能和心理素质等方面都不及成年公民，因此处于不利地位。加上家庭和学校教育中自我保护教育内容的缺失等问题的存在，中学生很容易受到多方面的伤害。因此，教师有必要在道德与法治、健康教育和其他学科的课堂上，致力于培养中学生的防护意识，提高他们的自我保护能力，筑起预防他们受到侵害的第一道防线。

一、防范性侵犯

性侵犯作为社会广泛关注的公共卫生和社会安全问题，具有严重性、隐匿性、持续性的特点。它不仅会给中学生的身心健康带来严重甚至可能伴随其一生的危害，还会破坏社会法治道义。监护人或学校应向中学生普及性侵犯及防范性侵犯的措施，帮助中学生了解性侵犯的概念，加深对性侵犯的认识，提高中学生应对性侵犯的技能。另外，学校要有针对性地对中学生、家长及教师开展预防中学生伤害的健康教育。随着互联网的普及，我国未成年人的上网率越来越高，利用互联网性侵害中学生的案件时有发生，中学生上网安全问题亟须加强管理。

二、加强中学生的思想道德教育

要想达到自我保护和远离伤害的目的，需要先从中学生自身的道德教育尤其是道德自律教育入手，为他们创设安全、和谐、积极向上的生活和学习环境。《中华人民共和国未成年人保护法》第五条提出对未成年人进行教育，突出的重点就是思想道德教育。《中共中央　国务院关于进一步加强和改进未成年人思想道德建设的若干意见》指出，对中学生要重点加强爱祖国、爱人民、爱劳动、爱科学、爱社会主义教育，引导他们树立正确的理想信念和世界观、人生观、价值观。制定和推行行为规范，要以促进学生全面发展为出发点和落脚点，反映时代和社会进步的要求，体现对学生的尊重与信任，引导学生自觉遵纪守法。

中华民族历来重视道德品质培养，一贯倡导立人要先立德。立德树人是我国新时期教育的根本任务。道德素养涉及社会公德、家庭伦理和个人道德修养，表现为遵守规则、宽仁友爱、富有同情心、尊重生命、心怀感恩、宽以待人和守信负责等品质。目前中学生的道德主流是好的：遵守社会公德规范，人生观健康向上，集体主义价值观总体向好，基本具备良好的个人品德。但由于某些社会不良风气的影响，尤其是一些腐朽落后文化和有害信息通过互联网的传播腐蚀着部分中学生的心灵，使他们在理想信念、责任感和使命感、道德水平和伦理修养方面存在问题。

所以，学校要加强家国情怀、社会关爱和人格修养等的道德建设，帮助中学生树立远大的志向和正确的理想信念，培养中学生良好的道德品质和文明行为，让他们为担负起建设祖国、振兴中华的光荣使命做好准备。同时，学校要培养中学生的廉耻观，注重廉耻心的养成和荣辱意识的形成。知耻则为人。羞耻心是人珍惜、维护自身尊严而产生的情感意识，是一道极为重要的道德底线。缺乏廉耻和荣辱的观念，可能导致缺乏合作意识和奉献精神，产生个人主义、拜金主义和享乐主义思想；可能因此变得消极颓废、悲观厌世，甚至可能导致做出违反社会公德、伤害他人身心健康甚至违法犯罪的行为。这些不仅对中学生的健康成长不利，而且会危害国家和社会的长远发展。

学校还需要针对中学生的身心发展特点，加强青春期性道德教育，教育中学生学会自尊自爱，尊重他人，理智地处理与异性的关系。在教育中，教师要充分考虑初中生、高中生在思维能力上的不同发展水平，把握同一内容的不同理论深浅水平，以增强思想道德教育的实效。教师还要善于综合运用多种教育方法，注重说服教育与严格训练、自律教育与他律教育、言传与身教等方法的有机整合。

三、增强中学生的法律保护意识

提高中学生的防护意识和自我保护能力，还需加强中学生的法治教育，使中学生树立法律与规则意识和公民权利意识，养成自觉守法、遇事找法、解决问题靠法的思维习惯和行为方式。

（一）性别刻板印象与性别平等意识

性别刻板印象是人们对男性或女性应当具有特定行为和特征的相对稳定的信念。有研究者关于中学生在应用性别规则上的强度变化研究发现，中学时期的性别刻板化显著增强，甚至比成年人还强。① 在特定情境下，受到消极的性别刻板印象影响的中学生个体由于担心别人用特定的观点评价和对待他们，同时担心自己的表现会

① 杨杏：《青少年性别角色心理社会化发展及相关研究》，载《咸阳师范学院学报》，2002(4)。

印证这种刻板印象而产生胁迫感，从而引发刻板印象威胁。比如，在数学和物理学习等领域，有些中学生往往持有“女生不擅长学习数学、物理”和“女生在英语学习方面优于男生”的刻板印象。这些观念对中学生的自尊、学业表现、生涯规划等具有消极的影响，也不利于其建立平等的两性关系。实际上，男生和女生拥有大致相同的优秀品质。因此，教师有必要有针对性地采取有效的干预策略，消除性别刻板印象，培养中学生的性别自尊和自信心，以促进不同性别中学生的全面发展。

另外，教师还应该提高中学生的性别平等意识。新中国成立后，我国制定了一系列保障男女平等的法律，从法律上赋予了女性与男性平等的地位。目前男女平等已成为我国的基本国策。《中华人民共和国宪法》第四十八条就男女平等问题明确指出：“中华人民共和国妇女在政治的、经济的、文化的、社会的和家庭的生活等各方面享有同男子平等的权利。”

（二）中学生身体权利的法律保护

法律上对身体的保护主要包括身体健康、身体教育、身体自由与身体保全等方面。其中，身体健康是人生存的基本条件。健康可以给个人带来舒适的个人生活体验、为提升生活质量所必需的劳动能力以及个人的发展潜力。在法律上，公民的健康权是公民基本权利的一项重要内容，也是公民享有其他权利的基础。因此，公民的身体健康受到宪法、刑法、民法等各类法律规范的保护。比如，《中华人民共和国民法典》规定：“自然人享有健康权。”身体健康权是公民人身权中重要的一项。在人身关系中，每个人都应当尊重他人的身体健康，否则就将承担相应的民事责任。

针对中学生的人身权利，《中华人民共和国未成年人保护法》第五十四条提出：“禁止拐卖、绑架、虐待、非法收养未成年人，禁止对未成年人实施性侵害、性骚扰。”“禁止胁迫、诱骗、利用未成年人乞讨。”针对家庭暴力，《中华人民共和国反家庭暴力法》明确提出：“未成年人……遭受家庭暴力的，应当给予特殊保护。”“学校、幼儿园应当开展家庭美德和反家庭暴力教育。”另外，针对少数地方存在校园欺凌和暴力问题，《教育部等九部门关于防治中小学生欺凌和暴力的指导意见》提出预防学生欺凌和暴力及依法、依规处置学生欺凌和暴力事件等的要求，以保护学生的身心健康。

（三）针对性侵害与性骚扰的相关教育和法律

性侵害主要是指被侵害人在侵害者的受迫或引诱下，参与到任何违背主体意愿的性活动（带有任何性含义的身体接触与非接触形式），或者在主体意识不清楚及未同意的情况下进行性活动。性骚扰是指性侵害犯罪以外，违背他人的意志，向他人做出与性有关的言语、要求或举动，并给他人造成损害的行为。其行为的外在表现形式主要有三种，即语言性骚扰、身体性骚扰、环境性骚扰。语言性骚扰主要指带有性含义的挑逗、侮辱、威胁等冒犯性言论。这些言论可以通过口头方式表现，也可以借助书信、邮件、网络即时通信等方式表现。身体性骚扰包括搂抱，触碰他人胸部、下体等敏感部位，向他人做下流的手势、动作等。环境性骚扰指行为人通过在某一场所播放色情电影、展示淫秽图片物品等所创造的一个充满胁迫、敌意、羞辱或冒犯性的环境。

伴随着信息和网络科技的发达，以语言、文字、图片（图像）、电子信息、身体动作等形式呈现的黄色信息，往往通过网络、手机、电子邮件等途径传播。这种网络性骚扰对中学生的影响不容忽视。由于中学生为未成年人，他们抵制性骚扰的能力较弱。而且面对性骚扰，有些中学生较少采取积极主动的应对方式，诸如警告、拒绝、报警等。随着年龄的增加，有些中学生在受到性骚扰时更趋向于不敢声张、不愿声张，如此会使自身的精神方面产生污染，心灵受到伤害。

性侵害和性骚扰不仅会给中学生带来一定程度的甚至永久性的生理创伤，更严重的是影响中学生的精神健康。所以，学校有必要开展预防性侵害和性骚扰的教育，并开设相关的课程或讲座，结合中学生性侵害等的具体案例宣传法律常识，提高中学生识别和应对性侵害和性骚扰的能力。比如，提醒中学生应提高警惕，避免单独与异性熟人相处，尽量结伴行动，礼貌拒绝小礼物、小零食等。受到性侵害时要学会保留证据、勇于揭露、及时报警、调整心态等。

《中华人民共和国宪法》规定："中华人民共和国公民的人格尊严不受侵犯。"公民的性自主权属于人格权的基本内容，宪法确立了性自主权不受侵犯的基本原则。《中华人民共和国民法典》规定："自然人的人身自由、人格尊严受法律保护。"具体到性侵害和性骚扰，《中华人民共和国刑法》第二百三十六条规定："奸淫不满十四周岁的幼女的，以强奸论，从重处罚。"《中华人民共和国妇女权益保障法》第二十三条规定："禁止违背妇女意愿……对其实施性骚扰。受害妇女可以向有关单位和国家机关投诉。"《中华人民共和国治安管理处罚法》规定，公安机关有权管制多次发送淫秽、侮辱、恐吓或其他信息，干扰他人正常生活的行为。性骚扰属于干扰他人正常生活的行为，理应成为治安管理的处罚对象。另外，针对未成年人的性权利保护法《最高人民法院 最高人民检察院 公安部 司法部关于依法惩治性侵害未成年人犯罪的意见》，以及《教育部 公安部 共青团中央 全国妇联关于做好预防少年儿童遭受性侵工作的意见》，都为未成年被害人构建了民事赔偿、相关机构赔偿、司法救助的三重防护网络，并要求学校在加强科学预防、教师管理、学生管理、妥善处置的同时构建长效的安全教育机制。

思考与练习

1. 什么是生殖健康？中学生生殖健康教育的重点是什么？
2. 如何培养中学生的高雅情趣？
3. 中学生如何加强自我保护？

参考文献

专著：

[1][日]国分康孝．婚姻心理[M]. 王江，段永萍，译．北京：世界知识出版社，1987.

[2]《国家学生体质健康标准解读》编委会．国家学生体质健康标准解读[M]. 北京：人民教育出版社，2007.

[3]《中学生健康教育读本》编写组．中学生健康教育读本[M]. 南京：南京出版社，2005.

[4]北京医科大学．健康传播学[M]. 北京：人民卫生出版社，1993.

[5]曾理，曾洪林，李治．高校体能训练理论与训练教学指南[M]. 北京：新华出版社，2018.

[6]陈虹．教师积极语言在课堂中的运用[M]. 天津：天津教育出版社，2014.

[7]李力，乔杰．实用生殖医学[M]. 北京：人民卫生出版社，2012.

[8]崔力争，贾建利，郭翠苏．医学健康教育[M]. 长春：吉林大学出版社，2010.

[9]答英娟，包静波，王锋．体育与健康[M]. 北京：北京邮电大学出版社，2018.

[10][美]J. H. 弗拉维尔，[美]P. H. 米勒，[美]S. A. 米勒．认知发展[M]. 邓赐平，刘明，译．上海：华东师范大学出版社，2002.

[11]傅华．健康教育学[M]. 第 3 版．北京：人民卫生出版社，2017.

[12]谷金波，那春燕．大众游泳自学与健身导读[M]. 成都：电子科技大学出版社，2015.

[13]顾明远．教育大辞典：第 3 卷[M]. 上海：上海教育出版社，1991.

[14]郭海英．中医养生学[M]. 北京：中国医药出版社，2009.

[15]胡天佑，胡士能．中医健康传播学[M]. 南京：东南大学出版社，2017.

[16]黄东怡，李光华．大众游泳训练指导教程[M]. 北京：北京邮电大学出版社，2017.

[17]金玉．经营婚姻[M]. 北京：中国致公出版社，2008.

[18]郎松亭，李坚．体育与健康[M]. 第四版．北京：高等教育出版社，2018.

[19]李兰娟，任红．传染病学[M]. 第 8 版．北京：人民卫生出版社，2013.

[20]李兰娟，王宇明．感染病学[M]. 第 3 版．北京：人民卫生出版社．2015.

[21]李兰娟．传染病学[M]. 北京：高等教育出版社，2004.

[22]李鲁．社会医学[M]. 第 3 版．北京：人民卫生出版社，2007.

[23]李薇菡．婚姻家庭学[M]. 广州：华南理工大学出版社，2007.

[24]连榕，李宏英，等．发展与教育心理学[M]. 福州：福建教育出版社，2007.

[25]林崇德，余国良．中小学心理健康教育指导纲要(2012 年修订)解读[M]. 北京：北京师范大学出版社，2013.

[26]林崇德．21 世纪学生发展核心素养研究[M]. 北京：北京师范大学出版社，2016.

[27]林崇德．中学生心理学[M]. 北京：中国轻工业出版社，2013.

[28]刘彬．体育与健康[M]. 上海：上海财经大学出版社，2012.

[29]刘新科．外国教育史[M]. 武汉：武汉大学出版社，2012.

[30]刘远碧．学生健康读本[M]. 北京：光明日报出版社，2007.

[31]陆江，李浴峰．中国健康教育史略[M]. 北京：人民军医出版社，2009.

[32]罗飞虹．体育学[M]. 武汉：华中科技大学出版社，2010.

[33]吕姿之．健康教育与健康促进[M]. 第二版．北京：北京医科大学出版社，2002.

[34]孟万金．积极心理健康教育[M]. 北京：中国轻工业出版社，2008.

[35]潘丽华、胡蓉．现代生殖健康[M]. 北京：中国大百科全书出版社，2012.

[36]潘绥铭，黄盈盈．性社会学[M]. 北京：中国人民大学出版社，2011.

[37]皮连生．教育心理学[M]. 第四版．上海：上海教育出版社，2011.

[38]齐小秋．第三次全国口腔健康流行病学调查报告[M]. 北京：人民卫生出版社，2008.

[39]全国妇联妇女研究所理论室，全国妇联干部培训基地．婚姻家庭学新编[M]. 北京：红旗出版社，1993.

[40]任俊．积极心理学[M]. 北京：开明出版社，2012.

[41]商宁．身体素质[M]. 石家庄：花山文艺出版社，2013.

[42]申剑，等．当代家庭婚姻[M]. 北京：当代中国出版社，2000.

[43]时蓉华．社会心理学[M]. 杭州：浙江教育出版社，1998.

[44]史慧静．儿童青少年卫生学[M]. 上海：复旦大学出版社，2014.

[45]史金腾，李真珍．生殖健康全书[M]. 郑州：河南科学技术出版社，2019.

[46]苏立增．当代学校健康教育课程发展[M]. 广州：广东高等教育出版社，2005.

[47]孙卫华，户良斌．体育与健康[M]. 西安：西北大学出版社，2017.

[48]谭晓兰．体育与健康[M]. 北京：北京理工大学出版社．2017.

[49]田书义，蔺桂瑞，刘晓睛．性教育学[M]. 北京：首都师范大学出版社，1998.

[50]田向阳，程玉兰．健康教育与健康促进基本理论与实践[M]. 北京：人民卫生出版社，2016.

[51]王道俊，郭文安．教育学[M]. 北京：人民教育出版社，2009.

[52]王建平．健康教育：世纪的呼唤——中外学校健康教育比较[M]. 北京：中国青年出版社，2001.

[53]王茂利．大学体育与健康[M]. 西安：西北大学出版社．2019.

[54]王卫东．现代化进程中的教育价值观：西方之鉴与本土之路[M]. 北京：中国社会科学出版社，2002.

[55]王卫平，孙锟，常立文．儿科学[M]. 第 9 版．北京：人民卫生出版社．2018.

[56]王振鹏，曹志国．中职学生健康教育导论[M]. 北京：中国农业大学出版社，2020.

[57]翁孟武．皮肤性病学[M]. 上海：复旦大学出版社，2005.

[58]夏卿．青少年篮球发展与研究[M]. 武汉：华中科技大学出版社，2017.

[59]熊欢．身体、社会与体育——西方社会学理论视角下的体育[M]. 北京：当代中国出版社，2011.

[60]体育史编写组．体育史[M]. 北京：高等教育出版社，1987.

[61]许世彤，区英琦，肖鹏．性科学与性教育[M]. 第二版．北京：高等教育出版社，2004.

[62]杨建文．排球[M]. 兰州：甘肃人民出版社，2014.

[63]杨廷忠，郑建中．健康教育理论与方法[M]. 杭州：浙江大学出版社，2004.

[64]姚佩宽，王德芬，张影梅，等．青春期的教育[M]．南宁：广西科学技术出版社，1989.
[65]易礼舟，戴彬．大学生体育与健康[M]．重庆：重庆大学出版社．2018.
[66]张德福，崔永智．外国体育简史[M]．海口：海南出版社，1997.
[67]张进辅，等．家庭与人格[M]．合肥：安徽教育出版社，2013.
[68]张绍文，邓强．简明脊柱外科学[M]．兰州：甘肃文化出版社，2009.
[69]张学军．皮肤性病学[M]．第8版．北京：人民卫生出版社，2008.
[70]吴肇汉，秦新裕，丁强．实用外科学(上、下册)[M]．北京：人民卫生出版社，2017.
[71]张自力．健康传播与社会——百年中国疾病防治话语的变迁[M]．北京：北京大学医学出版社，2008.
[72]赵子建，谢国臣．排球[M]．重庆：重庆大学出版社，2017.
[73]郑和义．皮肤性病学[M]．北京：中国协和医科大学出版社，2004.
[74]郑振佺，王宏．健康教育学[M]．第2版．北京：科学出版社，2016.
[75]中国婚姻家庭研究会．当代中国婚姻家庭[M]．北京：中国妇女出版社，1986.
[76]中国学生体质与健康调研组．2010年中国学生体质与健康调研报告[M]．北京：高等教育出版社，2012.
[77]钟毅平，刘志军．教育心理学[M]．长沙：湖南教育出版社，2003.

期刊文章：

[1]刘文通．浅析高职体育教学方式的创新与改革[J]．体育时空，2017(16).
[2]白慕天，王素珍，李伟，等．山东省16～18岁青少年体质健康状况分析[J]．现代预防医学，2019(16).
[3]白萍，别道学．传统“廉耻”观与当代中国社会行政道德建设[J]．湖北大学学报(哲学社会科学版)，2006(5).
[4]曹新美，刘翔平，蒋曦宁，等．积极心理学中流畅感理论评介[J]．赣南师范学院学报，2007(4).
[5]丛林，朱静华．浅谈跑步姿势与运动损伤[J]．田径，2016(6).
[6]杜松明，马冠生．儿童肥胖影响因素的研究进展[J]．国外医学(卫生学分册)，2006(5).
[7]冯凯芝．中学生营养不良的影响因素[J]．中国保健营养，2016(30).
[8]郭清，向兵，杨梅，等．湖北省某县中学生对性侵犯的认知及影响因素分析[J]．现代预防医学，2017(8).
[9]韩警月，肖晓红．人际关系在中学生群体中的探索和思考[J]．课程教育研究，2019(4).
[10]郝晓霞．中国儿童和青少年高血压患病率的meta分析[J]．世界临床医学，2016(23).
[11]何春艳，涂晓雯，楼超华，等．上海市中学新生遭受性骚扰状况调查[J]．中国学校卫生，2009(11).
[12]侯家祥，李连花．台湾学校健康教育与健康促进发展现况[J]．中国学校卫生，2003(6).
[13]黄坤，李秀红．青少年近视的影响因素研究进展[J]．预防医学，2020(6).
[14]黄宁．构建高中生良好人际关系初探[J]．中小学心理健康教育，2010(3).
[15]纪颖，曹望楠，郑韵婷，等．学校健康教育的国际经验及对中国的启示[J]．健康教育与健康促进，2018(6).

[16]中国痤疮治疗指南专家组．中国痤疮治疗指南(2019 修订版)[J]．临床皮肤科杂志，2019(9).
[17]孔雨薇，王立贵，宋宏彬，等．学校传染病防控的关键环节[J]．现代预防医学，2020(6).
[18]李燕莪．学生青春期健康教育常识及保健要点分析[J]．世界最新医学信息文摘，2016(48).
[19]梁飞．RPE 量表在监测散手比赛强度中的应用[J]．韶关大学学报(自然科学版)，1999(4).
[20]梁俊雄．试论学校健康教育效果评价的作用与方法[J]．体育师友，1998(6).
[21]廖文科，马冠生，胡小琪，等．我国农村寄宿制学生膳食营养状况[J]．营养健康新观察，2013(1).
[22]林开婷．儋州市中学生对性与生殖健康的认知和性及性相关行为的现状调查[J]．中国妇幼保健，2018(8).
[23]林秋菊．中美学校健康教育的比较研究[J]．中国校医，2009(1).
[24]林正文．流行性感冒的流行病学与预防措施[J]．中华卫生杂志，1955(5).
[25]刘建忠，郭中起，刘晓鹏，等．浅谈卫生监督机构在公共场所传染病疫情防控中的作用[J]．医学动物防制，2020(10).
[26]刘小丽．健康的亲子关系铸就孩子幸福的未来[J]．教书育人，2016(32).
[27]刘宇鹏，刘姝，张齐武，等．流感大流行引发的伦理思考[J]．医学与哲学(A)，2013(3).
[28]刘在花．高中生积极心理品质培养研究[J]．中国特殊教育，2010(11).
[29]刘志军，谭千保．高中生的父母养育方式、同伴关系与其自我概念的关系研究[J]．健康心理学杂志，2003(4).
[30]鲁兴梅，于越．青春期生殖健康教育的探索与实践[J]．卫生职业教育，2018(3).
[31]马芳，梁宁建．内隐数学—性别刻板印象的 SEB 研究[J]．心理科学，2006(5).
[32]孟万金．论积极心理健康教育[J]．教育研究，2008(5).
[33]孟宪红，赵英．浅述儿童营养不良的危害及对策[J]．职业与健康，2000(7).
[34]莫晓宇．发展友情，暂缓爱情——从性心理角度看青少年的异性交往[J]．中国性科学，2007(5).
[35]宁曼，何海燕．浅谈儿童高血压的影响因素及防治[J]．中国妇幼卫生杂志，2016(5).
[36]戎梅．家庭教育呼唤父亲角色的回归[J]．中小学心理健康教育，2020(4).
[37]宋逸，胡佩瑾，董彦会，等．2014 年全国各省、自治区、直辖市汉族学生视力不良现况分析[J]．北京大学学报(医学版)，2017(3).
[38]田朝霞，敖炼，李红梅．青春期高血压的研究进展[J]．全科护理，2017(21).
[39]王克利，王作振，钱序．性与生殖健康同伴教育实施的方法学研究[J]．中国健康教育，2005(2).
[40]王璐璐，杨媞媞，赵栋，等．中国城市中小学生营养状况认知现状分析[J]．中国公共卫生，2019(9).
[41]王容华．生命在于运动——谈体育锻炼对增强中学生体质的作用[J]．集宁师专学报，2000(1).
[42]王玉红．建立良好亲子关系 促进学生心理健康[J]．甘肃教育，2017(2).
[43]王作振，王克利，苗鹏，等．在初中生中开展性与生殖健康同伴教育初探[J]．中国学校卫生，2003(6).
[44]席波．关注儿童青少年高血压 预防成年期心血管疾病[J]．中国学校卫生，2016(10).

[45]肖惠算．家庭如何预防传染病[J]．山西老年，2017(6).
[46]杨启光，袁欣．基于健康素养的中小学健康教育课程改革国际经验及启示[J]．体育学刊，2019(1).
[47]杨杏．青少年性别角色心理社会化发展及相关研究[J]．咸阳师范学院学报，2002(4).
[48]姚传奕．我国青少年营养不良现状趋势以及干预方式研究[J]．中国学校体育，2016(11).
[49]余惠红，夏庆华，镇重．定量研究和定性研究在健康教育工作中的运用[J]．中国现代医生，2015(35).
[50]余小鸣．学校健康教育的发展及挑战[J]．中国健康教育，2005(5).
[51]余晓灵，孙燕，王新波．中学生积极心理品质培养内容的序列化研究——以北京市第十九中学学生问卷调查为例[J]．中国特殊教育，2009(12).
[52]俞福丽，潘绍伟．台湾义务教育健康与体育课程内容改革研究[J]．体育学刊，2010(10).
[53]元英，刘文利．基于核心素养的芬兰初中健康教育课程标准研究[J]．中小学教师培训，2019(2).
[54]张冲．初中生积极心理品质培养研究[J]．中国特殊教育，2010(11).
[55]张红兵．动商理念助力学校体育——王宗平教授访谈录[J]．中国学校体育，2017(8).
[56]张红地，王远卓，张羽萌．应对国际公共卫生事件的历史经验[J]．银行家，2020(4).
[57]张娜，马冠生．《中国儿童肥胖报告》解读[J]．营养学报，2017(6).
[58]张小平，李亚蕊．太原市城乡青春期高血压流行病学调查[J]．山西医药杂志，2012(5).
[59]张自力．“健康的传播学”与“健康中的传播学”——试论健康传播学研究的两大分支领域[J]．现代传播，2003(1).
[60]郑玲玲．加拿大安大略省中学《健康与体育课程标准》特征及其启示[J]．体育文化导刊，2014(3).
[61]郑祥专，孟万金．中学生积极心理健康教育方法探新[J]．中国教育学刊，2009(10).
[62]周颖，武俊青，赵瑞，等．城市中学生早恋及其影响因素调查[J]．中国计划生育和妇产科，2016(2).
[63]朱素蓉，王娟娟，卢伟．再谈健康定义的演变及认识[J]．中国卫生资源，2018(2).
[64]孙伟，孔凡兰，王勇．关于预防中小学生姿势性脊柱侧弯的几点做法[J]．中国医药指南，2012(20).
[65]姚天冲，鲁思睿．浅析国际突发公共卫生事件中的合作机制[J]．中国卫生法制，2020(5).
[66]Donald Stewart，乔晰．澳大利亚昆士兰州健康促进学校工作概况[J]．中国健康教育，1999(11).
[67]米杰，王天有，孟玲慧，等．中国儿童青少年血压参照标准的研究制定[J]．中国循证儿科杂志，2010(1).
[68]苏亚光，訾非．中学生积极心理品质培养模式探究[J]．中小学心理健康教育，2016(15).
[69]王丛山．富有品位　和谐向上：学校品位教育探析[J]．中国教育学刊，2012(S2).
[70]李平，王翠云．青少年中长跑运动员身体素质训练方法[J]．中国电力教育，2008(S3).
[71]吴小楠．斯密尔诺夫论健康的哲学：人类认识自身的新方向[J]．医学与哲学，1991(10).
[72]李占魁，杨玉凤，王惠萍．儿童肥胖症的防治策略[J]．中国组织工程研究，2001(17).
[73]Bailey R. Evaluating the Relationship Between Physical Education，Sport and Social Inclusion

[J]. Educational Review，2005(1).

[74] Bailey R.，Armour K.，& Kirk D.，et al. The Educational Benefits Claimed for Physical Education and School Sport：An Academic Review[J]. Research Papers in Education，2009(1).

[75] Bruce J. Noble，G. A. Borg，& R. Ceci，et al. A Category-Ratio Perceived Exertion Scale：Relationship to Blood and Muscle Lactates and Heat Rate[J]. Medicine & Science in Sports & Exercise，1983(6).

[76] Doherty M.，P. M. Smith，& M. G. Hughes，et al. Rating of Perceived Exertion During High-Intensity Treadmill Running[J]. Medicine & Science in Sports &Exercise，2001(11).

[77] Gilman R. The Relationship between Life Satisfaction，Social Interest，and Frequency of Extracurricular Activities among Adolescent Students[J]. Journal of Youth and Adolescence，2001(6).

学位论文：

[1]车飞虎．2013～2015年浙江地区甲型H1N1流感流行病学特征及基因组序列分析[D]. 杭州：浙江大学，2017.

[2]肖虹．新时期中学生道德教育研究[D]. 太原：山西农业大学，2013.

[3]许洁霜．中国青少年生殖健康相关政策的过程及实施可行性的案例研究[D]. 上海：复旦大学，2012.

[4]张晓雷．基于定性研究的周平安表里和解法治疗流行性感冒传承研究[D]. 北京：北京中医药大学，2017.

[5]马玉洁．高中生青春期性教育问题研究[D]. 太原：山西师范大学，2016.